Das Gesetz

betreffend die

Ausführung des Bürgerlichen Gesetzbuchs in Elsaß-Lothringen

vom 17. April 1899

mit Erläuterungen.

Von

Dr. Hugo Molitor,
Geh. Oberjustizrat und Oberstaatsanwalt in Colmar.

Zweite,

unter Mitwirkung von

F. Münzer,
Regierungsrat im Ministerium
für Elsaß-Lothringen,

und

Dr. A. Stieve,
Regierungsrat im Ministerium
für Elsaß-Lothringen,

neubearbeitete Auflage.

Erste Lieferung.

Straßburg
Verlag von Karl J. Trübner
1909.

Die von der Praxis längst erwartete und vom Verlag seit zwei Jahren angekündigte zweite Auflage des bewährten Kommentars, dessen erste Lieferung hier vorliegt, ist eine völlig neue Bearbeitung der ersten Auflage. Bei der Schwierigkeit der Übergangsverhältnisse vom alten zum neuen Rechte lag es in der Natur der Sache, daß erst die praktische Anwendung der neuen Gesetze die wünschenswerte Klärung für zahlreiche Fragen, deren Tragweite beim Inkrafttreten des Bürgerlichen Gesetzbuchs nicht völlig überblickt werden konnte, bringen werde. Die Neubearbeitung hat die Erfahrungen, welche in den ersten neun Jahren seit Einführung der neuen Gesetze bei den Gerichten und Verwaltungsbehörden gesammelt worden sind, tunlichst erschöpfend berücksichtigt.

Die erste Lieferung umfaßt die Vorschriften des Ausführungsgesetzes zum Allgemeinen Teile des Bürgerlichen Gesetzbuchs und die Vorschriften zum Rechte der Schuldverhältnisse. Sie ist von Herrn Oberstaatsanwalt Dr. Molitor und von Herrn Dr. Stieve bearbeitet. Die Bearbeitung des Liegenschaftsrechts hat Herr Regierungsrat Münzer übernommen.

Das ganze Werk wird in drei Lieferungen ausgegeben werden und im Laufe des Jahres 1909 fertig vorliegen.

Straßburg i. E., Mai 190[illegible]

Die Verlagsbuchhandlung.

Gesetz,

betreffend die Ausführung des Bürgerlichen Gesetzbuchs in Elsaß-Lothringen. Vom 17. April 1899.

(In der gemäß Art. II des Gesetzes vom 29. November 1899 bekannt gemachten, sowie der sich aus dem Gesetz vom 13. Februar 1905 ergebenden Fassung, Ges.-Bl. f. Els.-Lothr. 1900 S. 1 u. 1905 S. 3).

Wir Wilhelm, von Gottes Gnaden Deutscher Kaiser, König von Preußen ꝛc.

verordnen im Namen des Reichs, für Elsaß-Lothringen, nach erfolgter Zustimmung des Bundesrats und des Landesausschusses, was folgt:

Abschnitt I.

Vorschriften zum Allgemeinen Teil.

§ 1.

Namens-Änderung.

Zur Änderung des Familiennamens ist die Ermächtigung des Statthalters erforderlich.

Als Änderung eines Namens ist auch die Beifügung eines weiteren Namens oder eines sonstigen Zusatzes zum Namen anzusehen.

Entw. § 1, K.B. S. 917. L.A. S. 895.

1. Früheres Recht. Durch das Dekret vom 6. Fructidor II war die Führung eines anderen Familien- oder Vornamens, als des in der Geburtsurkunde angegebenen, sowie die Beifügung eines Zusatzes zum Namen verboten und mit Gefängnisstrafe

von sechs Monaten und Geldstrafe in der Höhe des vierten Teils des Einkommens, im Rückfall mit dem Verlust der staatsbürgerlichen Rechte, bedroht. Das Gesetz vom 11. Germinal XI gestattete in Titel II die Aenderung des Familiennamens mit Ermächtigung der Regierung (des Staatsoberhaupts, später, auf Grund Übertragung landesherrlicher Befugnisse, des Statthalters). Nach Veröffentlichung der Ermächtigung konnten binnen Jahresfrist dritte Personen, welche sich durch die Namensänderung in ihren Interessen beeinträchtigt fühlten, Einspruch erheben, über dessen Berechtigung der Staatsrat als Rekursinstanz gegen die Dekrete des Staatsoberhaupts zu erkennen hatte. Diese Bestimmung hatte, da die deutsche Gesetzgebung in Elsaß-Lothringen keinen entsprechenden Ersatz für den Staatsrat als Rekursinstanz geschaffen hat, ihre ursprüngliche Bedeutung verloren. Die Ermächtigung wurde aber auch unter der deutschen Gesetzgebung erst ein Jahr nach der Veröffentlichung endgültig und konnte von der Regierung auf den während dieser Frist eingelegten Einspruch Dritter zurückgezogen werden. Die Einzelheiten des Verfahrens bei der Namensänderung waren in Art. 9 des Dekr. vom 8. Januar 1859 und verschiedenen französischen Ministerialzirkularen geordnet.

2. Die in den §§ 1 bis 5 behandelte Bewilligung der Namensänderung ist öffentlich-rechtlicher Natur und von dem Erwerb des Familiennamens auf Grund privatrechtlicher Vorgänge zu unterscheiden. Solche Vorgänge sind Abstammung (§§ 1616, 1706 BG.B), Legitimation durch nachfolgende Ehe (§ 1719 BGB.), Ehelichkeitserklärung (§ 1736 BGB.), Annahme an Kindesstatt (§§ 1758, 1762 BGB.) und Aufhebung derselben (§ 1772 BGB.), Verehelichung der Frau (§ 1355 BGB.), Wiedererwerb des früheren Namens seitens der geschiedenen Frau (§ 1577 BGB., § 117 AG.), Erteilung des Namens an ein uneheliches Kind gemäß § 1706 BGB., § 118 AG. seitens des Ehemanns der Mutter. Selbstverständlich werden auch die Bestimmungen des HGB. über das Firmenrecht durch §§ 1 bis 5 nicht berührt.

Verschieden von der Namensänderung ist auch die Namensverleihung an Personen, deren Familiennamen unbekannt ist, z. B. Findelkinder. Gesetzliche Vorschriften bestehen nur in Ansehung der neugeborenen Findelkinder in § 24 des Personenstandsgesetzes. Auch hier ist aber nicht gesagt, wer dem Kind den Namen beizulegen hat. In Elsaß-Lothringen soll es zufolge eines Ministerialzirkulars vom 30. Juni 1812 (Gillet, Circulaires etc. du ministère de la justice I S. 140) durch den Standesbeamten geschehen, der die Eintragung in das Geburtsregister vornimmt, oder durch den Verwaltungsrat des Pflegehauses, dem das Kind überbracht worden ist. Vgl. im übrigen über die Namensverleihung an Personen, deren Name unbekannt ist, Weyl, der Name der Findelkinder und anderen Namenlosen (in der Zeitschrift „Das Standesamt" Jahrg. II Nr. 7—12, auch als Sonderabdruck 1903 erschienen). Wird nachträglich der richtige Familienname ermittelt, so tritt dieser an Stelle des beigelegten, ohne daß es etwa des Verfahrens der Namensänderung bedürfte. Vgl. auch Kisch, elsaß-lothringisches Landesprivatrecht S. 94.

3. Die Vorschriften der §§ 1 bis 5 finden nur dann Anwendung, wenn eine allgemeine rechtliche Anerkennung eines anderen Familiennamens als des durch die bezeichneten privatrechtlichen Vorgänge erworbenen für die Gesamtheit der Lebensbeziehungen herbeigeführt werden soll. Die bloß vorübergehende Annahme eines anderen Namens zu einem sonst erlaubten Zweck, z. B. auf einer Reise, wird durch die obigen Bestimmungen ebensowenig betroffen wie die häufig übliche Wahl eines anderen Namens für einen bestimmten Kreis von Angelegenheiten, z. B. bei künstlerischer oder literarischer Betätigung. Darüber, ob ein derartiges Pseudonym des rechtlichen Schutzes in § 12 BGB. teilhaftig ist, vgl. Staudinger-Löwenfeld 3./4. Auflage Bem. II 2 b zu § 12 BGB.

Die in manchen Gegenden übliche Sitte, dem Namen des Mannes den Familiennamen der Frau, im schriftlichen Verkehr mittels Verbindungsstrichen, beizufügen — und zwar auch auf Seite des Mannes —, hat im BGB. weder ausdrückliche Anerkennung erfahren, noch ist sie durch § 1355 verboten (Prot. IV S. 448). Eine solche bloß tatsächliche Übung wird auch durch § 1 AG. nicht berührt, ebenso wenig der in ländlichen Verhältnissen vielfach beobachtete Brauch, dem in der Gemeinde häufig vorkommenden Familiennamen zur Unterscheidung von anderen den Namen eines Hofes oder einen sonstigen Zusatz beizufügen. Vgl. bezüglich der kaufmännischen Firma eine entsprechende ausdrückliche Bestimmung in § 18 Abs. 2 Satz 2 HGB. und RG. 16 S. 60. Eine Namensänderung im Sinne des Gesetzes würde aber vorliegen, wenn bei dem Gebrauch des Zusatzes dessen allgemeine rechtliche Anerkennung als Bestandteil des Namens bezweckt wird. Demgemäß ist die Beifügung des Zusatzes als Bestandteils des Namens im Verkehr mit Behörden, in öffentlichen Urkunden, insbesondere in standesamtlichen Urkunden unzulässig, wenn nicht die Ermächtigung des Statthalters erteilt ist.

Namensänderung ist auch die Änderung der feststehenden Schreibweise des Familiennamens, z. B. Blume statt Bluhme, Rosental statt Rosenthal, Fouchs statt Fuchs, Oberlé statt Oberle. (Vgl. für Preußen die Entscheidungen des KG. in J.Z. 1900 S. 484 und in J.Z. 1904 S. 74, ferner des Oberverwaltungsgerichts in J.Z. 1904 S. 222). In Elsaß-Lothringen sind die Standesbeamten durch § 24 der Dienstanweisung vom 2. Dezember 1899 angewiesen, Familiennamen von zweifellos deutschem Ursprung in deutscher Schreibweise auch dann einzutragen, wenn sich in neuerer Zeit eine fremdländische Schreibweise gebildet hat. Voraussetzung ist aber, daß die deutsche Schreibweise „als die ursprünglich richtige anerkannt ist", d. h. es muß feststehen, daß die deutsche Schreibweise früher die übliche war.

Ungewißheiten über einen Familiennamen oder dessen Schreibweise können nicht im Wege der Namensänderung beseitigt werden. Hierfür wird das Berichtigungsverfahren für standesamtliche Urkunden gemäß §§ 65, 66 Personenstandsgesetzes in Frage kommen.

4. Schon nach der vor 1900 befolgten Praxis war für die Bewilligung einer Namensänderung durch die elsaß-lothringische Regierung Voraussetzung, daß der Gesuchsteller Elsaß-Lothringer war. Dieser Grundsatz wurde aus Art. 2 Abs. 2 des Code civil gefolgert, wonach „Stand und rechtliche Fähigkeit" einer Person sich nach deren Heimatsrecht bemißt. Er hat auch unter der Herrschaft des BGB. Geltung. Denn das Recht auf einen bestimmten Namen ist als zum Status einer Person gehörig anzusehen und das EG. z. BGB. läßt in mehrfachen Bestimmungen den Grundsatz erkennen, daß das Personalstatut sich nach der Staatsangehörigkeit, nicht nach dem Wohnsitze, bestimmt. Dieser für den internationalen Verkehr aufgestellte Grundsatz wird aber mangels besonderer entgegenstehender Vorschriften auch für das Verhältnis der Bundesstaaten untereinander auf den ihnen vorbehaltenen Rechtsgebieten im allge-

meinen anzuerkennen sein. Zu beachten ist jedoch, daß es sich bei der Bewilligung einer Namensänderung um einen Gnadenakt handelt. Die Regierung kann diesen auch dem Angehörigen eines anderen Staates zuteil werden lassen. Allerdings wird sich dann die Frage erheben, ob der Heimatsstaat die Bewilligung anerkennt.

Die Zuständigkeit zur Bewilligung der Namensänderung in den übrigen deutschen Bundesstaaten ist verschiedenartig geregelt. Für die größeren Staaten seien die zuständigen Behörden nachstehend aufgeführt: Preußen (Kgl. Erlaß vom 12. Juli 1867) Regierungspräsident, der aber bei Personen jüdischer Herkunft oder Konfession nur nach eingeholter Genehmigung des Ministers des Innern die Ermächtigung erteilen darf, Bayern (AG. z. BGB. Art. 3) Krone, Sachsen (AG. z. BGB. § 1) Ministerium des Innern, Württemberg (AG. z. BGB. Art. 132—134) Justizministerium, Baden (AV. z. BGB. §§ 3—9) Justizministerium, Hessen (AG. z. BGB. Art. 2) Großherzog.

5. Für die Namensänderung der Offiziere gilt ebenfalls das Recht ihrer Staatsangehörigkeit. In die preußischen Armeelisten werden aber bestehender Übung zufolge Namensänderungen von Offizieren nur mit Genehmigung des Königs von Preußen aufgenommen.

6. Auf die Erlangung eines Adelszeichens beziehen sich die §§ 1 bis 5 nicht. Seit der Einführung des BGB. geht in Deutschland die überwiegende Rechtslehre dahin, daß nicht nur der Adelstitel wie Freiherr, Graf, Fürst, Herzog, sondern auch das einfache „von" Adelszeichen und nicht Namensbestandteil ist (vgl. insbesondere Verhandlungen des 25. Deutschen Juristentags Bd. III S. 43 ff., S. 336 ff.). Für den Erwerb und die Übertragung eines Adelszeichens sind die besonderen auf den Adel bezüglichen Vorschriften des öffentlichen Rechts und nicht die Bestimmungen über Erwerb und Übertragung des Familiennamens maßgebend. Demgemäß finden insbesondere auch die Bestimmungen der §§ 1706, 1736, 1758 BGB. auf das Adelszeichen keine Anwendung.

In Elsaß-Lothringen wird der Adel durch den Kaiser als Inhaber der Staatsgewalt verliehen, und zwar auf Grund der noch in Geltung befindlichen Artikel 71 der Charte vom 10. Juni 1814, Artikel 62 der Charte vom 24. August 1830 und des Dekrets vom 24. Januar 1852, welch letzteres das den Adel abschaffende Revolutionsdekret vom 29. Februar 1848 aufhob. Die begutachtende Tätigkeit des durch Dekr. vom 8. Januar 1859 eingesetzten conseil du sceau des titres, welcher unter der deutschen Verwaltung nicht wiederhergestellt wurde, ist durch den Statthalter als Minister für Elsaß-Lothringen wahrzunehmen. An andere Verfahrensformen ist die Verleihung eines Adelszeichens nicht geknüpft. Soll aber in Verbindung mit einem Adelszeichen ein anderer Familienname verliehen oder dem bisherigen Familiennamen beigefügt werden, so sind nach französischer Auffassung in Ansehung des neuen Familiennamens die Vorschriften über das Verfahren bei Namensänderungen zu befolgen (vgl. Dalloz, Suppl. v. noblesse 15 Dalloz-Vergé, Code des lois politiques et administratives Bd. 2 S. 1310 n. 242 ff., Lévesque, Du droit nobiliaire français au 19ème siècle n. 216 ff.).

Bemerkt sei übrigens, daß der Kaiser als Inhaber der Staatsgewalt in Elsaß-Lothringen von seinem Recht zur Adelsverleihung bisher noch keinen Gebrauch gemacht hat. Der an einzelne elsaß-lothringische Staatsangehörige verliehene Adel war der der preußischen Monarchie.

Für die Anerkennung eines bestehenden oder die Nichtanerkennung eines zweifelhaften Adelsrechtes ist in Elsaß-Lothringen auf Grund des Dekr. vom 8. Januar 1859 ebenfalls das Staatsoberhaupt zuständig (Möllersche Smlg., Bd. II, S. 844). Die Entscheidung ist für das Gericht bei Anordnung der Berichtigung des Standesregisters bindend (Dalloz Suppl. v. noblesse 42 ff., Aubry-Rau I, § 63, Note 17, vgl. auch Beschl. des KG. vom 2. Mai 1908 Jahrb. 36 S. 54 und OLG. Darmstadt in J. Z. 1908 S. 1176). Ob auch im übrigen die Gerichte, soweit es sich bei ihren Entscheidungen um Vorfragen des Adelsrechts handelt, an die Entscheidungen des Staatsoberhaupts oder der von ihm eingesetzten Adelsbehörde gebunden sind, ist bestritten. Vgl. zu dieser Frage die vom preuß. Heroldsamt mitgeteilten Aufsätze im Archiv für öffentliches Recht Bd. 22 und 23, Thiele ebenda Bd. 24 S. 85 sowie die dort angeführten Entscheidungen des KG. Koffka in J. Z. 1908 S. 67 u. Jahrb. 36 C S. 105, ferner OLG. Königsberg in „der Standesbeamte" 1909, S. 65. Für Elsaß-Lothringen insbesondere vgl. auch das im Anhang zu § 39 über den Verwaltungsakt Gesagte.

7. Nach dem Regierungsentwurf sollte auch die Änderung

des Vornamens zulässig und hierfür die im § 2 vorgesehene Bekanntmachung nicht erforderlich sein. Die LK., die davon Verwirrungen und Betrügereien befürchtete und das geltende Recht, welches die Aenderung des Vornamens nicht kennt, unverändert lassen wollte, strich die Bestimmung. Demgemäß ist die Aenderung des Vornamens in Elsaß-Lothringen unzulässig. Die hierauf gerichtete Absicht des L. A. ist im Gesetze allerdings nur, aber genügend, dadurch zum Ausdruck gekommen, daß zur Genehmigung der Aenderung von Vornamen weder eine zuständige Behörde noch ein Verfahren bestimmt ist. Den entgegengesetzten Standpunkt nehmen die meisten anderen deutschen Bundesstaaten ein. In Preußen sind, nachdem das Reichsgericht (Entsch. in Straff. Bd. 30 S. 230) erkannt hat, daß der Strafbestimmung des § 360 Nr. 8 StGB. auch derjenige verfällt, welcher sich einem zuständigen Beamten gegenüber eines ihm nicht zukommenden Vornamens bei richtiger Angabe des Familiennamens bedient, durch Ministerialerlaß vom 15. August 1897 die Regierungspräsidenten auch für die Genehmigung der Änderung des Vornamens für zuständig erklärt worden (Ministerialblatt für die innere Verwaltung 1898 S. 191). In Bayern kann der Vorname mit Genehmigung der Distriktspolizeibehörde geändert werden (AG. z. BGB. Art. 3 und Ministerialbekanntmachung vom 27. Dezember 1899 Ges.- u. Verordn. Bl. S. 1241 ff.). In Sachsen, Baden und Hessen sind die oben unter Ziffer 4 angeführten Stellen auch zur Bewilligung der Änderung des Vornamens zuständig, in Württemberg das Amtsgericht (Verf. des Justizministers vom 9. Oktober 1899 RBl. S. 745). Die Änderung des Vornamens von Angehörigen solcher Staaten, deren Gesetzgebung die Änderung zuläßt, ist, sofern sie von der zuständigen Behörde bewilligt worden ist, nach dem in Bem. 4 angeführten Grundsatz auch für das elsaß-lothringische Staatsgebiet wirksam. Vgl. Bem. 3 zu § 3.

Änderung des Vornamens ist auch die Beifügung eines neuen Vornamens zu den bisherigen. In die Geburtsurkunden elsaß-lothringischer Staatsängehöriger können hiernach, wenn die Eintragung der Vornamen abgeschlossen ist, keine neuen Vornamen eingetragen werden. Ist aber infolge Irrtums oder infolge eines sonstigen Fehlers der Willenserkärung ein anderer Vorname als der von den Eltern gewollte in das Geburtsregister eingetragen worden, so ist das Berichtigungsverfahren gemäß §§ 65, 66 PStG. zulässig (OLG. Darmstadt in J. Z. 1900 S. 280). Gegen übliche Abkürzungen eines in das Geburtsregister eingetragenen Vornamens im gewöhnlichen Verkehr ist selbstverständlich ebenso wenig einzuwenden wie gegen den Gebrauch einer fremdsprachigen Form des eingetragenen Vornamens. Durch § 24 Abs. 4 der Dienstanw. für die Standesbeamten sind diese angewiesen, Vornamen, für welche eine deutsche Form besteht, in dieser einzutragen. Vgl. dazu aber MinVerf. vom 17. Januar 1906 (ABl. S. 5 u. Smlg. Bd. 30 S. 19).

8. Die eigenmächtige Änderung des Familien- und Vornamens ist in Elsaß-Lothringen — anders in Preußen (Kabinettsorder vom 15. April 1822) nach der Rechtsprechung des Kammergerichts — nur unter den im Reichsstrafgesetzbuch enthaltenen Voraussetzungen strafbar. Die strenge Strafandrohung des Fruktidordekrets vom Jahr II, deren Weitergeltung schon zur französischen Zeit bestritten und angesichts des Art. II des EG. zum StGB. zum mindesten höchst zweifelhaft war, ist spätestens durch § 1 Ziffer 17 des Gesetzes vom 29. November 1899 (GBl. S. 175) außer Kraft gesetzt worden. Das Reichsstrafgesetzbuch bedroht in § 360 Ziffer 8 denjenigen mit Geld- oder Haftstrafe, der sich eines ihm nicht zukommenden Namens (auch Vornamens nach der Rechtsprechung des RG). einem zuständigen Beamten gegenüber bedient. Die eigenmächtige Führung eines anderen Namens kann unter Umständen auch nach § 169 (Veränderung des Personenstandes) oder nach § 271 StGB. (intellektuelle Fälschung einer öffentlichen Urkunde) strafbar sein.

§ 2.

Der Antrag, durch welchen die Ermächtigung nachgesucht wird, muß mit Gründen versehen sein. Dem Antrage darf erst stattgegeben werden, nachdem er öffentlich bekannt gemacht und seit dem Tage der letzten Bekanntmachung ein Jahr verstrichen ist.

Einwendungen Dritter gegen die beantragte Änderung sind

innerhalb der im Abs. 1 bezeichneten Frist bei dem Ministerium einzureichen, widrigenfalls deren Geltendmachung ausgeschlossen ist. Die Bekanntmachung muß einen Hinweis darauf enthalten.

Die Bekanntmachung erfolgt vorbehaltlich anderweiter Veröffentlichung:

1. durch einmalige Einrückung in den Deutschen Reichsanzeiger und in das für die Bekanntmachungen des Ministeriums bestimmte Blatt,
2. durch dreimalige Einrückung in eines der für den Geburtsort und in eines der für den Wohnort des Antragstellers zu gerichtlichen Bekanntmachungen bestimmten Blätter.

Entw. § 2, R. B. S. 918.

1. Es liegt in der Natur der Sache, daß die Ermächtigung zur Änderung des Familiennamens, der für die Individualisierung der Person in öffentlich- und privatrechtlicher Beziehung von der größten Bedeutung ist, nur aus wichtigen Gründen erteilt wird. Häufig liegen den Anträgen auf Namensänderung keine beachtenswerten Motive zugrunde, z. B. Eitelkeit, oder auch die Absicht, den Personenstand zu verschleiern oder die Öffentlichkeit zu Zwecken gewerblichen Eigennutzes irrezuführen. Derartige Anträge werden unberücksichtigt bleiben. Als wichtiger Grund kann der Wunsch anerkannt werden, einen Familiennamen, der auszusterben droht, durch Übertragung auf eine den bisherigen Träger nahestehende Person zu erhalten. Mitunter wird auch eine letztwillige Zuwendung von der Bedingung der Annahme des Namens des Zuwendenden oder der Beifügung dieses Namens zu dem des Bedachten abhängig gemacht. Personen, deren Familienname durch die Form oder die ihm beiwohnende Bedeutung offenkundig geeignet ist, die Spottlust herauszufordern oder in sittlicher Hinsicht Anstoß zu erregen, können ein berechtigtes Interesse an dessen Änderung haben. Weiter kann die Entehrung eines Namens durch ein Familienmitglied ein Grund sein, daß die übrigen Träger diesen abzu-

legen wünschen. Schließlich kommt es vor, daß eine Person infolge irgend welcher Umstände lange Zeit hindurch, etwa schon seit der Geburt, einen anderen Familiennamen als den ihr von Rechts wegen zukommenden tatsächlich führt und durch die Annahme des letzteren in berechtigten Interessen erheblich geschädigt würde. Die Befugnis zur Beibehaltung des tatsächlich geführten Namens kann hier nur im Wege der Namensänderung erlangt werden.

2. Seit dem Tage der letzten Bekanntmachung. Die Absicht des Gesetzes geht offenbar dahin, die Frist mit dem auf die Bekanntmachung folgenden Tage beginnen zu lassen. Die Frist beginnt daher nicht etwa nach der Auslegungsvorschrift des § 187 Abs. 2 BGB. mit dem Beginn des Bekanntmachungstages. Selbstverständlich können, da es sich um einen Gnadenakt handelt, auch verspätete Einwendungen berücksichtigt werden.

3. Durch die Einspruchsfrist von einem Jahre wird den durch § 12 BGB. geschützten Interessen Dritter Rechnung getragen. Ist die Ermächtigung erteilt und demgemäß die Namensführung keine unbefugte, so kann das Klagerecht eines Dritten auf Grund des angeführten § 12 nicht mehr geltend gemacht werden.

Die Berücksichtigung der Einwendungen Dritter gegen die Namensänderung steht im reinen Ermessen der Behörde. Ein Einspruchsrecht ist nicht anerkannt. Dies gilt auch von den Einwendungen, die eine Gemeinde gegen einen Antrag auf Beifügung ihres Namens zu dem Familiennamen einer Privatperson erhebt. Die ältere Praxis des französischen Staatsrats ging allerdings anscheinend dahin, daß gegen den vom Bürgermeister auf Grund eines Gemeinderatsbeschlusses erhobenen Einspruch die Annahme des Namens einer Gemeinde nicht gestattet werden dürfe. Doch hat später der Staatsrat verlangt, daß auch der Einspruch der Gemeinde motiviert sein müsse, und sich vorbehalten, die Motive wie bei anderen widersprechenden Personen auf ihre Schutzwürdigkeit hin zu prüfen. Vgl. Dalloz Suppl. v. nom 107 „. . . . le conseil d'Etat l'appréciera (l'intérêt de la commune) souverainement". Zutreffend Kisch S. 89 Anm. 16. Man wird dem Einspruch einer Gemeinde aber in tatsächlicher Hinsicht eine erhöhte Bedeutung beizumessen haben und die Beilegung ihres Namens gegen ihren Willen nur unter besonders gelagerten Umständen gestatten.

4. Das für die Bekanntmachungen des Ministeriums bestimmte Blatt ist zurzeit das „Zentral- und Bezirksamtsblatt". Die unter Ziffer 2 des Gesetzes bezeichneten Blätter werden in Elsaß-Lothringen auf Grund des § 31c des AG. z. GVG. in der durch Art. 2 Ziff. IV des Gesetzes vom 13. Februar 1905 (Gbl. S. 3) herbeigeführten Fassung durch das Präsidium des Landgerichts alljährlich bestimmt. Liegt der Geburts- oder Wohnort des Antragstellers außerhalb Elsaß-Lothringens, so hat die Bekanntmachung in den entsprechenden nicht elsaß-lothringischen Blättern zu erfolgen.

Außer der notwendigen Bekanntmachung in den unter Ziff. 1 und 2 bezeichneten Blättern kann je nach den Umständen des Einzelfalles eine sonstige Veröffentlichung vom Ministerium oder nach dessen etwaiger allgemeiner Weisung (§ 169) von der mit der näheren Instruktion des Antrags befaßten Behörde veranlaßt werden.

5. Die Bearbeitung der Gesuche um Ermächtigung zur Änderung des Familiennamens erfolgt gemäß § 1 der Verordnung des Kaiserl. Statthalters vom 27. Dezember 1899 (GBl. S. 253) durch die Staatsanwaltschaft bei den Landgerichten. Gesuche, die bei der Staatsanwaltschaft eingereicht werden, sind aber vor der Veröffentlichung dem Ministerium mitzuteilen.

§ 3.

Wird die Ermächtigung erteilt, so ordnet das Ministerium die Bekanntmachung der bewilligten Namensänderung im Gesetzblatte sowie deren Eintragung am Rande der Geburtsurkunden derjenigen Personen an, deren Namen geändert wird.

Entw. § 3, K. B. S. 918.

1. Die Erteilung der Ermächtigung ist, wie bereits erwähnt, Gnadenakt und steht demgemäß im reinen Ermessen der Behörde. Diese kann den Antrag aber nur annehmen oder ablehnen, dagegen nicht die nachgesuchte Namensänderung in veränderter Form bewilligen (vgl. Kisch S. 92 Anm. 25). Die Ablehnung des Antrags ist an die Einhaltung irgend welcher Formen oder Fristen nicht gebunden.

2. Bezüglich der Personen, deren Name geändert wird, vgl. auch § 4.

3. Eine Veränderung in den Standesrechten tritt durch die Namensänderung nicht ein; der Vermerk am Rande der Geburtsurkunde erfolgt daher nicht etwa aus § 26 des Personenstandsgesetzes, sondern auf Grund landesrechtlicher Bestimmung. Die Vorschrift des § 3, wonach das Ministerium die Eintragung des Randvermerks anordnet, bezweckt, im Interesse der öffentlichen Ordnung die Eintragung zu sichern, und rührt in ihrer Fassung aus dem ursprünglichen Entwurf her, wonach das Ministerium auch zur Genehmigung der Namensänderung zuständig sein sollte. Dagegen hat sie nicht ihren Grund in der Absicht, dem Ministerium ausschließlich die Prüfung über die Angezeigtheit des Randvermerks vorzubehalten. Dies ist wichtig für außerhalb Elsaß-Lothringens bewilligte Namensänderungen. Diese Namensänderungen sind auf Antrag der Beteiligten in dem Geburtsregister zu vermerken, wenn die nicht elsaß-lothringische Behörde zur Bewilligung zuständig war und die Bewilligung in gehöriger Weise, nämlich durch Vorlage einer beglaubigten Abschrift der Bewilligungsurkunde, nachgewiesen wird. Die Zuständigkeit der nicht elsaß-lothringischen Behörde wird regelmäßig nur dann anzuerkennen sein, wenn die Person, deren Name geändert wird, die betreffende Staatsangehörigkeit besitzt. Auch die einem Ausländer d. h. Nichtdeutschen seitens der zuständigen ausländischen Behörde bewilligte Namensänderung ist nach den im EG. z. BGB. anerkannten Grundsätzen des internationalen Privatrechts in das elsaß-lothringische Geburtsregister einzutragen, sofern durch die Namensänderung keine inländischen Interessen verletzt worden sind, was z. B. dann der Fall wäre, wenn jemandem gestattet worden wäre, den Namen einer elsaß-lothringischen Gemeinde, die begründeten Widerspruch erhebt, seinem Familiennamen beizufügen; der von einer ausländischen Behörde einem Deutschen bewilligten Namensänderung ist keine Wirksamkeit für das inländische Staatsgebiet zuzuerkennen. Die Entscheidung, ob die durch eine nicht elsaß-lothringische Behörde bewilligte Namensänderung in den standesamtlichen Registern vermerkt werden darf, wird häufig nicht ganz einfach sein. Infolgedessen ist in § 37 Ziffer 1 der Dienstanweisung für die Standesbeamten bestimmt, daß sie die bei ihnen ein-

gehenden Anträge auf Beischreibung von Namensänderungen, die durch nicht elsaß-lothringische Behörden bewilligt worden sind, der Aufsichtsbehörde (dem Ersten Staatsanwalt) vorzulegen haben.

Nach dem Vorstehenden wird auch ein Vermerk über die Änderung eines Vornamens am Rande einer elsaß-lothringischen Geburtsurkunde für zulässig zu erachten sein, sofern sie von der zuständigen Behörde eines Staates bewilligt worden ist, dessen Gesetzgebung die Ermächtigung zur Änderung des Vornamens gestattet. Vgl. Bem. 7 zu § 1.

Ferner besteht kein Bedenken dagegen, daß eine Namensänderung, die am Rande der Geburtsurkunde eingetragen ist, auf Antrag auch am Rande der bereits vor der Ermächtigung zur Namensänderung errichteten Heiratsurkunde vermerkt wird.

4. Für die Ermächtigung zur Namensänderung ist eine Stempelgebühr von 500 Mark zu entrichten. Im Falle von Bedürftigkeit sowie, wenn der Antrag auf zwingenden Gründen beruht, kann dieselbe ganz oder teilweise erlassen werden (§ 5 des Stempelgesetzes vom 21. Juni 1897). Sonstige Gebühren und Auslagen dürfen nach der Verordnung des Statthalters vom 27. Dezember 1899 (GBl. S. 253) nicht in Ansatz gebracht werden.

5. Die Ausfertigung der Entscheidung durch welche die Ermächtigung zur Änderung eines Familiennamens erteilt wird, verbleibt im Archiv des Ministeriums. Den Beteiligten wird eine beglaubigte Abschrift erteilt. Auch hat das Ministerium bei Anordnung des Vermerks der Namensänderung am Rande der Geburtsurkunde dem zuständigen Standesbeamten, — wenn mehrere Standesämter in Frage kommen, jedem Standesbeamten — eine beglaubigte Abschrift der Ermächtigung mitzuteilen. Diese Abschrift ist zu den Sammelakten des Standesregisters zu nehmen (S. § 2 der Verordnung des Statthalters vom 27. Dezember 1899 und § 37 Ziffer 1 der Dienstanweisung für die Standesbeamten).

§ 4.

Die Änderung des Namens erstreckt sich, soweit nicht bei der Ermächtigung eine Ausnahme gemacht wird, zugleich auf die unter elterlicher Gewalt stehenden Kinder des Antragstellers.

K. B. S. 917.

1. Die L. K. hielt die Vorschrift für geboten, um eine Verschiedenheit des Namens innerhalb derselben Familie tunlichst zu vermeiden, und weil man glaubte, daß aus § 1616 BGB. der Satz des Paragraphen nicht schon gefolgert werden könne, da es sich dort nur um den Namenserwerb beim Eintritt des Kindesverhältnisses handle. Daß die Ehefrau den neuen Namen des Ehemanns erhält, ist selbstverständlich (Vgl. § 1355 BGB.). Der Name volljähriger Kinder wird durch die ihrem Vater bewilligte Namensänderung nicht berührt.

2. Die Vorschrift steht im Einklang mit § 11 und § 19 Abs. 1 des Staatsangehörigkeitsgesetzes v. 1. Juni 1870 in der Fassung des Art. 41 EG. bezüglich der Verleihung der Staatsangehörigkeit und der Entlassung aus derselben.

3. Steht den Eltern nur die Sorge für die Person, nicht aber die elterliche Gewalt und somit die Vertretung des Kindes zu, wie z. B. der außerehelichen Mutter (§ 1707 BGB.), so kommt die Vorschrift nicht zur Anwendung.

4. Wegen der Namensänderuug des unter elterlicher Gewalt stehenden Kindes allein (ohne Änderung des Namens der Eltern) vgl. Bem. 2 zu § 5.

5. Die Wirkung der Ermächtigung besteht darin, daß der Antragsteller und die Personen, auf welche sich die Namensänderung erstreckt, den bisherigen Familiennamen verlieren. Die weitere Führung dieses Namens würde sie unter Umständen nach § 360 Ziffer 8 StGB. strafbar machen und sie der Gefahr der zivilrechtlichen Klage anderer berechtigter Träger dieses Namens nach § 12 BGB. aussetzen.

Andererseits wird für den neuen Familiennamen auch der Schutz des § 12 BGB. erworben. Das Recht zu dessen Führung kann nach der Ermächtigung von anderen Trägern des gleichen Namens nicht mehr streitig gemacht werden.

§ 5.

Für Personen, die unter Vormundschaft stehen, kann die Änderung des Namens von dem gesetzlichen Vertreter nur mit Genehmigung des Vormundschaftsgerichts nachgesucht werden.

Das Vormundschaftsgericht soll vor der Entscheidung über

die Genehmigung (Abs. 1) den Mündel hören, wenn er das sechzehnte Lebensjahr vollendet hat.

KB. S. 917.

1. Die Vorschrift, welche dem bisherigen Rechte fehlte, schließt sich im Abs. 1 dem § 14a Abs. 1 des Staatsangehörigkeitsgesetzes (EG. Art. 41), im Abs. 2 dem § 1827 Abs. 1 BGB. (aber dort Anhörung schon nach dem 14. Lebensjahre) an.

2. Daß auch der Vater oder die Mutter als Inhaber der elterlichen Gewalt für das Kind allein die Namensänderung beantragen kann, ist im Gesetze nicht ausgesprochen. Aus dem Schweigen des Gesetzes folgt die Zulässigkeit. Der Genehmigung des Vormundschaftsgerichts bedarf der Antrag nicht. Anders bei der Entlassung aus der Staatsangehörigkeit, § 14a des Staatsangehörigkeitsgesetzes, dessen Bestimmung hier nicht analog anzuwenden ist, da die elterliche Gewalt keinen anderen Beschränkungen unterworfen werden darf, als den ausdrücklich im Gesetze angeordneten. A. M. Kisch S. 91 Anm. 21.

Über elterliche Gewalt vgl. die §§ 1626, 1627 ff., 1684 ff., über Stellung unter Vormundschaft § 1773 BGB. Der Vater ist solange zur Stellung des Antrags ausschließlich befugt, als ihm die Vertretung des Kindes zusteht. Im Falle der Ehescheidung aus Verschulden des Mannes bleibt das Recht des Vaters zur Vertretung des Kindes gemäß § 1635 Abs. 2 BGB. unberührt. Infolge dessen wäre auch nur der Vater berechtigt, den Antrag auf Namensänderung zu stellen, wenn etwa die wiederverheiratete Mutter wünschen sollte, daß dem Kinde der Familienname des zweiten Ehemannes gegeben werde.

3. Was für den Vormund gilt, gilt auch für den zur Sorge für die Person bestellten Pfleger (§ 1915 BGB.). Jedoch bedarf der volljährige Pflegling (§ 1910 BGB.), wenn er selbst um die Bewilligung der Namensänderung nachsuchen kann, hierzu nicht der Genehmigung des Vormundschaftsgerichts.

4. Gegen die Entscheidung des Vormundschaftsgerichts ist einfache Beschwerde zulässig (§ 19 FGG., § 1 AG. hierzu). Dieselbe steht auch dem Mündel zu, wenn er das vierzehnte Lebensjahr vollendet hat; denn wenn auch § 59 FGG. auf die dem Landesrecht unterworfenen Sachen nicht schlechthin anwendbar erklärt ist, so spricht er doch einen allgemeinen Grundsatz aus, der auf alle des Mündels persönliche An-

gelegenheiten betreffende Entscheidungen des Vormundschaftsgerichts zu beziehen sein wird, mag auch im einzelnen Falle die Tätigkeit des letzteren durch eine landesgesetzliche Vorschrift veranlaßt sein. Dasselbe gilt von dem Beschwerderecht anderer Personen nach § 57 Nr. 9 FGG. A. M. Dorner Bem. 2 b zu § 59 FGG. und Kisch S. 91 Bem. 19.

Vorbemerkung zu den §§ 6 bis 8.

Übersicht über das Recht der Juristischen Personen nach Reichs- und Landesrecht.

Die Vorschriften des BGB. über das Recht der juristischen Personen erforderten ergänzende landesgesetzliche Bestimmungen nur in geringem Maße. Allein die Beziehungen jener Vorschriften zu dem bestehenden Landesrecht, insbesondere dem öffentlichen Rechte, sind von großer Wichtigkeit; sie finden deshalb an dieser Stelle eine Erörterung.

Es ist zu unterscheiden zwischen juristischen Personen des Privatrechts und solchen des öffentlichen Rechtes.

I. Juristische Personen des Privatrechts.

Auf die juristischen Personen des Privatrechts findet grundsätzlich das BGB. Anwendung und nur ergänzend landesgesetzliche Bestimmungen.

Das BGB. unterscheidet als juristische Personen des Privatrechts Vereine und Stiftungen.

1. Die rechtsfähigen Vereine (§§ 21 bis 79 BGB.) zerfallen in

a) sogenannte Vereine mit idealen Tendenzen. Sie erlangen Rechtsfähigkeit durch Eintragung in das Vereinsregister (§ 21), welche aber, wenn der Verein nach dem öffentlichen Vereinsrecht unerlaubt ist oder verboten werden kann oder wenn er einen politischen, sozialpolitischen oder religiösen Zweck verfolgt, dem Einspruchsrecht der Verwaltungsbehörde (§ 61) unterliegt. Dieses Einspruchsrecht der Verwaltungsbehörde bestand in Elsaß-Lothringen, solange für das öffentliche Vereinsrecht die Art. 291 bis 294 Code pénal und das Gesetz vom 10. April 1834 maßgebend waren, in Ansehung sämtlicher Vereine, die mehr als zwanzig Mitglieder hatten, da diese Vereine nach Art. 1 Abs. 2 des letzterwähnten Gesetzes jederzeit „verboten" werden konnten. Nach §§ 1 und 2 des Reichsvereinsgesetzes vom 19. April 1908 (RGBl. S. 151) sind unerlaubt und können aufgelöst werden nur noch solche Vereine, deren Zwecke den Strafgesetzen zuwiderlaufen.

Ergänzende Vorschriften zum BGB. sind enthalten:

in Ansehung von Schenkungen und Verfügungen von Todes wegen zugunsten der rechtsfähigen Vereine in § 6 AG. in Verbindung mit Art. 86 EG.,

über die Zuständigkeit für die Entziehung der Rechtsfähigkeit der Vereine und die Erhebung des Einspruchs der Verwaltungsbehörde sowie über das Verfahren in § 8 AG. und in der Kaiserl. Verordnung vom 6. Dezember 1899 (GBl. § 245 ff.),

über das Vereinsregister (BGB. § 55 ff.) in §§ 159, 162 FGG. und in § 43 AG. z. FGG., dazu der Beschluß des Bundesrats vom 3. November 1898 (Reichs-Zentralbl. S. 438) und Art. 30 ff. der Ministerialverfügung vom 6. Dezember 1899 (Zentr.- u. Bez.-Amtsbl. S. 293 Peruche, Elf.-lothr. Ausf.-Gesetze S. 332),

über das Verfahren bei Verhängung von Ordnungsstrafen gegen Vorstand oder Liquidatoren der Vereine und über Berufung von Mitgliederversammlungen (BGB. §§ 36 ff.) in §§ 159, 160 FGG.

b) Wirtschaftliche Vereine, richtiger Vereine, deren „Zweck auf einen wirtschaftlichen Geschäftsbetrieb gerichtet ist". Sie erlangen Rechtsfähigkeit durch Verleihung, die dem Bundesstaate zusteht, in dessen Gebiet der Verein seinen Sitz hat (§ 22 BGB.). Für die meisten wirtschaftlichen Organisationen sind aber die Voraussetzungen, die Rechtsfähigkeit zu erlangen, in Spezialgesetzen geregelt, teils im Reichsrecht, so für die handelsrechtlichen Gesellschaften, die Erwerbs- und Wirtschaftsgenossenschaften, die Versicherungsvereine auf Gegenseitigkeit u. a. m., teils im Landesrecht, vgl. hierüber unten III. Infolgedessen ist für wirtschaftliche Vereine, die der Verleihung bedürfen, nur wenig Raum.

Wer die Verleihung erteilt, ist für Elsaß-Lothringen

im Gesetz nicht besonders bestimmt. Demnach ist das oberste Regierungsorgan des „Bundesstaats", d. i. der Kaiser, zuständig. Zu dem gleichen Ergebnis gelangt man von der Erwägung aus, daß die Verleihung der Rechtsfähigkeit in ihrer Wirkung der früheren Gemeinnützigkeitserklärung eines Vereins — vgl. hierüber unten Bem. f α — gleichkommt, wofür auf Grund der königlichen Edikte vom Dezember 1666 und August 1749 ein Dekret des Staatsoberhaupts erforderlich war. Den Erlaß der Verordnung, durch welche die Rechtsfähigkeit verliehen wird, hat der Kaiser in der Allerhöchsten Verordnung vom 23. November 1907 (RGBl. S. 759) dem Statthalter übertragen.

Die Gemeinnützigkeitserklärung ist nach einem allerdings ungeschriebenen Grundsatze des französischen Rechtes widerruflich.[1]) Da die Verleihung der Rechtsfähigkeit ihrer rechtlichen Natur nach nichts anderes ist, als die frühere Gemeinnützigkeitserklärung, kann auch die den wirtschaftlichen Vereinen verliehene Rechtsfähigkeit durch den Statthalter wieder entzogen werden. Dies folgt aus Art. 82 EG. Hiernach bleiben die Vorschriften der Landesgesetze über die Verfassung solcher Vereine, deren Rechtsfähigkeit auf staatlicher Verleihung beruht, unberührt. Zu der Verfassung gehören aber neben den Normen über den Zweck und die Zusammensetzung eines rechtsfähigen Vereins und den Normen über die Satzungsbildung und die Wirksamkeit der Willensbetätigung auch die Bestimmungen über das Erlöschen der Rechtsfähigkeit. (Vgl. Begr. zu § 6 des Entwurfs S. 30.) Der weitere hierher gehörige Grundsatz des französischen Rechtes, daß auch zu jeder Änderung der Satzung staatliche Genehmigung erforderlich ist, deckt sich für die wirtschaftlichen Vereine mit § 33 Abs. 2 BGB. Andere Besonderheiten, deren Weiter-

[1]) Dieser Grundsatz ist in Frankreich nie zweifelhaft gewesen und hat in neuester Zeit wieder Anerkennung gefunden bei den gesetzgeberischen Verhandlungen zu dem Vereinsgesetz vom 1. Juli 1901 (Vgl. Dalloz Pér. 1901. 4. 117 Note 3 zu Art. 10). Sowohl die Verleihung, als auch die Zurückziehung der Gemeinnützigkeitserklärung gehört aber in Frankreich — weil in den Formen der réglements d'administration publique ergehend — zu den im conseil d'Etat zu beratenden Anordnungen des Staatsoberhauptes. Ein Beispiel von Zurückziehung der Gemeinnützigkeitserklärung s. bei Dalloz 1903. 4. 11.

geltung durch Art. 82 EG. vorbehalten wäre, kennt die Landesgesetzgebung nicht. Infolgedessen kommen in Elsaß-Lothringen im übrigen auch für die wirtschaftlichen Vereine die Vorschriften der §§ 25—53 BGB. zur Anwendung. Die Regierung kann aber, da die Verleihung der Rechtsfähigkeit in ihrem freien Ermessen steht, durch Einwirkung auf die Satzung die Verfassung dieser Vereine in weitgehendem Maße beeinflussen, insbesondere auch die Vertretungsmacht des Vorstandes mit Wirkung gegen Dritte beschränken (§ 26 BGB.). Natürlich ist die Einwirkung auf die Satzung nur insoweit statthaft, als nicht zwingende Vorschriften des BGB. entgegenstehen. Solche sind enthalten in § 26 Abs. 1, § 27 Abs. 2, § 28 Abs. 2, §§ 29, 31, 34, 35, 36, § 37 Abs. 2, § 39 Abs. 1, § 42 BGB.

Die Vorschriften des § 6 Abs. 1, 3 AG. in Verbindung mit Art. 86 EG. gelten auch für die wirtschaftlichen Vereine des BGB. Vgl. wegen Entziehung der Rechtsfähigkeit ferner noch Bem. 3 zu § 8 AG.

c) Vereine, die ihren Sitz nicht in einem Bundesstaate haben, kann in Ermangelung besonderer reichsgesetzlicher Vorschriften — solche sind z. B. in dem Schutzgebietsgesetz vom 25. Juli 1900 für Kolonialgesellschaften enthalten — die Rechtsfähigkeit durch Beschluß des Bundesrats verliehen werden (§ 23 BGB.). Diese Bestimmung bezieht sich vorzugsweise auf Vereine von Deutschen, die im Auslande, insbesondere in den Konsulargerichtsbezirken und Schutzgebieten des deutschen Reichs, leben.

d) Ausländische Vereine, die in ihrem Heimatsstaat rechtsfähig sind, bedürfen, um im Inland als rechtsfähig gelten zu können, der Anerkennung ihrer Rechtsfähigkeit durch den Bundesrat. Diese Bestimmung bezieht sich aber ausschließlich auf solche Vereine, die, wenn sie ihren Sitz im Inland hätten, die Rechtsfähigkeit nur nach den Vorschriften der §§ 21, 22 BGB. erlangen könnten (Art. 10 EG.) Für ausländische Vereinigungen anderer Art, insbesondere für Handelsgesellschaften, beurteilt sich die Rechtsfähigkeit ganz nach dem ausländischen Rechte (vgl. Prot. VI S. 24 ff.; ferner OLG. Kiel in Rspr. Bd. 5 S. 101 und Hamburg ebenda Bd. 9 S. 29). S. auch noch Bem. 12 zu § 6 AG.

e) Für Vereine, die nicht rechtsfähig sind, finden die Vorschriften über die Gesellschaft Anwendung. In Satz 2 des § 54 BGB. ist aber bestimmt, daß, wer im Namen eines solchen Vereins ein Rechtsgeschäft einem Dritten gegenüber vornimmt, aus diesem Rechtsgeschäft persönlich haftet; handeln mehrere, so haften sie als Gesamtschuldner.
Über die Parteifähigkeit solcher Vereine vgl. § 50 Abs. 2 ZPO. und dazu RG. 57 S. 90, wonach der Vorstand, sofern ihm durch die Satzung die gerichtliche Vertretung des Vereins übertragen ist, auch bei Klagen des Vereins keiner besonderen Prozeßvollmacht der jeweiligen Mitglieder bedarf (s. auch KG. in Rspr. Bd. 15 S. 69; hier wird sogar die namentliche Aufführung der einzelnen Mitglieder in der Klageschrift als unwesentlich erachtet).
Über die Zwangsvollstreckung gegen nicht rechtsfähige Vereine s. § 735 ZPO. und über den Konkurs § 213 KO.
Die Eintragung der Grundstücke nicht rechtsfähiger Vereine in die Liegenschaftsbücher hat nach § 48 GBO. in der Weise zu geschehen, daß die Namen der einzelnen Vereinsmitglieder eingetragen werden und zwar mit einem Zusatz, der das Verhältnis zur gesamten Hand (nach Vereinsrecht) bezeichnet. In analoger Anwendung des § 8 der elf.-lothr. Ausf.-Best. betr. die Führung der Eigentumsbücher usw. v. 3. Juni 1901 würde demnach die Eintragung am Kopf des Blattes etwa zu lauten haben: „Schmidt Eugen, Rentner in Straßburg und Miteigentümer als Mitglieder des nicht rechtsfähigen Vereins „Eintracht"; die übrigen Mitglieder wären am Fuße des Blattes anzuführen.
Erwirbt ein nicht rechtsfähiger Verein durch Eintragung in das Vereinsregister oder durch Verleihung die Rechtsfähigkeit, so entsteht hierdurch ein neues Rechtssubjekt. Infolgedessen geht das Vermögen, insbesondere das Eigentum an Grundstücken, das bisher den Vereinsmitgliedern in Gemeinschaft zur gesamten Hand zustand, nicht ohne weiteres auf den rechtsfähigen Verein über. Vielmehr bedarf es eines besonderen Übertragungsaktes, bei Grundstücken der Auflassung und Eintragung in das Grundbuch (OLG. Colmar, ElsLothrZ. Bd. 31 S. 26). Ob in solchen Fällen auch wirtschaftlich eine Veräußerung mit der Folge der verhältnismäßigen Verkehrssteuerab-

gabe anzunehmen und nicht vielmehr dem Übertragungsakt eine mehr deklarative Bedeutung beizumessen ist, wird trotz der formell erforderlichen Auflassung im Einzelfall zu prüfen sein; es wird namentlich darauf ankommen, ob es sich tatsächlich um dieselbe Personenvereinigung handelt, der nur eine andere Rechtsform beigelegt werden soll.

f) Übergangsrecht.

α) Rechtsfähige Vereine. Unter der Herrschaft des französischen Rechts konnten Personenvereinigungen die Rechtsfähigkeit nur durch Verleihung erlangen (RG. 18 S. 349). Die Form der Verleihung war die Erklärung der Gemeinnützigkeit (reconnaissance d'utilité publique) durch das Staatsoberhaupt. Die für gemeinnützig erklärten Vereine waren an sich juristische Personen des Privatrechts. Es findet sich zwar auch die Meinung vertreten, die Erklärung der Gemeinnützigkeit schaffe nur juristische Personen des öffentlichen Rechtes. Allein aus der Tatsache, daß eine Mitwirkung der Staatsregierung stattfindet, kann dies ebenso wenig gefolgert werden, als diese Folgerung bei der „Verleihung" auf Grund des BGB. richtig wäre, und das (häufig übrigens sehr in den Hintergrund tretende) Erfordernis des gemeinen Nutzens ist ein Element, das in gewissem Maße bei der zugelassenen Erlangung juristischer Persönlichkeit überhaupt von Bedeutung ist, ohne etwas für die öffentlich- oder privatrechtliche Natur zu beweisen. Tatsächlich faßt auch die französische Jurisprudenz die établissements d'utilité publique als privatrechtliche Rechtssubjekte auf: „Ce sont des établissements privés, investis du caractère de personnes civiles à cause de l'utilité qu'ils présentent pour le public et qui peuvent ainsi recueillir des ressources spéciales, destinées à perpétuer leur œuvre" (Aucoc, conférences 2. Aufl. I. S. 321). Ebenso Dalloz Suppl. v. établissements publics 1, Leoni-Mandel S. 102. Allerdings haben Spezialgesetze établissements d'utilité publique öffentlichen Rechtes geschaffen, indem sie bestimmten Klassen derselben öffentliche Aufgaben zuwiesen (z. B. Handelskammern, Leihhäuser). Bezüglich dieser gilt das über öffentlich-rechtliche Juristische Personen unten zu II Bemerkte.

Da die Rechtsfähigkeit der vor dem Jahre 1900 in

Elsaß-Lothringen entstandenen juristischen Personen des Privatrechts auf staatlicher Verleihung beruht, bleiben für die Verfassung der als gemeinnützig erklärten Vereine gemäß Art. 82 EG. auch nach 1900 die Landesgesetze maßgebend. Dieser Vorbehalt ist aber, mangels einer umfassenden Normierung der Rechtsverhältnisse der juristischen Personen im bisherigen Rechte, nur von geringer praktischer Bedeutung. Denn nach Beseitigung der für sämtliche établissements publics und d'utilité publique geltenden Art. 910 und 937 Cc. — einen teilweisen Ersatz haben diese Bestimmungen durch § 6 AG. in Verbindung mit Art. 86 EG. gefunden — bleiben aus dem früheren Rechte nur die beiden Sätze übrig, daß die Gemeinnützigkeitserklärung und damit die Rechtsfähigkeit widerruflich (vgl. oben zu b) und daß zu jeder Satzungsänderung, wie übrigens auch nach § 33 Abs. 2 BGB. staatliche Genehmigung erforderlich ist.

Da abgesehen hiervon das Landesrecht keine anderen die Verfassung betreffenden Normen kennt, finden gemäß Art. 163 EG. auf die elsaß-lothringischen Vereine, die vor dem Jahre 1900 die Rechtsfähigkeit erlangt haben, die Vorschriften der §§ 25 bis 53 BGB. Anwendung. (Über das Verhältnis des Art. 82 zu Art. 163 EG. vgl. Habicht 3. Aufl. S. 112.) Die Satzungen dieser Vereine enthalten vielfach Bestimmungen, durch welche der Umfang der Vertretungsmacht des Vorstandes beschränkt wird. Insbesondere kommt es vor, daß vor der Verleihung der Rechtsfähigkeit im Wege der behördlichen Einwirkung auf die Satzung gewisse staatliche Aufsichtsrechte bedungen oder gewisse Rechtshandlungen an die Genehmigung staatlicher Behörden gebunden worden sind. Derartige Satzungsbestimmungen sind auch nach 1900 wirksam geblieben und haben namentlich auch Wirkung gegen Dritte, selbst dann, wenn der Dritte sie bei Vornahme des Rechtsgeschäfts nicht gekannt hat (§ 26 Abs. 2 BGB.). A. M. die erste Auflage dieses Kommentars S. 22; der hier angeführte § 70 BGB. bezieht sich aber nur auf eingetragene Vereine; zutreffend Kisch S. 114 Note 3. Satzungsbestimmungen, die gegen zwingendes Recht des BGB. verstoßen, sind mit Einführung des BGB. hinfällig geworden.

Es steht nichts im Wege, daß ein „gemeinnütziger" Verein des alten Rechtes, sofern er nach seinen Zwecken unter § 21 BGB. fällt, sich in das Vereinsregister eintragen läßt. Hierdurch tritt er vollständig unter das Vereinsrecht des BGB. Insbesondere kann ihm nach der Eintragung die Rechtsfähigkeit nur noch unter den gesetzlichen Voraussetzungen des § 43 BGB. und nicht mehr durch bloßen Widerruf der Gemeinnützigkeitserklärung entzogen werden. Der auf Eintragung des Vereins gerichtete Beschluß der Mitgliederversammlung bedeutet aber eine Satzungsänderung und muß als solche nach dem oben Ausgeführten staatlich genehmigt werden. Der demgemäß eingetragene Verein ist in Ansehung seiner Rechtspersönlichkeit identisch mit dem früheren Verein, sodaß es keiner Übertragung der Vermögensgegenstände bedarf.

Eine Verleihung der Rechtsfähigkeit an Vereine mit idealen Tendenzen im Wege der Gemeinnützigkeitserklärung kann seit Einführung des BGB. nicht mehr stattfinden.

β) Für die nicht rechtsfähigen vor dem Inkrafttreten des BGB. entstandenen Vereine enthält das BGB. keine Übergangsbestimmungen. Im Gegensatz zu Bayern und Hessen, wo in den Ausführungsgesetzen bestimmt ist, daß auf diese Vereine die Vorschriften des BGB. über die Gesellschaft Anwendung zu finden haben, sind in Elsaß-Lothringen auch keine landesgesetzlichen Übergangsbestimmungen erlassen worden. Nach dem Grundsatze, daß neue Gesetze für die vor ihrem Inkrafttreten entstandenen Rechtsverhältnisse keine rückwirkende Kraft äußern, beurteilen sich daher in Elsaß-Lothringen die Rechtsverhältnisse der vor 1900 entstandenen nicht rechtsfähigen Vereine grundsätzlich nach dem früheren Rechte (vgl. RG. 51 S. 160, OLG. Colmar ElsLothrZ. 31 S. 24 f.).

Der Cc. hat sich mit diesen Vereinen nicht befaßt. Soweit sie ideale Tendenzen verfolgten, konnten auch die Vorschriften über die bürgerliche Gesellschaft keine Anwendung auf sie finden, da der Gesellschaftsvertrag nach Art. 1382 Cc. eine Vereinigung zu Gewinnzwecken voraussetzte. Rechtslehre und Gerichtspraxis haben aber die Vereine mit künstlerischen, wissenschaftlichen, geselligen und ähnlichen Zwecken in einzelnen Beziehungen als von dem

Wechsel der Mitglieder unabhängige Organisationen anerkannt. Eine neuere Theorie hat sogar ein Gemeinschaftsverhältnis zur gesamten Hand unter den Vereinsangehörigen annehmen wollen. (Vgl. Crome, Allg. Teil der modernen französischen Privatrechtswissenschaft S. 171.) Indessen hat diese Konstruktion mit den Gesamthandverhältnissen des BGB. kaum eine Verwandtschaft, da ihr gerade in dinglicher Hinsicht die Bedeutung abzusprechen ist. Ein den Vereinsmitgliedern in ihrer Vereinigung zustehendes Eigentum zur gesamten Hand läßt sich im französischen Recht nicht konstruieren (vgl. auch Crome S. 174). Die Vermögensgegenstände, insbesondere etwa vorhandene Grundstücke, gehören immer nur den einzelnen Mitgliedern, als Alleineigentum oder als ein in Bruchteile zerlegtes Eigentum. Die betreffenden Mitglieder sind fiduziarisch verbunden, die Gegenstände den Zwecken des Vereins zu widmen. (Vgl. OLG. Colmar ElsLothrZ. 31 S. 24 f.) Auch im übrigen beruhen die Beziehungen der Vereinsmitglieder auf rein obligatorischer Grundlage. Die Satzung ist ein Vertrag unter den jeweiligen Mitgliedern und häufig durch eine Reihe von stillschweigend gewollten, weil aus dem Wesen eines Vereins sich ergebenden Bestimmungen zu ergänzen. Über Einzelheiten vgl. Crome a. a. O. S. 168 ff. und OLG. Colmar ElsLothrZ. 17 S. 534 und 24 S. 41.

In mehreren Beziehungen äußert aber auch das Recht des BGB. seine Wirkungen auf ältere nicht rechtsfähige Vereine. Das Vereinseigentum, soweit nach vorstehendem von einem solchen gesprochen werden kann, hat sich zwar nicht in ein Eigentum zur gesamten Hand umgewandelt. Doch finden gemäß Art. 173 EG. auf das einer Mehrheit von Vereinsmitgliedern zustehende Eigentum an Vereinsgegenständen die Vorschriften des BGB. über Miteigentum (nach Bruchteilen) Anwendung (vgl. hierzu RG. 60 S. 311 f.). Ferner beurteilt sich die Haftung der Mitglieder für die Rechtshandlungen des Vorstands und anderer Vertreter, soweit sich der Tatbestand unter dem neuen Recht vollzogen hat, nach dessen Bestimmungen über Auftrag und Vollmacht (RG. 63 S. 62.). Aber auch die Bestimmung des § 54 Satz 2 BGB. findet, wie fast allgemein anerkannt wird, auf die älteren nicht rechtsfähigen Vereine Anwendung, da diese Bestimmung nicht die Organisation des Vereins, sondern die Haftbarkeit solcher Personen betrifft, die für einen Verein handeln (OLG. Frankfurt Rspr. 10 S. 56 und OLG. Breslau Rspr. 12 S. 3). Mit Habicht 3. Aufl. S. 128 Anm. 3 ist schließlich anzunehmen, daß das Austrittsrecht aus einem nicht rechtsfähigen Verein älteren Rechts keiner weiteren Beschränkung unterliegen kann, als in § 39 BGB. für die rechtsfähigen Vereine zugelassen ist, da es sich hier um eine sog. reformatorische Bestimmung handelt, die nach der ihr zugrunde liegenden Absicht für alle Vereine gelten muß. Ähnlich RG. 61 S. 328 mit Bezug auf § 723 Abs. 3 BGB.

§§ 50, 735 ZPO., § 213 KO. finden als prozessuale Bestimmungen auch auf ältere nicht rechtsfähige Vereine Anwendung. Daß der Vorstand eines solchen Vereins, sofern die Satzung ihm die gerichtliche Vertretung übertragen hat, die Vereinsmitglieder auch in Aktivprozessen des Vereins ohne Spezialvollmacht vertreten kann, war bereits in der früheren Praxis anerkannt (vgl. Crome a. a. O. S. 172 und die oben angeführten Entscheidungen des Oberlandesgerichts Colmar).

2. Stiftungen. Nach dem französischen Recht konnten keine Stiftungen als selbständige Rechtssubjekte geschaffen werden (Vgl. Leoni-Mandel II S. 101, 153, Crome a. a. O. S. 158). Es haben sich aber in Elsaß-Lothringen aus der Zeit vor den Umwälzungen der französischen Revolution eine Reihe von Stiftungen meist protestantisch-kirchlichen Charakters (vgl. das Gesetz vom 10. Dezember 1790 betr. die Güter der Protestanten des augsburgischen und schweizerischen Bekenntnisses) erhalten. Die deutsche Verwaltung hat an dem Grundsatze des französischen Rechtes nicht mit Strenge festgehalten. Schon die Kaiserliche Verordnung vom 5. Mai 1873 (GBl. S. 85) ging in § 3 von der Voraussetzung aus, daß durch Schenkungen und letztwillige Verfügungen eine „juristische Person ins Leben gerufen werden" könne. In der Folgezeit ist wiederholt Stiftungen durch landesherrliche Verordnung die Rechtsfähigkeit verliehen worden. Die Form war die Gemeinnützigkeitserklärung durch den Kaiser bzw. Statthalter. Auf die vor dem Inkrafttreten des BGB. entstandenen Stiftungen finden nach Art. 163 EG. die Vorschriften des BGB. Anwendung.

Zur Entstehung einer rechtsfähigen Stiftung ist jetzt außer dem Stiftungsgeschäfte die Genehmigung des Bundesstaats erforderlich, in dessen Gebiete die Stiftung ihren Sitz haben soll (§ 80 BGB.). Wer in Elsaß-Lothringen die Genehmigung erteilt, ist nirgends ausdrücklich bestimmt. In § 7 der Kaiserl. Verordnung vom 6. Dezember 1899 (GBl. S. 245) ist auf Grund des § 8 AG. das Ministerium als die Behörde bezeichnet, bei der die Genehmigung im Sinne des § 81 BGB. nachzusuchen, d. h. bei der das Gesuch um Genehmigung einzureichen ist. Damit ist aber nicht, wie Kisch S. 117 meint, das Ministerium auch zur Genehmigung selbst für zuständig erklärt. Hierfür ist vielmehr, wie bei der Verleihung der Rechtsfähigkeit an wirtschaftliche Vereine, das oberste Regierungsorgan des „Bundesstaats", d. i. der Kaiser, zuständig. An dieser Auffassung ist bisher seitens der elsaß-lothringischen Regierung stets festgehalten worden. Sämtliche seit Inkrafttreten des BGB. entstandenen Stiftungen sind durch den Statthalter auf Grund der Übertragung landesherrlicher Befugnisse seitens des Kaisers — und zwar früher auf Grund der Allerhöchsten Verordnung vom 5. November 1894, die dem Statthalter die „Anerkennung gemeinnütziger Anstalten" übertrug — genehmigt worden. In dem Allerhöchsten Erlaß vom 23. November 1907 (RGBl. S. 759) ist die Genehmigung von Stiftungen und deren Zurücknahme ausdrücklich dem derzeitigen Statthalter übertragen worden. Diese Genehmigung ist identisch mit der früheren Gemeinnützigkeitserklärung.

Nach § 85 BGB. wird die Verfassung einer Stiftung, soweit sie nicht auf Reichsgesetz — in erster Linie das BGB., soweit dessen Vorschriften zwingender Natur sind, vgl. §§ 86—88 BGB. — oder auf Landesgesetz beruht, durch das Stiftungsgeschäft bestimmt. Normen des elsaß-lothringischen Landesrechts, welche die Verfassung der Stiftungen betreffen, sind: Der aus dem Wesen der Gemeinnützigkeitserklärung (vgl. oben Bem. 1b) folgende Grundsatz der Widerruflichkeit der Genehmigung und des Erfordernisses neuer Genehmigung zu jeder Satzungsänderung, ferner die Bestimmung in § 6 AG., die allgemein für juristische Personen gilt, und die Bestimmung in § 7 AG., die aber nur ergänzender Natur ist. Dagegen enthält § 8 AG. in Verbindung mit der Kaiserl. Verordnung vom 6. Dezember 1899 Anordnungen über die Zuständigkeit einer Behörde, die bei der

Entstehung, Umwandlung und Aufhebung einer Stiftung mitzuwirken hat.

Auf die Satzung einer Stiftung kann die Regierung einen weitgehenden Einfluß ausüben, da die Genehmigung der Stiftung Ermessenssache ist, und daher ihre Erteilung von Änderungen des ursprünglichen Stiftungsgeschäftes abhängig gemacht werden kann.

II. Juristische Personen des öffentlichen Rechtes.

Dies sind solche juristische Personen, deren Zweck darin besteht, öffentliche Verwaltung zu führen (Otto Mayer, Deutsches Verwaltungsrecht Bd. 2 S. 371). Zu ihnen gehören der Staat, die Bezirke, die Gemeinden (einschließlich der Ortschaften) und die übrigen Anstalten des öffentlichen Rechtes. Letztere unterscheiden sich von Staat, Bezirk und Gemeinde dadurch, daß ihnen regelmäßig nur eine einzelne Aufgabe der öffentlichen Verwaltung zugewiesen ist (vgl. des näheren Leoni-Mandel S. 99—103). Unter diesen Anstalten des öffentlichen Rechts werden im reichsländischen Verwaltungsrecht sowohl Organisationen mit genossenschaftlicher Grundlage als auch öffentlich-rechtliche Zweckvermögen mit selbständiger Rechtsfähigkeit begriffen (vgl. Kisch S. 152).

1. Ein Teil der Anstalten des öffentlichen Rechtes hat seine Organisation in Spezialgesetzen des Reiches gefunden, so die Landesversicherungsanstalt, die Krankenkassen, die Berufsgenossenschaften, die eingeschriebenen Hilfskassen, die Innungen, Innungsverbände und Handwerkskammern.

2. Soweit die Anstalten des öffentlichen Rechts unter das Landesrecht fallen, werden sie eingeteilt in öffentliche Anstalten (établissements publics) und in gemeinnützige Anstalten (établissements d'utilité publique).

a) Im weiteren Sinne werden von dem Sprachgebrauch des französischen Rechtes zu den établissements publics auch die Bezirke, Gemeinden und Ortschaften[1]) gerechnet.

---

[1]) Bruck Gem.-O. (1905) S. 21 und Verfassungs- und Verwaltungsrecht (1908) I S. 248 hält die Ortschaften für juristische Personen des Privatrechts! Nach Art. 163 EG. finden auf die zur Zeit des Inkrafttretens des BGB. bestehenden juristischen Personen des Privatrechts die Vorschriften des BGB. über Vereine und Stiftungen Anwendung. Welche von diesen Vorschriften sollen nach Bruck für die Ortschaften maßgebend sein? Gegen Bruck vgl. § 11 AG. z. ZPO.

Im engeren Sinne gehören zu den öffentlichen Anstalten die Spitäler und Pflegehäuser, die Armenräte, die öffentlichen Vorschußkassen, ferner die Universität, die Universitäts- und Landesbibliothek, die öffentlichen höheren Schulen, schließlich die rechtsfähigen Anstalten der anerkannten Religionsgesellschaften (établissements ecclésiastiques).

b) Zu den gemeinnützigen Anstalten gehören die Handelskammern, die Sparkassen (zweifelhaft, ob nicht öffentliche Anstalten, vgl. Begründung zu § 2 des Gesetzes vom 14. Juli 1895), die Leihhäuser, die Genossenschaften zur gegenseitigen Unterstützung, die Meliorationsgenossenschaften, die ermächtigten Syndikatsgenossenschaften und die Flußbauverbände. Auch die auf Grund des § 26 AG. gebildete Wildschadensgenossenschaft ist hierher zu zählen. Ferner rechnet das französische Verwaltungsrecht die nach Maßgabe der Gesetze autorisierten religiösen Genossenschaften zu den établissements d'utilité publique (s. unten S. 40).

3. Die Einteilung der Anstalten des öffentlichen Rechts in établissements publics und établissements d'utilité publique ist eine Eigentümlichkeit des französischen Rechtes. Sie hängt aufs engste mit der geschichtlichen Entwicklung der Verwaltungsorganisation überhaupt zusammen. (Vgl. Otto Mayer, Theorie des franz. Verwaltungsrechts §§ 62 ff., 72.) Der in der Revolution entstandene Staat hatte die Tendenz, keinerlei Selbstverwaltungskörper neben sich zu dulden, sondern sämtliche Zweige der Verwaltung nach rein zentralistischen Prinzipien zu führen. Das praktische Bedürfnis drängte ihn aber dazu, auch Verwaltungskörper mit lokal oder sachlich beschränktem Wirkungskreis und selbständiger Rechtspersönlichkeit zu schaffen. Zur Befriedigung dieses Bedürfnisses knüpfte er teils an vorgefundene Gebilde an, wie bei den Gemeinden, teils rief er neue Organisationen ins Leben, denen er auf beschränktem Gebiete die Erfüllung von Aufgaben zuwies, die nach der dem französischen Staatswesen ursprünglich innewohnenden Idee eigentlich dem Staat allein zugehören. So sind die Bezirke, die Wohltätigkeitsanstalten, die kirchlichen Anstalten und die übrigen établissements publics entstanden. Die enge Verbindung, der von den établissements publics zu erfüllenden Aufgaben mit dem staatlichen Wirkungskreis äußert sich namentlich auch darin,

daß der Staat, um die Erreichung der Zwecke der Anstalten sicher zu stellen, die Betätigung ihrer Rechtspersönlichkeit in weitgehendem Maße an seine Mitwirkung knüpft. Außer der allgemeinen polizeilichen Überwachung übt er insbesondere eine in die Selbständigkeit der Organisationen tief eingreifende, vormundschaftliche Aufsicht aus, welche die établissements publics in deren eigenem Interesse vor schädlichen Unternehmungen, namentlich auch vor unvorsichtigen Rechtsgeschäften und Prozessen, bewahren will.

Die établissements d'utilité publique sind dagegen ursprünglich Privatorganisationen und dienen nach ihrem ursprünglichen Begriffe privaten Zwecken. Da aber diese Zwecke vielfach gleichzeitig das öffentliche Interesse berühren, hat sich der Staat dieser Organisationen, wo ihm dies angebracht erschien, bemächtigt, um durch sie öffentliche Verwaltung führen zu lassen (Otto Mayer a. a. O. § 72). Dadurch werden sie aus dem Privatrecht herausgehoben und dem öffentlichen Rechte angegliedert. Der Staat hat aber die durch die établissements d'utilité publique zu erfüllenden Aufgaben nicht in solch enger Beziehung mit den eigentlichen Aufgaben der staatlichen Verwaltung stehend erachtet, wie dies bei den établissements publics der Fall ist. Infolgedessen befinden sie sich auch nicht in einer gleich intimen Verbindung mit dem Staate selber. Insbesondere ist das Aufsichtsrecht ursprünglich kein vormundschaftliches, sondern nur ein polizeiliches (vgl. auch Leoni-Mandel S. 100 ff.).

Der innere Unterschied zwischen den établissements publics und den établissements d'utilité publique hat sich im Laufe der Zeit immer mehr verwischt. Je intensiver der Staat alle Angelegenheiten des öffentlichen Wohles einer gesetzlichen Regelung unterwarf, desto häufiger wurden zu Zwecken der öffentlichen Verwaltung Organisationen mit selbständiger Rechtspersönlichkeit geschaffen. Die Theorie, zum Teil auch die Gesetzgebung selber, hat die Mehrzahl der in neuerer Zeit entstandenen Anstalten des öffentlichen Rechtes als établissements d'utilité publique bezeichnet, ohne daß immer ein innerer Grund für die Abgrenzung gegenüber den établissements publics vorhanden ist. Die Trennung zwischen den établissements publics und den établissements d'ulitité publique bleibt trotzdem bestehen und muß beachtet werden. Zunächst steht auch heute noch nach dem positiven Inhalt der die Verfassung der établissements publics regelnden Gesetze die vormundschaftliche d. h. im Interesse der Anstalten selbst geübte Aufsicht des Staates als charakteristisches äußeres Merkmal im Vordergrunde. Sodann gibt es eine Reihe von gesetzlichen Sondervorschriften, die nur für die établissements publics und nicht für die établissements d'utilité publique gelten. Solche Vorschriften sind enthalten in § 38 AG. bezüglich der Haftung der Beamten der öffentlichen Anstalten für Stellvertreter und Gehilfen, in § 40 AG. bezüglich der Haftung der Anstalten selber für ihre Beamten, in § 11 AG. z. ZPO. bezüglich des Konkurses. Vgl. ferner noch §§ 23, 29 AG. z. FGG. und Art. 1 Ziff. 5 des Code forestier.

Verfehlt wäre es, wenn die Theorie die dem französischen Rechte eigentümliche Einteilung in établissements publics und établissements d'utilité publique auch auf die durch die sozialpolitische Gesetzgebung des deutschen Reichs geschaffenen juristischen Personen des öffentlichen Rechtes übertragen wollte. Die rechtshistorischen Gründe dieser Einteilung treffen hier in keiner Weise zu. Es wäre auch schwierig, in bestimmter Weise ein inneres Merkmal zu bezeichnen, nach dem die Einreihung vorgenommen werden sollte. Letztere würde immer etwas Willkürliches an sich haben. Infolgedessen finden auch die vorbezeichneten Sondervorschriften, welche nur für die établissements publics gelten, auf die durch das Reichsrecht geschaffenen juristischen Personen des öffentlichen Rechtes überhaupt keine Anwendung. In den gesetzgeberischen Vorarbeiten zu den aus Anlaß des BGB. erlassenen landesgesetzlichen Bestimmungen werden, soweit diese von öffentlichen Anstalten handeln, nirgends die auf Reichsgesetz beruhenden Organisationen genannt.

4. Für die Verfassung der juristischen Personen des öffentlichen Rechtes sind grundsätzlich die Spezialgesetze des Reichs und des Landes maßgebend. Nur in zwei Beziehungen hat § 89 BGB. auch für die juristischen Personen des öffentlichen Rechtes Vorschriften erlassen. Einmal findet die Bestimmung des § 31 BGB. über die Haftung der juristischen Personen für den Schaden, den ein verfassungsmäßig berufener Vertreter durch eine in Ausführung der ihm zustehenden Verrichtungen begangene zum Schadensersatze verpflichtende Handlung einem

Dritten zugefügt hat, auch auf die juristischen Personen des öffentlichen Rechtes Anwendung. Ferner gilt, soweit bei den juristischen Personen des öffentlichen Rechtes der Konkurs zulässig ist, die Vorschrift des § 42 Abs. 2 BGB. über die Verpflichtung der verfassungsmäßigen Vertreter zur Anmeldung des Konkurses. Der Konkurs ist in Elsaß-Lothringen auf Grund des Vorbehalts in Ziff. IV des EG. zur Konkursordnung unzulässig hinsichtlich des Fiskus, der Gemeinden, der Ortschaften und der „anderen" öffentlichen Anstalten (§ 11 AG. z. ZPO. und oben). Die Vorschrift des § 89 BGB. gilt für sämtliche öffentlich-rechtlichen juristischen Personen des Reichsrechts und des Landesrechts, ohne Unterschied ob sie vor oder nach Inkrafttreten des BGB. entstanden sind. Sie ist zwingender Natur und kann durch das Landesrecht nicht abgeändert werden.

Für die juristischen Personen des öffentlichen Rechtes gilt ferner, wie für die des Privatrechts, die Vorschrift des § 6 AG., wonach Schenkungen und Verfügungen von Todeswegen, soweit gesetzlich nicht ein anderes bestimmt ist, der staatlichen Genehmigung bedürfen. Ausnahmen s. in Bem. 2 zu § 6. Vgl. ferner noch Bem. 11 ebenda.

a) Im übrigen enthalten insbesondere die Spezialgesetze des Landes zahlreiche Beschränkungen der Geschäftsfähigkeit der juristischen Personen des öffentlichen Rechtes, indem sie vielfach beim Erwerb (vorbehaltlich der im Art. 86 EG. gesetzten Schranke), bei Veräußerung oder Belastung von Anstaltsgut, zum Auftreten vor Gericht und zum Abschluß von Vergleichen staatliche Genehmigung vorschreiben oder die Verwaltung und Verwendung des Anstaltsvermögens an staatliche Mitwirkung knüpfen. Erwerb, Veräußerung, Belastung usw. sind zwar privatrechtliche Vorgänge, die nicht durch das öffentliche Recht geregelt werden; allein das öffentliche Recht kann Verfassung und Satzungen der öffentlich-rechtlichen juristischen Personen beliebig festsetzen und namentlich die Vorstände in der Ausübung der privatrechtlichen Vertretung beschränken. Die Beschränkungen sind nicht überall die gleichen, sondern wechseln je nach dem Zwecke und der Bedeutung der verschiedenen öffentlich-rechtlichen Verbände und je nach ihrem Verhältnis zum Staat. Die Besonderheiten gehören in eine Darstellung der Rechtsverhältnisse der einzelnen Anstalten.

b) Durch die Landesgesetzgebung kann aber auch die **Rechtsfähigkeit** der juristischen Personen des öffentlichen Rechtes, soweit sie dem Landesrecht angehören, Beschränkungen unterworfen werden.

Eine in der Literatur und Rechtsprechung des französischen Rechtes weit verbreitete Auffassung geht sogar dahin, daß die Rechtsfähigkeit der Anstalten des öffentlichen Rechtes nur soweit reiche, als zur Erfüllung der vom Staat der betreffenden Anstalt überwiesenen Aufgabe der öffentlichen Verwaltung notwendig sei (principe de la spécialité). Demnach würden Rechtsgeschäfte, die von der Anstalt außerhalb des ihr überwiesenen Wirkungskreises vorgenommen worden sind, als von einem nicht rechtsfähigen Wesen vollzogen und infolgedessen als zivilrechtlich nichtig anzusehen sein (vgl. über diese Frage die Literaturnachweise bei Baudry-Lacantinerie, Des Personnes Bd. I S. 210 Anm. 1 und 2, ferner bei Koehler in der Note zu Dalloz Pér. 1893. 1. 513 und Planiol in der Note zu Dalloz Pér. 1895. 1. 217). Von praktischer Bedeutung ist die gekennzeichnete Theorie namentlich in Ansehung der kirchlichen Anstalten. Diese haben entweder, wie die Kirchenfabriken (Art. 76 der kath. Organischen Bestimmungen vom 18. Germ. X und Art. 1 des Dekr. vom 30. Dezember 1809), die protestantischen Konsistorien und Pfarreien (Art. 20 der protest. Organischen Bestimmungen vom 18. Germ. X und Art. 1—10 der Ministerialverordnung vom 10. November 1852), die israelitischen Bezirkskonsistorien und Synagogen (Art. 19 der Ordonnanz vom 25. Mai 1844), im Gesetz ausdrücklich begrenzte Aufgaben der kirchlichen Verwaltung überwiesen erhalten oder sie dienen, wie die bischöfliche Tafel, das Domkapital und das Pfarrgut in der katholischen Kirche, kraft ihrer überlieferten Stellung dem Unterhalte des jeweiligen Trägers eines kirchlichen Amtes oder der Ausstattung der mit dem Amte verbundenen Gebäude. Wiederholt haben französische Appellationsgerichte Zuwendungen von Todes wegen, die zugunsten der bezeichneten, kirchlichen Anstalten unter der Auflage geschehen waren, konfessionelle Spitäler, kongreganistische Schulen zu gründen — auch die Errichtung von Vereinshäusern würde hierher gehören —, für nichtig erklärt und der Klage der Erben auf Herausgabe des Legates selbst dann stattgegeben, wenn die Zuwendung die in Art. 910 und 937 Cc. vorgeschriebene staatliche Genehmigung erhalten hatte. Diese Entscheidungen wurden damit gerechtfertigt, daß die Gründung der bezeichneten Unternehmungen außerhalb der den kirchlichen Anstalten überwiesenen Aufgaben lägen, und daß diese Anstalten daher insoweit keine Rechtsfähigkeit besäßen, so daß die Zuwendung als an eine personne incapable (Art. 911 Cc.) geschehen anzusehen sei (vgl. aus neuerer Zeit z. B. Grenoble bei Dalloz Pér. 1893. 1. 513 und Dijon a. a. O. 1898. 2. 279).

Diese Theorie der auf den konkreten öffentlich-rechtlichen Wirkungskreis beschränkten Rechtsfähigkeit der Anstalten des öffentlichen Rechts ist im wesentlichen aus der Anschauung erwachsen, daß die juristische Persönlichkeit eine Fiktion sei, ihr Dasein ausschließlich dem Staate verdanke und nur insoweit existiere, als dieser sie zuläßt. Wie diese letztere Anschauung, hat auch die Lehre von der beschränkten Rechtsfähigkeit der juristischen Personen in der französischen Rechtswissenschaft, wo sie früher fast allgemein anerkannt war, an Anhängern verloren (vgl. schon Aubry-Rau I § 54 S. 191 sowie aus neuerer Zeit Planiol a. a. O.).[1] Der Kassationshof hat es abgelehnt, die oben gekennzeichnete zivilrechtliche Folgerung aus jener Lehre zu ziehen (vgl. Dalloz Pér. 1893. 1. 516, ferner auch Toulouse und cass. a. a. O. 1897. 1. 130). Mit der modernen, namentlich im deutschen Rechte zu klarer Entwicklung gekommenen Anschauung über das Wesen der juristischen Person ist sie an sich nicht vereinbar. Danach steht die juristische Person in Ansehung ihrer Rechtsfähig-

[1]) Dagegen ist das neue französische Vereinsgesetz vom 1. Juli 1901 wieder von der Idee der beschränkten Rechtsfähigkeit der juristischen Personen beherrscht. Die als établissements d'utilité publique anerkannten Vereine können nach Art. 11 Immobilien nur zu den satzungsgemäßen Zwecken erwerben. Die ebenfalls als juristische Personen aufzufassenden associations déclarées dürfen sogar nur die in Art. 6 aufgezählten Vermögensgegenstände besitzen.

keit auf dem Gebiete des Vermögensrechtes der physischen Person grundsätzlich gleich; es bedürfte daher zu einer Einschränkung der Rechtsfähigkeit einer besonderen und ausdrücklichen gesetzlichen Vorschrift (vgl. RG. 49 S. 294). Diese kann nicht schon darin gefunden werden, daß einer juristischen Person des öffentlichen Rechtes, wie z. B. den Kirchenfabriken, im Gesetz ein genau abgegrenzter Wirkungskreis zugewiesen ist. Die staatlichen Behörden zwar haben bei Ausübung ihres gesetzlichen Aufsichtsrechts über die Anstalten des öffentlichen Rechtes darauf zu achten, daß dieser Wirkungskreis nicht überschritten wird. Sie haben insbesondere die im Gesetz etwa erforderte Genehmigung zu Rechtsgeschäften, die außerhalb des Wirkungskreises liegen, namentlich die Genehmigung zu Schenkungen und letztwilligen Verfügungen, die den bezeichneten Anstalten zu einem ihrem Wirkungskreis fremden Zweck zugewendet werden, zu versagen. Wenn aber eine staatliche Genehmigung nicht in Frage kommt, oder wenn die staatliche Genehmigung zu einer im Widerspruch mit der verfassungsmäßigen Bestimmung der Anstalt stehenden Zuwendung erteilt worden ist, so kann die zivilrechtliche Gültigkeit des Erwerbs nicht im Hinblick auf das Prinzip der Spezialität der öffentlich-rechtlichen juristischen Personen in Zweifel gezogen werden. (In dieser Hinsicht zutreffend Beschl. d. LG. Metz ElsLothrZ. 26 S. 167, vgl. ferner OLG. Colmar ElsLothrZ. 22 S. 18 ff.)

Eine ausdrückliche Einschränkung der Rechtsfähigkeit juristischer Personen des öffentlichen Rechtes ist in Art. 8 des Gesetzes vom 26. März 1852, betreffend die Hilfsgenossenschaften auf Gegenseitigkeit, enthalten. Hiernach können die nur durch den Bezirkspräsidenten genehmigten — im Gegensatze zu den durch landesherrliches Dekret anerkannten — Hilfsgenossenschaften kein Eigentum an Grundstücken erwerben (Leoni-Mandel S. 176, Kisch S. 145). Vgl. ferner Art. 4 Nr. 1 und Art. 5 des Gesetzes vom 24. Mai 1825, betreffend die Ermächtigung und den gesetzlichen Bestand der Kongregationen und religiösen Genossenschaften von Frauen, und hierzu Bem. 6 zu § 6 AG.

III. Besondere Vorbehalte für die Landesgesetzgebung.

Das EG. z. BGB. enthält eine Reihe von besonderen Vorbehalten, infolge deren bestimmte Kategorien von juristischen Personen der Landesgesetzgebung unterstellt bleiben. Der Vorbehalt ist teils so gefaßt, daß eine ganze Rechtsmaterie, auf deren Gebiet die Organisation juristischer Personen stattfindet, ausdrücklich dem Landesrecht überwiesen ist. Mitunter werden aber auch die betreffenden Organisationen unmittelbar bezeichnet.

1. Infolge Vorbehalts einer Rechtsmaterie bleiben der Landesgesetzgebung unterstellt:

a) auf Grund der Vorbehalte im Art. 65 EG. (Wasserrecht) und 113 EG. (Agrarrecht) die unter die Gesetze vom 21. Juni 1865, 11. Mai 1877 und 30. Juli 1890 fallenden Syndikatsgenossenschaften zur Herstellung von Bewässerungen und Entwässerungen, sowie die unter die Gesetze vom 14. April 1884 und 30. Juli 1890 fallenden Syndikatsgenossenschaften zur Anlage und Unterhaltung von Feldwegen. Ob es noch zulässig ist, Syndikatsgenossenschaften zu den in Art. 1 Ziff. 5 des Ges. vom 21. Juni 1865 bezeichneten Zwecken (Verbesserung feuchter und ungesunder Ländereien) zu bilden, bezeichnen die G. B. mit Unrecht, wie bereits Kisch S. 517 Anm. 1 hervorgehoben hat, als zweifelhaft. Soweit der Vorbehalt in Art. 65 EG. nicht zutrifft, werden diese Genossenschaften durch Art. 113 EG. (Agrarrecht) gedeckt. Überdies handelt es sich hier um Genossenschaften, die dem öffentlichen Recht angehören und zwar um établissements d'utilité publique (S. o. II, 2b);

b) auf Grund des Vorbehalts im Art. 67 EG. (Bergrecht) die bergrechtlichen Gewerkschaften und Knappschaftsvereine (§§ 75 ff., 142 ff. des Berggesetzes vom 16. Dezember 1873);

c) auf Grund des Vorbehalts in den Art. 70, 71 EG. (Wildschadensersatz) die Wildschadensgenossenschaft (§§ 26–36 AG.)

2. Über die Bestimmungen des EG., durch welche für bestimmt bezeichnete Organisationen mit juristischer Persönlichkeit ausdrücklich die Vorschriften der Landesgesetze vorbehalten worden sind, ist folgendes zu bemerken:

a) Nach Art. 83 EG. bleiben unberührt die landesgesetzlichen Vorschriften über Waldgenossenschaften, und nach Art. 164 EG. bleiben unberührt die landesgesetzlichen Vorschriften über die zur Zeit des Inkrafttretens des BGB.

bestehenden dort näher bezeichneten Realgemeinden und ähnliche Verbände, zu denen die Waldgenossenschaften des Art. 83 gehören (vgl. Planck, Note 4 zu Art. 164, ferner über die verschieden geartete Bedeutung des Art. 83 und des Art. 164 für die Landesgesetzgebung, sowie für die Entstehung der bezeichneten Verbände, Habicht, S. 105 ff.) Gesetzliche Vorschriften, die im Sinne des Art. 83 jetzt noch die Entstehung von Waldgenossenschaften ermöglichten, bestehen in Els.-Lothr. nicht. Dagegen kommen, wie sich neuerdings wiederum bei der Anlegung des Reichsgrundbuchs herausgestellt hat, ältere Waldgenossenschaften und ähnliche Verbände (entgegen der in Prot. I S. 614 ausgesprochenen Annahme) vereinzelt vor. Ob sie unter Art. 83 bzw. 164 EG. fallen, oder ob sie etwa zu den allgemeinrechtlichen Gesellschaften oder Gemeinschaften gehören, hängt davon ab, ob sie eine besondere, von diesen letzteren sich unterscheidende, durch die geschichtliche Entwickelung bedingte Gestaltung haben (vgl. Planck, Note 2a zu Art. 164, Prot. I, S. 614 ff.). Es kommt auf die im Einzelfalle festzustellende Verfassung an. Danach ist auch zu prüfen, ob der Verband juristische Persönlichkeit hat oder ob er nicht vielmehr ein Gesamthandsverhältnis mit Nutzungsrechten der Einzelnen am Gesamtgut im Sinne des alten deutschen Privatrechts ist. Sofern die Verfassung eines solchen, in die Zeit vor Inkrafttreten des Code civil zurückreichenden Verbandes auf einer gewohnheitsrechtlichen Bildung beruht, hindert dies die Anerkennung ihrer fortdauernden Geltung nicht, da der Code civil die Entstehung von Gewohnheitsrecht nur für die Zukunft ausgeschlossen hat (Art. 2); vgl. auch Code for. Art. 218. Zu der Materie vgl. OLG. Köln in Rhein. Arch. 100, II, S. 163 ff., RG. v. 12. Juli 1904 in Rh. Arch. 101, II, S. 35 ff., Abh. ebenda 105, S. 341 ff., auch Crome, Allg. Teil der franz. Ziv. R. § 17, S. 142 Note 15, S. 171 zu Note 97.

b) Im übrigen bildet für das Allmendgut der Gemeinde — vorbehaltlich der auf besonderem Titel beruhenden Privatrechte — die Gemeindeangehörigkeit die rechtliche Grundlage (§ 54 der Gem.-O.). Vgl. hierüber Kisch S. 403 f. und unten Bem. zu § 44. Dies gilt auch von den Nutzungsrechten, die sich auf das Edikt von Marly (betr. die Gemeinden der trois évêchés) stützen (Leoni-Mandel, S. 74, Anm. 9, G. B. S. 9).

Über die rechtliche Natur der vielumstrittenen Dagsburger Waldberechtigungen vgl. RG. in ElsLothrZ. Bd. 25, S. 401, OLG. Colmar ebenda, Bd. 27, S. 120, Entsch. d. Kaiserl. Rats Nr. 440 in ABl. 1906, Beiblatt S. 251 und Nr. 468 in ABl. 1907, Beiblatt S. 279 (mitgeteilt auch von Videnz in ElsLothrZ., Bd. 33, S. 39), ferner Richard Stieve, Dagsburg, germanistische Studien im Elsaß, Metz 1903.

Die in Lothringen vorkommenden Sägeberechtigungen, wonach die Benutzung der Mühle unter verschiedenen Eigentümern nach Tagen abwechselt, stehen unter den Grundsätzen über die Gemeinschaft nach Bruchteilen; die Gemeinschaft muß auf Verlangen jedes Miteigentümers aufgehoben werden. (Vgl. Aubry-Rau, II, § 221, Text und Note 19, G. B. S. 9.)

c) Nach Art. 84 EG. bleiben unberührt die landesgesetzlichen Vorschriften, nach welchen eine Religionsgesellschaft oder eine geistliche Gesellschaft Rechtsfähigkeit nur im Wege der Gesetzgebung erlangen kann.

α) Ob eine religiöse Sekte zur Erlangung der Rechtsfähigkeit gesetzlicher Ermächtigung bedarf, ist zweifelhaft.

Die französische Gesetzgebung hatte bei der geringen Bedeutung, die das Sektenwesen in Frankreich, namentlich auf dem Gebiete des Vermögensrechtes, besaß, nur wenig Anlaß, sich mit dieser Materie zu befassen. Die Bestimmung in Art. 3 des Dekrets vom 19. März 1859, wonach es zur öffentlichen Ausübung eines vom Staate nicht gesetzlich anerkannten Bekenntnisses der Ermächtigung des Staatsoberhauptes — jetzt des Statthalters auf Grund des Allerhöchsten Erlasses vom 23. November 1907 — bedarf, ist polizeilicher Natur. Sie ist weder durch das elsaß-lothringische Vereinsgesetz vom 21. Juli 1905 (GBl. Seite 47) — zur entgegengesetzten Ansicht neigt Petri, Kommentar hierzu Seite 33 — noch durch das Reichsvereinsgesetz vom 19. April 1908 (RGBl. S. 151 § 24) beseitigt worden. Sie hat aber für die Entscheidung der hier interessierenden Frage nach der Rechtsfähigkeit keine Bedeutung. Das Gesetz vom 2. Januar 1817 bezieht sich nur auf die Anstalten, insbesondere die geistlichen Gesellschaften der gesetzlich anerkannten Religionsgemeinschaften.

Sonach kennt das französische Recht keine Vorschrift, welche den Erwerb der Rechtsfähigkeit durch die Sekten an ein Gesetz knüpft oder sonst besonderen dem öffentlichen Rechte angehörigen Voraussetzungen unterwirft. Nachdem daher das BGB. die Erlangung der Rechtsfähigkeit für die Vereine allgemein nur von der Erfüllung gewisser Normativbestimmungen — vorbehaltlich des Einspruchsrechts der Verwaltungsbehörde (§ 61 Abs. 2) — abhängig gemacht hat, wird sich in dieser Hinsicht mangels irgend welcher gesetzlicher Bestimmungen für die Angehörigen der Sekten eine Ausnahme nur schwer rechtfertigen lassen. Vgl. für die entgegengesetzte Auffassung die 1. Aufl. dieses Kommentars und Kisch S. 159. An beiden Stellen wird geltend gemacht, daß es dem Geiste der französischen Gesetzgebung widerspreche, die Sekten günstiger zu stellen als die Anstalten und Genossenschaften der gesetzlich anerkannten Religionsgemeinschaften. Allein die Gründe, welche den Gesetzgeber veranlaßt haben, die kirchlichen Anstalten und Genossenschaften besonderen Beschränkungen in Ansehung der Erlangung der Rechtsfähigkeit zu unterwerfen, treffen für die Sekten nicht zu. Von vornherein dürfte es aber schon nicht unbedenklich sein, ohne ausdrückliche gesetzliche Vorschriften für einen bestimmten Kreis von Rechtssubjekten eine Einschränkung der bürgerlichen Freiheit anzunehmen, zumal wenn es sich wie hier um eine Betätigung dieser Freiheit auf privatrechtlichem Gebiete handelt.

Tatsächlich sind in Elsaß-Lothringen von den Gerichten bereits mehrfach Sekten in das Vereinsregister eingetragen worden.

β) Die II. Kommission spricht (Prot. I S. 564) aus, daß die religiösen Orden und Kongregationen, da sie mit dem Organismus der Kirche verknüpft seien, dem öffentlichen Rechte angehören, erwähnt aber (Prot. VI S. 382) auch solche Religions- und geistliche Genossenschaften, „welche nicht dem öffentlichen Rechte angehören". Richtigerweise wird man für Elsaß-Lothringen nur sagen können, daß eine religiöse Genossenschaft durch ihre Anerkennung eine juristische Person des öffentlichen Rechtes wird, während sie an sich durch Eintragung in das Vereinsregister nur die Eigenschaft eines privatrechtlichen rechtsfähigen Vereins erwerben würde. Diese letztere Möglichkeit würde aber durch Art. 84 EG. ausgeschlossen, soweit ein Landesgesetz die Erlangung der Rechtsfähigkeit nur durch Gesetz zuließe.[1]) Für Orden und Kongregationen von Männern ist nach dem Gesetze vom 2. Januar 1817 gesetzliche Ermächtigung Voraussetzung des Erwerbs der Rechtsfähigkeit. Allein das Gesetz über das Unterrichtswesen vom 15. März 1850 spricht im Art. 31 von Mitgliedern „der dem Unterricht gewidmeten und gesetzlich ermächtigten oder als gemeinnützige Anstalten anerkannten religiösen Genossenschaften". Auch wurden tatsächlich schon vor 1850 und nach Erlaß des Gesetzes vom 2. Januar 1817 durch königliche Ordonanzen mehrere dem Unterrichte gewidmete Männer-Kongregationen anerkannt als „associations charitables d'utilité publique" (vgl. die Abhandlung von Molitor in ElsLothrZ. Bd. 20 S. 526, Anm. 16, 20). Die in Frankreich herrschende Meinung erkennt den ohne Gesetz anerkannten Genossenschaften die Rechtsfähigkeit nicht zu; vgl. Dalloz Suppl. v. culte 275 und die Entscheidungen des Kassationshofes vom 3. Juni 1861 (Dalloz Pér. 1861. 1. 218) und des Staatsrats vom 16. Juni 1881 (Dalloz Pér. 1882. 3. 21). Indessen beziehen sich diese Entscheidungen auf Anerkennungen, welche vor dem Jahre 1850 erfolgt sind, und sind daher für die Auslegung des Art. 31 des Unterrichtsgesetzes nicht ausschlaggebend. Da die Anerkennung als „gemeinnützige Anstalt" die feststehende Form ist, durch welche privatrechtliche juristische Personen geschaffen werden, so muß man, wenn anders nicht Art. 31 des Unterrichtsgesetzes einfach ignoriert, sondern ihm neben dem Gesetze von 1817 ein juristischer Inhalt gegeben werden soll, unterscheiden: Durch die gesetzliche Ermächtigung auf Grund des Gesetzes von 1817 wird ein Doppeltes erreicht. Die Genossenschaft wird:

1. anerkannt, d. i. es wird die im Dekret vom

[1]) Es wird hier schon auf die Fußnote S. 42 verwiesen.

3 Messidor XII aufgestellte Voraussetzung erfüllt (aber nicht mehr durch kaiserliches Dekret, sondern durch Gesetz), welche für die rechtlich geschützte Existenz der Genossenschaft erforderlich ist. Sie kann infolgedessen nur durch Gesetz aufgelöst werden;

2. wird die Genossenschaft mit juristischer Persönlichkeit ausgestattet. Sie wird anerkanntermaßen eine mit dem Organismus der Kirche verknüpfte juristische Person des öffentlichen Rechts. In der Sprache des französischen Verwaltungsrechts wird sie zu den établissements ecclésiastiques gerechnet, unter diesen aber nicht zu den établissements publics, sondern zu den établissements d'utilité publique (öffentlichen Rechtes). Vgl. Ducrocq 6. Aufl. II 1333 und oben II 2 b S. 28.

Diese Vollwirkung wird durch die (stets widerrufliche) Erklärung der Genossenschaft als association charitable d'utilité publique seitens des Staatsoberhaupts nicht erreicht; sie wird dadurch nur zu einer juristischen Person des Privatrechts, unterliegt aber nach wie vor den Vorschriften des öffentlichen Rechtes, wonach sie jederzeit aufgelöst werden kann. Daß trotz einer so prekären Existenz Privat-Rechtsfähigkeit erlangt werden kann, hat nichts Überraschendes, wenn man sich den gegenüber den religiösen Genossenschaften geübten Grundsatz weitgehender Duldung vergegenwärtigt (vgl. die zitierte Abhandlung von Molitor); übrigens befanden sich früher in Elsaß-Lothringen Vereine aller Art in der gleichen Lage (vgl. oben I 1 a).

Hieraus ergibt sich, daß das im Gesetze vom 2. Januar 1817 für die Erlangung der Rechtsfähigkeit aufgestellte Erfordernis gesetzlicher Ermächtigung keine unbeschränkte Geltung mehr hat und daß jedenfalls die dem Unterrichte gewidmeten religiösen Genossenschaften von dem Art. 84 EG. nicht betroffen werden, sondern durch Eintragung in das Vereinsregister, welche aber nach § 61 BGB. dem Einspruch der Verwaltungsbehörde unterliegt, Rechtsfähigkeit erlangen können. Die praktische Bedeutung ist in dieser Beziehung für Elsaß-Lothringen gering. Die Frage ist aber, ob dieselbe Möglichkeit auch für religiöse Männer-Genossenschaften anderer Art besteht. Der Wortlaut des Art. 31 des Gesetzes v. 15. März 1850 läßt dies zweifelhaft. Für die beschränkende Auslegung spricht die Tatsache, daß nur für die dem Unterrichte gewidmeten Genossenschaften bereits eine besondere begünstigte Rechtslage geschaffen war, namentlich durch das Dekret vom 17. März 1808 und die Ordonnanz vom 29. Februar 1816. Anderseits ist, wenn bei dem Streit über die Bedeutung des Art. 31 in der französischen Jurisprudenz demselben von der herrschenden Meinung eine möglichst beschränkte Tragweite gegeben wird, nicht zu vergessen, daß in diesen Streit die Frage, ob mit der erlangten Rechtsfähigkeit auch der Anspruch auf gesicherten Bestand der Niederlassung erworben werde, sehr wesentlich hineinspielt, eine Frage, die bei der im BGB. durchgeführten scharfen Scheidung der privatrechtlichen und der öffentlich-rechtlichen Stellung der juristischen Personen gegenstandslos ist. Eine Genossenschaft, die durch Eintragung in das Vereinsregister Rechtsfähigkeit erlangt hat, erhebt sich dadurch nicht aus dem Zustande widerruflicher Zulassung. Die erlangte Rechtsfähigkeit äußert Wirkungen bloß auf dem Gebiete des Zivilrechts. Sie hat außerdem die Folge, daß die Genossenschaft zu der Abgabe der Toten Hand herangezogen werden kann (Ges. v. 20. Febr. 1849, vgl. jetzt den am 15. März 1909 dem L. A. zugegangenen Entw. eines Gesetzes über die Steuer der Toten Hand). Die Voraussetzungen für die Erlangung der vollkommen geschützten Rechtsstellung im Sinne des Gesetzes von 1817 bleiben auch ohne den Art. 84 EG., als dem öffentlichen Landesrechte angehörig, nach wie vor bestehen.

Für religiöse Genossenschaften von Frauen ist gesetzliche Ermächtigung erforderlich, wenn die Genossenschaft erst nach dem 1. Januar 1825 errichtet ist und nicht die bereits genehmigten Satzungen einer anderen Genossenschaft annimmt (Ges. v. 24. Mai 1825 Art. 2, Dekret vom 31. Januar 1852 Art. 1, Ministerialinstruktion vom 8. März 1852, bei Dursy I S. 337 ff.); andernfalls genügt landesherrliche Anerkennung zur Erlangung der Rechtsfähigkeit als Anstalt des öffentlichen Rechtes (établissement ecclésiastique). Soweit hiernach ein Gesetz nicht erforderlich ist, trifft Art. 84 EG. nicht zu, und die Genossenschaft kann durch Eintragung in das Vereinsregister Rechtsfähigkeit erwerben, bleibt aber in derselben

Weise, wie oben für Männer-Orden ausgeführt ist, den öffentlich-rechtlichen Verbotsgesetzen unterstellt. Für die nach dem 1. Januar 1825 errichteten Genossenschaften mit neuen Satzungen bliebe auch zur Erlangung der rein privatrechtlichen Korporationsrechte ein Gesetz Voraussetzung, wenn man nicht der im Art. 31 des Unterrichtsgesetzes von 1850 zum Ausdruck gelangten Anschauung die Bedeutung eines allgemeinen Grundsatzes zuerkennt, daß religiöse Genossenschaften jeder Art die Rechtsfähigkeit privater Korporationen ohne Gesetz erlangen können. Nur so würde der eigentümlichen Konsequenz vorgebeugt, daß die im allgemeinen begünstigten Frauen-Kongregationen in diesem Punkte ungünstiger gestellt seien, als zum Teil solche von Männern. Dieser Auffassung entspricht übrigens die Praxis insofern, als Wohltätigkeitsanstalten, welche im Besitze von Niederlassungen „nicht anerkannter" Frauenkongregationen sind, als gemeinnützige Anstalten erklärt worden sind.

Als „Gesellschaften" des bürgerlichen Rechts können sich religiöse Genossenschaften, wie bisher, konstituieren.[1])

---

[1]) Die im Texte entwickelte, aus der ersten Auflage dieses Kommentars im wesentlichen unverändert übernommene Ansicht über die Rechtsfähigkeit der religiösen Genossenschaften kann als die zurzeit in Elsaß-Lothringen herrschende insofern angesehen werden, als die Registergerichte — zu einer Entscheidung des OLG. ist es bisher noch nicht gekommen — wiederholt nicht autorisierte Genossenschaften in das Vereinsregister eingetragen, und die Verwaltungsbehörden von ihrem Einspruchsrecht hiegegen (§ 61 BGB.) keinen Gebrauch gemacht haben.

Man wird sich aber nicht verhehlen dürfen, daß gegen diese Ansicht sehr erhebliche Bedenken sprechen. Das Gesetz vom 2. Januar 1817 hat nicht sowohl die polizeiliche Zulassung der kirchlichen Anstalten, insbesondere der Orden und Kongregationen, als vielmehr gerade die Frage ihrer Rechtsfähigkeit zum Ausgangspunkte, und erkennt diese nur solchen établissements ecclésiastiques zu, die durch Gesetz ermächtigt sind. Allerdings sind später einzelne dem Unterricht gewidmete Männerkongregationen wiederholt durch bloße Ordonnanz oder Dekret — das letzte Dekret des Präsidenten der Republik ist vom 27. Januar 1876 — als établissements charitables d'utilité publique anerkannt worden. Es mag sein, daß die kirchenfreundlichen Regierungen, unter denen dies geschah, den bezeichneten Genossenschaften unter der für die Verleihung der privatrechtlichen juristischen Persönlichkeit gebräuchlichen Form auch zur Rechtsfähigkeit verhelfen wollten. Hierfür spricht der Umstand, daß diese Genossenschaften weiterhin von kirchenfreundlichen Regierungen auch wiederholt ermächtigt worden sind, letztwillige

Ein Antrag, auszusprechen, daß auch die landesgesetzlichen Bestimmungen unberührt bleiben sollen, nach welchen religiöse Orden nur mit staatlicher Genehmigung — abgesehen von ihrer Rechtsfähigkeit — errichtet oder eingeführt werden können, wurde in der Kommission für die zweite Lesung des Entw. des BGB. abgelehnt, weil die öffentlich-rechtliche Natur dieser Bestimmungen und infolgedessen ihre Weitergeltung unzweifelhaft sei (Prot. Bd. VI S. 381). In Betracht kommen das Dekret vom 3. Messidor XII und die darauf sich gründende Praxis. Vgl. ElsLothrZ. 20. S. 526.

3. Art. 85 EG. läßt unberührt die landesgesetzlichen Vorschriften, nach welchen im Falle des § 45 Abs. 3 BGB. das Vermögen des aufgelösten Vereins an Stelle des Fiskus einer Körperschaft, Stiftung oder Anstalt des öffentlichen Rechtes anfällt. Vorschriften über Rückfall und Anfall des Körperschaftsvermögens bestehen in Elsaß-Lothringen hinsichtlich des Vermögens ermächtigter Frauenkongregationen im Art. 7 des Gesetzes vom 24. Mai 1825. Diese Bestimmungen fallen aber nicht unter Art. 85, sondern

Zuwendungen oder Schenkungen anzunehmen. Allein gegenüber dem klaren Sinne des Gesetzes vom 2. Januar 1817 mußte den bezüglichen Verwaltungsakten des Staatsoberhauptes doch wohl eine Wirkung in Ansehung der Erlangung der Rechtsfähigkeit versagt bleiben. Die wahre Bedeutung der Anerkennung seitens des Staatsoberhaupts konnte zunächst nur die sein, daß das Bestehen der bezeichneten Kongregationen gegenüber den polizeilichen Verboten kraft ausdrücklicher Verwaltungsanordnung geduldet wurde, und daß es infolgedessen zu ihrer Auflösung eines ebenfalls durch das Staatsoberhaupt zu vollziehenden Widerrufs bedurfte (vgl. Dalloz, Suppl. v. culte 297 und conclusions du procureur général Dupin in Pér. 61. 1. 219, ferner das den Widerruf für dreizehn derartige Männerkongregationen enthaltende Dekret von 9. April 1903 in Pér. 1903. 4. 11). Außerdem waren infolge einer Ordonnanz vom 29. Februar 1816 die als „associations charitables" anerkannten Männerkongregationen — dazu gehört z. B. auch die „société des frères de la Doctrine chrétienne du diocèse de Strasbourg" — für die Erteilung des Unterrichts der „congrégation des Frères des écoles chrétiennes", welche in dem décret sur l'organisation de l'Université (Unterrichtsverfassung) vom 17. März 1808 ausdrücklich ermächtigt und für den Unterricht privilegiert war, gleichgestellt. Während aber der letztgenannten Kongregation die Rechtsfähigkeit allgemein zuerkannt wurde, weil sie die Ermächtigung zu einer Zeit erlangt hatte, zu der für den Erwerb der Rechtsfähigkeit auf Grund von Art. 4 des Dekrets vom 3. messidor XII ein kaiserliches Dekret genügte, konnte diese

gelten deshalb weiter, weil die „ermächtigten Kongregationen" Anstalten des öffentlichen Rechts sind (vgl. oben c β) und, wie der Regierungsvertreter auch bei Beratung des Art. 85 hervorhob, „das Bürgerliche Gesetzbuch mit der Regelung der Verhältnisse der juristischen Personen des öffentlichen Rechtes (von den Vorschriften des § 89 abgesehen) sich grundsätzlich nicht befaßt". (R.K.B. S. 29.) Sie finden keine Anwendung auf Kongregationen, welche durch Eintragung in das Vereinsregister Rechtsfähigkeit erlangt haben; für solche gilt BGB. § 45.

4. Zu dem Vorbehalte des Art. 86 EG. (Erwerbsbeschränkungen) vgl. unten § 6 AG. und die Bemerkungen zu demselben.

Wirkung durch einen nach dem Gesetz vom 2. Januar 1817 ergangenen Akt des Staatsoberhauptes nicht mehr erzielt werden. In Artikel 31 des Gesetzes über das Unterrichtswesen vom 15. März 1850 ist lediglich bestimmt, daß die Benennung der Gemeindelehrer durch den Gemeinderat zu erfolgen hat ...... sur la présentation qui est faite par les supérieurs pour les membres des associations religieuses vouées à l'enseignement et autorisées par la loi ou reconnues comme établissements d'utilité publique. Es ist schwerlich anzunehmen, daß durch diese Redewendung in einem Gesetz, welches sich nur mit der Organisation des Schulwesens befaßte und dabei eine von den verschiedenen vorausgegangenen Regierungen tatsächlich geübte Praxis in Berücksichtigung zog, auch die Frage der Rechtsfähigkeit der Kongregationen in Abweichung von dem strengen Standpunkt des Gesetzes vom 2. Januar 1817 geregelt werden konnte. Die gesetzgeberischen Verhandlungen sprechen gegen eine derartige Auffassung (vgl. insbesondere die Ausführungen von Thiers in der Nationalversammlung am 24. Februar 1850 bei Dalloz Pér. 1880. 3. 75. Note 9), und schon am 6. März 1860 äußerte sich der Unterrichtsminister dahin: ..... La loi de 1850 sur la liberté d'enseignement, n'a point eu pour but d'éluder les prohibitions qui frappent les congrégations religieuses d'hommes (Dalloz a. a. O.). Vgl. auch den Bericht des Senators Vallé zu dem Vereinsgesetz vom 1. Juli 1901 im Journal officiel vom 7. Juni 1901 annexe S. 787. Der Kassationshof hat die Frage der Rechtsfähigkeit der als établissements d'utilité publique anerkannten Männerkongregationen, nachdem er sie bereits in der oben angeführten Entscheidung vom Jahre 1861 verneint hatte, aus Anlaß der Auflösung, welche diese Kongregationen infolge des Vereinsgesetzes vom 1. Juli 1901 betroffen hat, in einer Entscheidung vom 6. Dezember 1905 einer erneuten Prüfung unterzogen und ist wiederum zu einem verneinenden Ergebnis gelangt (vgl. Dalloz Pér. 1907. 1. 126, daselbst ist auch weitere Literatur und die Rechtsprechung der Gerichte sowie des conseil d'Etat angeführt s. ferner Dalloz-Vergé, Code des lois pol. et adm. v. Culte 6688 ff., 6703 ff. und 6757 ff.).

Ist der Standpunkt des Kassationshofs zutreffend, so ist für Elsaß-

5. Art. 87 EG. läßt unter der Voraussetzung, daß es sich um Genossenschaften handelt, bei denen Gelübde auf Lebenszeit oder unbestimmte Zeit abgelegt werden, eine landesgesetzliche Beschränkung des Erwerbs von Mitgliedern von Orden oder ordensähnlichen Kongregationen dahin zu, daß
a) die Wirksamkeit von Schenkungen an Mitglieder von staatlicher Genehmigung abhängig gemacht wird,
b) Mitglieder nur mit staatlicher Genehmigung von Todes wegen erwerben können.

Vorschriften zu b) bestehen in Elsaß-Lothringen nicht. Dagegen erklärte Art. 5 des Gesetzes vom 24. Mai 1825, betreffend die Ermächtigung und den gesetzlichen Bestand der Kongregationen und religiösen Genossenschaften von Frauen, Schenkungen

---

Lothringen daraus die Folgerung zu ziehen, daß das Gesetz vom 2. Januar 1817, wonach Männerkongregationen die Rechtsfähigkeit nur im Wege der Gesetzgebung erlangen können, ohne jede Einschränkung fortbesteht. Durch die Gemeinnützigkeitserklärungen konnten die betreffenden Männerkongregationen weder die juristische Persönlichkeit des Privatrechts, noch, wie Kisch S. 163 meint, die des öffentlichen Rechtes erwerben. Infolgedessen ist auch gemäß Art. 84 EG. der Erwerb der Rechtsfähigkeit durch Eintragung ins Vereinsregister ausgeschlossen. Vgl. für Preußen, wo ein dem französischen Gesetz v. 2. Januar 1817 entsprechender Grundsatz in Art. 13 der Verfassungsurkunde enthalten ist, die Entsch. des Kammergerichts in Rspr. Bd. 8 S. 164. Aber auch der handelsrechtlichen Gesellschaftsformen, mit denen der Erwerb der Rechtsfähigkeit verknüpft ist, können sich die Kongregationen nicht bedienen. Was die Gesellschaft mit beschränkter Haftung anlangt, siehe für Preußen die Entscheidungen des Kammergerichts in Rspr. Bd. 9 S. 371, Bd. 11 S. 393 und Bd. 12 S. 439. Vgl. übrigens noch Giese, das katholische Ordenswesen nach dem geltenden preuß. Staatskirchenrecht in Hirths Annalen Jahrg. 1908 S. 161 ff., 301 ff., 339 ff.

Den Frauenkongregationen ist, wie im Text ausgeführt, der Erwerb der Rechtsfähigkeit im französischen Rechte weniger erschwert als den Männerkongregationen. Da aber das französische Recht die Rechtsverhältnisse der Kongregationen grundsätzlich als eine Angelegenheit des durch das BGB. nicht berührten öffentlichen Rechtes betrachtet, sprechen überwiegende Gründe dafür, daß auch die Frauenkongregationen die Rechtsfähigkeit nur in den Formen erlangen können, die das öffentliche Recht zuläßt. Hiernach können auch die Frauenkongregationen nicht in das Vereinsregister eingetragen werden und die Rechtsfähigkeit auch nicht durch die Bildung handelsrechtlicher Gesellschaften, mit denen die juristische Persönlichkeit verknüpft ist, erlangen.

Die Errichtung von Stiftungen auf dem durch BGB. §§ 80 ff. bezeichneten Wege ist unzulässig, wenn dadurch bezweckt wird, die Vorschriften des öffentlichen Rechtes über Zulassung und Rechtsfähigkeit der Kongregationen zu umgehen.

und Verfügungen von Todes wegen von Seiten eines Mitglieds einer ermächtigten Frauenkongregation zugunsten der Niederlassung, der dasselbe angehört, sowie — vorbehaltlich eines Ausnahmefalles (Art. 5 Abs. 2) — zugunsten eines anderen Mitglieds für nichtig, wenn die Zuwendung den vierten Teil des Vermögens der Zuwenderin und zugleich den Betrag von 10000 Francs übersteigt. Soweit es sich um Zuwendungen an die Niederlassung handelt, bleibt das Verbot bestehen (vgl. Bem. 6b zu § 6). Soweit es sich um Zuwendungen von Mitglied an Mitglied handelt, ist die Nichtigkeit nach EG. Art. 87 ausgeschlossen. Der Reg.-Entw. enthielt als § 7 folgende Ersatzbestimmung:

„Die im Artikel 5 des Gesetzes, betr. die Ermächtigung und den gesetzlichen Bestand der Kongregationen und religiösen Genossenschaften von Frauen, vom 24. Mai 1825 verbotenen Schenkungen und Verfügungen von Todes wegen zugunsten eines Mitglieds einer ermächtigten Niederlassung sind wirksam, wenn sie die staatliche Genehmigung erhalten haben.

Die Zuständigkeit zur Erteilung der Genehmigung bestimmt sich nach den für den unentgeltlichen Erwerb kirchlicher Anstalten geltenden Vorschriften."

Diese Bestimmung wurde vom L. A. gestrichen (K. B. S. 919, Sitz.-Ber. S. 897). Art. 5 des Gesetzes vom 24. Mai 1825 wird nunmehr im Gesetz, betreffend die Aufhebung von Landesgesetzen, vom 29. November 1899 (GBl. S. 175), unter den aufgehobenen Vorschriften aufgeführt.

§ 6.

Juristische Personen.

Schenkungen und Verfügungen von Todes wegen zugunsten juristischer Personen bedürfen zu ihrer Wirksamkeit, soweit gesetzlich nicht ein anderes bestimmt ist, der staatlichen Genehmigung.

Auf Aktiengesellschaften, eingetragene Genossenschaften (Gesetz, betreffend die Erwerbs- und Wirtschaftsgenossenschaften, vom 1. Mai 1889, Reichs-Gesetzbl. 1898 S. 810) und Gesellschaften mit beschränkter Haftung (Gesetz vom

20. April 1892, Reichs-Gesetzbl. 1898 S. 846) findet die Vorschrift des Abs. 1 keine Anwendung.

Die bestehenden Bestimmungen über die Zuständigkeit zur Erteilung der Genehmigung (Abs. 1) bleiben unberührt.

Entw. § 4. K.B. S. 918.

1. Die Vorschrift des Abs. 1 ersetzt den Art. 910 des Code civil und gründet sich auf Art. 86 des EG., welcher lautet:

„Unberührt bleiben die landesgesetzlichen Vorschriften, welche den Erwerb von Rechten durch juristische Personen beschränken oder von staatlicher Genehmigung abhängig machen, soweit diese Vorschriften Gegenstände im Werte von mehr als fünftausend Mark betreffen. Wird die nach dem Landesgesetze zu einem Erwerbe von Todes wegen erforderliche Genehmigung erteilt, so gilt sie als vor dem Erbfall erteilt; wird sie verweigert, so gilt die juristische Person in Ansehung des Anfalls als nicht vorhanden; die Vorschrift des § 2043 des Bürgerlichen Gesetzbuchs findet entsprechende Anwendung."

Sachlich wird die Vorschrift in der Begründung (zu § 4 Entw.) mit dem Bedürfnis gerechtfertigt, den Gefahren entgegenzutreten, welche eine unkontrollierte Ansammlung von Vermögen im Besitze juristischer Personen infolge freigebiger Zuwendungen für das Gemeinwohl, wie die übermäßige Freigebigkeit eines Zuwenders für dessen Familie im Gefolge haben kann.

Die Vorschrift gilt sowohl für juristische Personen des Privatrechts als auch für solche des öffentlichen Rechtes.[1]) Sie bezieht sich aber nur auf solche juristische Personen, die zur Zeit der Zuwendung, bei Zuwendungen von Todes wegen zur Zeit des Erbfalles oder des Eintritts der Nacherbfolge (§ 2101 BGB.), bereits bestehen, und hat nichts mit dem Falle gemein, daß durch ein Stiftungsgeschäft eine juristische Person errichtet werden soll (vgl. §§ 80 ff. BGB.) Insbesondere bedarf es zum Erwerbe der durch das Stiftungsgeschäft für die Zwecke der Stiftung bestimmten Vermögensgegenstände z. B. für die Auflassung der ihr bestimmten Grundstücke, neben der Genehmigung der Stiftung keiner weiteren staatlichen Genehmigung (KG. Jahrb. Bd. 31 S. 289).

[1]) Hierwegen vgl. auch unten Bem. 10.

2. Gesetzlich ein anderes bestimmt ist

a) im Art. 86 EG. insofern, als danach Zuwendungen, welche Gegenstände im Wert bis zu 5000 Mk. betreffen, keiner staatlichen Genehmigung unterliegen. Vgl. hierüber Bem. 9, 10 u. 11;

b) in verschiedenen Spezialgesetzen, nach welchen bei einzelnen juristischen Personen vollständig oder in gewissem Umfange von jenem Erfordernis abgesehen wird.

α) Die Bezirke können Schenkungen und Verfügungen von Todes wegen ohne Genehmigung annehmen, sofern dieselben nicht mit Lasten verbunden sind, keine Belastung von Liegenschaften bedingen und keine Beschwerden der Erben veranlassen (Art. 1 Ziff. 5 des Ges. über die Generalräte vom 18. Juli 1866).

β) Die Gemeinden von 25000 und mehr Einwohnern sowie die ihnen gleichgestellten Gemeinden können Schenkungen und letztwillige Zuwendungen ohne Genehmigung annehmen, die kleinen Gemeinden, sofern sich an den Erwerb keine Auflagen, Lasten oder Bedingungen knüpfen (§ 56 Ziff. 8 und § 76 Ziff. 7 Gem.-O.).

γ) Die Sparkassen können Schenkungen und letztwillige Zuwendungen, welche ihnen keine Lasten auferlegen, ohne jede Genehmigung annehmen (§ 30 Ges. vom 14. Juli 1895 — GBl. S. 87).

c) Eine ausdrückliche Ausnahme macht ferner der § 6 selbst im Abs. 2. Die hier genannten Körperschaften sind nicht schon wegen ihrer reichsgesetzlichen Regelung dem Aufsichtsrechte der Einzelstaaten entzogen (Prot. Bd. IV S. 403 ff. und R. K. B. S. 30 ff.); ihre Befreiung von der Regel des Abs. 1 rechtfertigt sich, wie die Begründung bemerkt, in den von ihnen vorwiegend verfolgten wirtschaftlichen Zwecken und entspricht insofern dem früheren Rechte, als dasselbe die juristischen Personen des Handelsrechts nicht zu den établissements d'utilité publique (Art. 910 Code civil) rechnete (vgl. Baudry-Lacantinerie, Donations et Testaments, I Z. 228 und den durch das Gesetz vom 29. November 1899 — GBl. S. 175 — aufgehobenen Art. 33 des els.-lothr. EG. z. HGB. v. 19. Juni 1872 — GBl. S. 213 —). Die im Abs. 2 nicht ausdrücklich genannten Körperschaften mit wirtschaftlichen Zwecken bedürfen, selbst wenn sie in ihrer Struktur den genannten Gesellschaften verwandt sind, zum Erwerbe von Schenkungen und letztwilligen Zuwendungen der Genehmigung, folglich auch die Gewerkschaften des Bergrechts (vgl. hierzu übrigens RG. Rspr. Bd. 4 S. 301) und die durch das Reichsgesetz vom 12. Mai 1901 (RGBl. S. 139) geregelten Versicherungsgesellschaften auf Gegenseitigkeit.

3. Für den Begriff der Schenkung sind die §§ 516 ff. BGB. maßgebend. Hiernach fallen auch Handgeschenke unter die Vorschrift des § 6. Der Unterschied, der im französischen Rechte in dieser Hinsicht mehrfach zwischen dons manuels und donations entre vifs (Schenkungsversprechen) in dem Sinne gemacht wurde, daß für erstere eine Genehmigung nicht erforderlich sei (vgl. z. B. André, Cours de la législation civile ecclésiastique Bd. II S. 487, 493), läßt sich heute nicht mehr aufrecht erhalten. Unter Verfügungen von Todes wegen sind auch die Zuwendungen durch Erbverträge begriffen (vgl. die §§ 1937, 1941, 2278, 2279 BGB.). Auch Zuwendungen unter einer Auflage gehören hierher. Die Auflage kann eine vermögenswerte Leistung, z. B. die Verpflichtung, das Zugewendete ganz oder zum Teil zu wohltätigen Zwecken zu verwenden, zum Gegenstand haben. Der Gegenstand der auferlegten Leistung kann auch ohne Vermögenswert sein, wie die einer kirchlichen Anstalt auferlegte Verpflichtung, geistliche Handlungen, z. B. das Lesen von Seelenmessen vornehmen zu lassen.

4. Hinsichtlich der Zuständigkeit zur Erteilung der nach Abs. 1 erforderlichen Genehmigung bleiben nach Abs. 3 die früher auf Grund des Art. 910 Cc. erlassenen Bestimmungen maßgebend. Siehe insbesondere die Ordonnanz vom 2. April 1817, die bezüglichen Vorschriften des Dez.-Dekr. vom 13. April 1861 und die Kaiserliche Verordnung vom 5. Mai 1873 in Verbindung mit § 3 des Gesetzes betr. die Verfassung und Verwaltung Elsaß-Lothringens vom 4. Juli 1879. Grundsätzlich ist hiernach das Ministerium zuständig, welches aber in den meisten Fällen die Genehmigung nicht aus eigener Zuständigkeit erteilt, sondern kraft Delegation seitens des Staatsoberhauptes.

Hinsichtlich mehrerer juristischen Personen des öffentlichen Rechts ist die Zuständigkeit besonders geregelt:

a) Bei den Bezirken (oben 2b α) ist die Genehmigung nur dann durch das Ministerium zu erteilen, wenn gegen eine Verfügung von Todes wegen Beschwerden der Erben vorliegen, im übrigen ist der Bezirkspräsident zuständig (Art. 1 Ziff. 5 des Ges. vom 18. Juli 1868, Dez.-Dekr. vom 13. April 1861 Tab. A 49 und A 67 h).

b) Für die genehmigungspflichtigen Schenkungen und Verfügungen von Todes wegen zugunsten von kleinen Gemeinden (oben 2b β) ist der Kreisdirektor zuständig (§ 76 Ziff. 7, § 71 Gem.-O.).

c) Bei Schenkungen an Pflegehäuser und Spitäler ist für die Genehmigung, wenn gegen eine Verfügung von Todes wegen Beschwerden der Erben vorliegen, das Ministerium zuständig, im übrigen der Bezirkspräsident oder der Kreisdirektor, je nachdem die Wohltätigkeitsanstalt in einer großen oder kleinen Gemeinde gelegen ist (Art. 1 d. Ord. v. 2. April 1817, Art. 10 des Ges. v. 7. August 1851, Dez.-Dekr. vom 13. April 1861 Tab. A 49 und 67 v, § 76 Ziff. 7, § 71 Gem.-O. und Leoni-Mandel S. 169 Anm. 6 und S. 170, sowie Reichlin, die Gemeindegesetzgebung in Elsaß-Lothringen S. 336 Note 7 und S. 337 zu Art. 10 des Ges. v. 7. August 1851).

d) Bei den Armenräten ist, wenn gegen eine Verfügung von Todes wegen Beschwerden der Erben vorliegen, ebenfalls das Ministerium zuständig, im übrigen der Bezirkspräsident (Ord. v. 2. April 1817 Art. 2, Ord. v. 6. Juli 1846 Art. 4, Dez.-Dekr. v. 13. April 1861 Tab. A 49 und 67 v).

e) Dasselbe gilt für Leihhäuser (Ord. v. 2. April 1817 Art. 2, Dez.-Dekr. vom 13. April 1861 Tab. A 49 und 67 v).

f) Bei den kirchlichen Anstalten, einschließlich der nach Maßgabe der Gesetze autorisierten religiösen Genossenschaften wird die Genehmigung in der Regel ebenfalls durch das Ministerium erteilt. Übersteigt der Wert der Schenkung oder letztwilligen Zuwendung zugunsten der kirchlichen Anstalt oder der ermächtigten religiösen Genossenschaft aber den Betrag von 12000 Mk., so kann die Genehmigung nur durch den Statthalter erfolgen (Ges. v. 2. Januar 1817, Ges. v. 24. Mai 1825 Art. 4 Ziff. 1,

Ord. v. 2. April 1817, Ord. v. 14. Januar 1831 und Ausführungszirkular vom 29. Januar 1831 bei Dursy I S. 249, ferner Verordng. v. 5. Mai 1873 und v. 23. November 1907). Für Schenkungen zugunsten kirchlicher Anstalten und religiöser Genossenschaften, bei welchen der Schenkgeber sich den Nutzgenuß der verschenkten Güter vorbehalten hat, wird die Genehmigung nicht erteilt (Art. 4 der Ord. v. 14. Januar 1831). Wenn an die Zuwendung religiöse Dienstleistungen als Auflage geknüpft sind, muß vor der staatlichen Ermächtigung eine vorläufige Genehmigung des Bischofs stattfinden (Art. 2 der Ord. v. 2. April 1817).

Bei sämtlichen juristischen Personen des öffentlichen Rechtes und bei den juristischen Personen des Privatrechts, deren Rechtsfähigkeit auf Verleihung beruht, muß die Genehmigung durch den Statthalter erfolgen, wenn die Schenkung oder letztwillige Zuwendung zu einem andern, als dem der betreffenden juristischen Person gesetzlich zugewiesenen oder sonst genehmigten Zweck erfolgt (§ 3 der Verordng. v. 5. Mai 1873 und v. 23. November 1907).

Wenn in einer Schenkung oder in einer letztwilligen Verfügung Zuwendungen an mehrere juristische Personen enthalten sind, zu deren Genehmigung verschiedene Behörden zuständig sind, ist die Genehmigung für sämtliche Zuwendungen durch die höchstgeordnete Stelle zu erteilen (vgl. das bei Dufour Bd. 5 Nr. 368 abgedruckte Staatsratsgutachten vom 27. Dezember 1855, Franz Nr. 334a und das Ministerialzirkular vom 25. Januar 1856 bei Dursy I S. 253).

5. Wie in der Begründung ausdrücklich hervorgehoben, ersetzt § 6 den Art. 910 Code civil. Keineswegs will er die Materie der Erwerbsbeschränkungen juristischer Personen erschöpfend regeln. Es bestehen daher neben § 6 die Vorschriften weiter, welche den entgeltlichen Erwerb juristischer Personen des öffentlichen Rechtes (vgl. oben S. 31a) von staatlicher Genehmigung abhängig machen, immer unbeschadet der im Art. 86 EG. gezogenen reichsgesetzlichen Schranke (s. aber auch Bem. 10). Solche Vorschriften sind enthalten in besonderen Gesetzen, z. B. für kirchliche Anstalten im Dekr. v. 30. Dezember 1809 Art. 63, Dekr. v. 16. Juli 1810 Art. 1 ff., Ges. v. 2. Januar 1817 Art. 2, Ges. v. 24. Mai 1825 Art. 4 Ziff. 2, für

Spitäler und Pflegehäuser im Ges. v. 7. August 1851 Art. 9 Abs. 3, Art. 10, für Armenräte im Dekr. v. 13. April 1861 Art. 6 Ziff. 17, Tab. A. 48.

Selbstverständlich sind ferner unverändert in Kraft geblieben sämtliche Vorschriften, welche Veräußerungen, Verpachtungen, Aufnahme von Darlehen, Kapitalanlagen, Vergleiche, die Führung von Rechtsstreitigkeiten usw. juristischer Personen des öffentlichen Rechts von staatlicher Genehmigung abhängig machen. Von einer Aufzählung der zahlreichen in Frage kommenden gesetzlichen Bestimmungen kann hier abgesehen werden. Erwähnt sei nur, daß der Aufnahme eines Darlehens der Fall gleichzuachten ist, daß der Kaufpreis für einen von der betreffenden Anstalt erworbenen Gegenstand, oder die Vergütung für ein sonstiges Unternehmen der Anstalt gestundet und die Tilgung der Schuld in der Weise verabredet ist, daß das Geschäft in seinem wirtschaftlichen Erfolge einem Darlehensgeschäfte gleich steht. (Vgl. das Ministerialzirkular vom 11. Mai 1864 im Bulletin du Ministère de l'Intérieur 1864 S. 162, die Staatsratsentscheidung vom 14. August 1865 in Dalloz Pér. 1866. 3. 27, und Ziff. 2 der Verfügung des Oberstaatsanwalts in Colmar an die Notare vom 20. April 1905, Smlg. Bd. 29 S. 193.) Wenn daher z. B. eine Gemeinde oder Kirchenfabrik, die beide (Gemeinden im Rahmen des § 74 Ziff. 2, § 75 Abs. 2 Ziff. 4) zur Aufnahme von Darlehen der staatlichen Genehmigung bedürfen, ein Grundstück gegen Stundung und Verzinsung des etwa in längeren Terminen zahlbaren Kaufpreises, mit oder ohne Hypothekenbestellung, erwerben, so bedarf dieser Vertrag selbst dann der Genehmigung der Aufsichtsbehörde, wenn der Wert des Grundstücks nur 5000 Mk. oder weniger beträgt. Die anscheinend zu einem abweichenden Ergebnis gelangende Entscheidung des Landgerichts in Metz vom 22. November 1900, ElsLothZ. 26 S. 168 übersieht, daß in dem betreffenden Falle möglicherweise schon die gestundete Kaufpreisschuld selber der Genehmigung bedurfte, und daß es sich infolgedessen nicht mehr darum handeln konnte, ob die Bestellung der Kaufpreishypothek eine genehmigungspflichtige Verfügung über das Grundstück war.

6. Die Landesgesetzgebung kennt aber auch Vorschriften, welche den Erwerb gewisser juristischer Personen des öffentlichen Rechts nicht blos „von einer staatlichen Genehmigung abhängig machen", sondern direkt „beschränken". Diese Vorschriften sind

auf Grund des Vorbehalts in Art. 86 EG. und mit der hieraus folgenden Einschränkung ebenfalls in Kraft geblieben. Hierher gehört:

a) Art. 4 Nr. 1 des Ges. v. 24. Mai 1825, betr. die Ermächtigung und den gesetzlichen Bestand der Kongregationen und religiösen Genossenschaften von Frauen, wodurch den ermächtigten Niederlassungen der Erwerb von Todes wegen unter Universaltitel untersagt wird. Diese Beschränkung bleibt zufolge Art. 86 nur insoweit bestehen, als der Gegenstand der Zuwendung 5000 Mk. übersteigt;

b) Art. 5 desselben Gesetzes, wodurch Schenkungen oder Verfügungen von Todes wegen seitens eines Mitgliedes der Niederlassung an diese in einem den 4. Teil des Vermögens der Zuwenderin übersteigenden Betrage verboten werden, sofern es sich um einen höheren Wert als 10000 Franken handelt. Diese Beschränkung bleibt bestehen, da es sich hier immer um mehr als 5000 Mk. handelt. Bezüglich des in demselben Art. 5 enthaltenen Verbotes von Schenkungen und Verfügungen von Todes wegen seitens eines Mitgliedes der Niederlassung an ein anderes Mitglied vgl. das betr. Art. 87 EG. in der Vorbemerkung zu §§ 6—8 III 5 S. 45 Gesagte.

Zuwendungen, welche den unter a) und b) erwähnten Verboten zuwider vorgenommen werden, sind von vornherein und absolut nichtig. Es handelt sich hier nicht, wie bei dem genehmigungspflichtigen Erwerbe, nur um eine Beschränkung der Geschäftsfähigkeit der betreffenden juristischen Personen, sondern um eine Einschränkung ihrer Rechtsfähigkeit. Vgl. Vorbem. zu §§ 6—8 II 3 b S. 32.

7. Um Zuwiderhandlungen gegen die gesetzlichen Erwerbsbeschränkungen zu verhindern, bestehen eine Reihe von Ordnungsvorschriften.

Das Nachlaßgericht hat, wenn eine Verfügung von Todes wegen zugunsten einer juristischen Person (des Privatrechts oder des öffentlichen Rechtes) vorliegt, nach deren Eröffnung den Bezirkspräsidenten, in dessen Bezirk die juristische Person ihren Sitz hat, und bei Beteiligung von juristischen Personen außerhalb Elsaß-Lothringens[1]) dem Bezirkspräsidenten, in dessen

[1]) In der betreffenden Verordnung des Ministeriums heißt es offenbar ungenau „bei Beteiligung von juristischen Personen im Auslande".

Bezirk der Nachlaß eröffnet ist, von der Zuwendung Mitteilung zu machen (Verordnung des Ministeriums vom 28. Februar 1905, ABl. S. 95, Peruche S. 659). Diese Verpflichtung liegt dem Nachlaßgericht auch dann ob, wenn die Eröffnung der Verfügung von Todes wegen durch den Notar stattgefunden hat (§ 28a, Abs. 2 AG. z. FGG. in der Fassung des Gesetzes vom 13. Februar 1905). Die weitere Verpflichtung des Nachlaßgerichts, auch den bedachten juristischen Personen selbst von der Verfügung von Todes wegen Kenntnis zu geben, folgt schon aus § 2262 BGB.

Die Notare, welche eine Schenkung zugunsten einer juristischen Person (des Privatrechts oder des öffentlichen Rechtes) beurkundet haben, sind auf Grund eines Dekrets vom 30. Juli 1863 verpflichtet, hiervon unverzüglich den Bezirkspräsidenten zu benachrichtigen (Ministerialzirkular vom 12. September 1863, Massabiau, Manuel du ministère public Bd. III Nr. 5355 f.) Mit der Benachrichtigung ist eine Übersicht über die in demselben Akt enthaltenen anderweitigen freigebigen Verfügungen zu verbinden.

In Ansehung der kirchlichen Anstalten, einschließlich der nach Maßgabe der Gesetze ermächtigten Kongregationen, bestehen außerdem für die Notare noch besondere Bestimmungen. Vgl. Verf. des Oberstaatsanwalts an die Notare vom 17. Juli 1882 (Slg. Bd. 7, S. 239, Franz Nr. 334a, S. 396) und vom 20. März 1898 (N. Z. Bd. 18 S. 178). Nach Art. 2 der Ordonnanz vom 14. Januar 1831 darf kein Notar eine Urkunde über einen genehmigungspflichtigen Erwerb oder ein sonstiges genehmigungspflichtiges Geschäft einer solchen Anstalt errichten, wenn nicht der Genehmigungserlaß, der vollständig in die Urkunde einzurücken ist, vorgelegt wird. Wie die Verf. des Oberstaatsanwalts vom 30. Juli 1902 (Slg. 27, S. 244) hervorgehoben hat, war das Verbot im neuen Rechte im Falle eines entgeltlichen Erwerbs aber nicht etwa nur auf die Beurkundung des unmittelbar auf die Übertragung des Eigentums an Grundstücken gerichteten dinglichen Vertrags (die Auflassung), sondern auch auf die Beurkundung des vorausgehenden obligatorischen Vertrags zu beziehen, was jedoch die Beurkundung eines bloß einseitigen, wenn auch akzeptierten Verkaufsversprechens zugunsten der kirchlichen Anstalt, sofern nur diese keine Verpflichtung eingeht, ebenfalls nicht ausschloß. Die dementsprechende Praxis mußte eine Änderung erfahren infolge des Verkehrssteuergesetzes vom 14. November 1904. Nach § 33 dieses Gesetzes unterliegt schon das einseitige Verkaufsversprechen der verhältnismäßigen Abgabe von einem Prozent. Soll der Veräußerer schon vor der Erteilung der staatlichen Genehmigung zu dem Erwerbe gebunden werden, so empfiehlt sich entweder die Beurkundung eines nur bedingten Verkaufsversprechens oder die sofortige Beurkundung eines bedingten Kaufvertrags (die Bedingung ist die Genehmigung). Nach § 8 VerkStGes. unterliegt eine solche Beurkundung nicht der (an sich 2 Mk. betragenden) Steuer. Wenn sich der zweite Weg im Interesse der Ersparung einer nochmaligen Beurkundung empfiehlt, so ist doch der erste Weg (des einseitigen Versprechens) dann vorzuziehen, wenn die Erteilung der Genehmigung Zweifeln unterliegt (vgl. hierwegen und wegen des Sonderfalls von Versteigerungen die Verf. des Oberstaatsanwalts v. 20. April 1905, Slg. 29, S. 193).

Der Beurkundung eines Schenkungsversprechens des andern Teils steht die Ordonnanz vom 14. Januar 1831 nicht entgegen. Bezüglich der Schenkungsversprechen und Verfügungen von Todes wegen zugunsten kirchlicher Anstalten ist den Notaren noch besonders verboten, vor Erlaß der Genehmigung irgend eine Beurkundung vorzunehmen, die eine Verfügung der bedachten Anstalt über die zugewendete Sache zum Gegenstand hat (Ministerialzirkular vom 21. Februar 1831, Verf. des Oberstaatsanwalts vom 17. Juli 1882, Slg. Bd. 7, S. 239, Franz S. 394).

Hat ein Notar ein Schenkungsversprechen unter Lebenden zugunsten einer kirchlichen Anstalt beurkundet, so soll er unverzüglich der bedachten Anstalt oder bestimmten Stelleninhabern von dem Akt Kenntnis geben (Art. 58 des Dekrets vom 30. Dezember 1809, Art. 67 des Dekrets vom 6. November 1813, Art. 5 der Ordonnanz vom 1. April 1817). Dieselbe Verpflichtung hat er in Ansehung von Schenkungsversprechen zugunsten eines Spitals oder Pflegehauses (Verordnung vom 4. Pluviose XII).

Die im früheren Rechte weiter noch enthaltenen Verpflichtungen der Notare, auch bei Verfügungen von Todes wegen bestimmte Beteiligte zu benachrichtigen, sind infolge der veränderten Bestimmungen über die Eröffnung der Testamente 2c. (insbesondere § 2262 BGB.) in Wegfall gekommen (s. die oben angef. Verordnung des Ministeriums vom 28. Februar 1905).

8. Die zu einem Erwerb einer juristischen Person erforderliche Genehmigung der Regierung ist keine privatrechtliche Willenserklärung, sondern ein Akt der Staatsgewalt, dessen Bedeutung und Wirksamkeit sich daher nach dem öffentlichen Rechte beurteilt. Infolgedessen können die Vorschriften über Einwilligung und Genehmigung in §§ 182—185 BGB. keine unmittelbare, sondern nur eine analoge Anwendung, sofern im übrigen deren Voraussetzungen gegeben sind, auf die hier in Frage stehende Genehmigung finden. Von der Genehmigung ist die Gültigkeit des Rechtsgeschäfts abhängig. Sie ist eine sogenannte conditio juris des Geschäfts. Die Versagung hat die absolute Nichtigkeit der Zuwendung in ihrem vollen Umfang — nicht etwa bloß in dem den Wert von 5000 Mk. übersteigenden Betrage — zur Folge (vgl. Kisch S. 175 Note 28). Bei Zuwendungen von Todes wegen gilt die juristische Person im Falle der Verweigerung der Genehmigung in Ansehung des Anfalls als nicht vorhanden (Art. 86 EG.).

Bevor die Genehmigung erteilt ist, muß die Eintragung des Eigentums und anderer dinglicher Rechte im Grundbuch abgelehnt oder dem Antragsteller eine Frist zur Beibringung der Genehmigung bestimmt werden (GO. § 18). Auch kann vor der Genehmigung kein Erbschein erteilt werden.

Die Genehmigung kann sich auch auf einen Teil der Zuwendung beschränken. Sie kann ferner an Bedingungen geknüpft werden, z. B. an die Auflage, bestimmten hilfsbedürftigen Verwandten des Erblassers eine Geldsumme zu zahlen. Diese Befugnis der Regierung ist bei der Genehmigung von freigebigen Zuwendungen namentlich gegenüber kirchlichen Anstalten sowohl zur französischen Zeit als auch später mehrfach zum Ausdruck gelangt. Ihre Berechtigung ist um so weniger zu bezweifeln, als die Bestimmung des § 6 AG., wie sich aus der Begründung ergibt, nicht nur einer unkontrollierbaren Ansammlung von Vermögen in der Toten Hand entgegentreten, sondern auch das Interesse der Familien gegen die übermäßige Freigebigkeit eines Mitgliedes schützen will. Aus einer solchen Auflage erwirbt der begünstigte Dritte, wenn die juristische Person die so belastete Zuwendung annimmt, gegen letztere einen klagbaren Anspruch (RG. 40 S. 304 mitgeteilt von Geigel in ElsLothrZ. Bd. 27 S. 229).

Gegen die Versagung der Genehmigung oder die an Bedingungen geknüpfte Genehmigung ist Beschwerde an die höher geordnete Stelle, in letzter Linie an den Kaiser zulässig, der, wenn die Zuständigkeit der zunächst angegangenen Stelle auf Delegation beruhte, die Genehmigung selbst erteilen kann.

Bis zur Erteilung der Genehmigung ist ein Schwebezustand vorhanden. Bei Verträgen unter Lebenden, insbesondere bei Schenkungen, sind die Vertragsteile während dieses Schwebezustandes, soweit sie nicht schon ausdrücklich den Vertrag an die Bedingung der Genehmigung geknüpft haben, im Zweifel gebunden und können nicht einseitig zurücktreten. Dies folgt aus den Grundsätzen über Treu und Glauben, nach denen die Verträge gemäß § 157 BGB. auszulegen sind. (Vgl. Planck 3. Aufl. Bem. 3 zu Art. 86 EG.; a. A. Niedner Bem. 6 zu Art. 86). Ist eine juristische Person als Erbe eingesetzt, so geht die Erbschaft sofort auf sie über (KG. Jahrb. Bd. 31 S. 59 u. Rspr. Bd. 12 S. 354). Die Versagung der Genehmigung würde wie die Ausschlagung der Erbschaft wirken. Da aber vor Erteilung der Genehmigung noch Ungewißheit über die Person des endgültigen Erben besteht, kann das Nachlaßgericht gemäß § 1960 BGB. geeignete Maßnahmen zur Sicherung des Nachlasses treffen. Ist die juristische Person als Miterbin berufen, so ist die Auseinandersetzung bis zur Entscheidung über die Genehmigung ausgeschlossen (Art. 86 EG. § 2043 BGB.). Ist die juristische Person Vermächtnisnehmerin, so kann die Entrichtung des Vermächtnisgegenstandes verweigert werden, bis die erforderliche Genehmigung erteilt ist.

Einzelnen juristischen Personen des öffentlichen Rechtes ist in der Landesgesetzgebung ausdrücklich gestattet, die Zuwendung schon vor der Genehmigung vorläufig anzunehmen und andere vorläufige Maßnahmen zum Zwecke der Erhaltung des Zugewendeten zu treffen, so den kirchlichen Anstalten in Art. 5 der Ordonnanz vom 2. April 1817, den Bezirken in Art. 31 Abs. 2 des Ges. vom 10. Mai 1838, den Pflegehäusern und Spitälern in Art. 11 des Ges. v. 7. August 1851, den Hilfsgenossenschaften auf Gegenseitigkeit in Art. 7 Abs. 3 des Ges. v. 15. Juli 1850, den Gemeinden in § 19 Gem.-O.

Die Erteilung der Genehmigung hat rückwirkende Kraft.

Dies ergibt sich für die Zuwendungen von Todes wegen unmittelbar aus Art. 86 Satz 2 EG. Für Geschäfte unter Lebenden führt die analoge Anwendung des § 184, unter Umständen auch des § 159 BGB. zu demselben Ergebnis (vgl. auch Mot. z. EG. S. 170). In Ansehung der im vorigen Absatz angeführten Anstalten des öffentlichen Rechts ist die rückwirkende Kraft überdies in der Landesgesetzgebung ausdrücklich bestimmt. Dingliche Verfügungen, die in der Zwischenzeit über den Gegenstand der Zuwendung von dem Berechtigten getroffen werden oder im Wege der Zwangsvollstreckung oder der Arrestvollziehung oder durch den Konkursverwalter erfolgt sind, werden durch die Rückwirkung nicht betroffen (vgl. § 184 Abs. 2 BGB).

9. Über die Berechnung der Wertgrenze von 5000 Mk., von deren Überschreitung Art. 86 EG. die Zulässigkeit des Erfordernisses staatlicher Genehmigung zum Erwerb von juristischen Personen abhängig macht, ist folgendes zu bemerken:

Entscheidend ist der gemeine Wert, welchen der Gegenstand der Zuwendung zur Zeit des Erwerbes (d. i. bei Verfügungen von Todes wegen des Erbfalls, bei Geschäften unter Lebenden der Zeitpunkt der Annahmeerklärung — wenn diese noch nicht erfolgt ist, aber der Zeitpunkt der Genehmigung —) an dem Orte hat, wo der Gegenstand der Zuwendung sich befindet. Näheres s. bei Müller-Crusen, Preuß. AG. S. 115 ff. Wiederkehrende Leistungen sind zu kapitalisieren. Eine bestimmte Art der Kapitalisierung, wie im Art. 6 des Preuß. AG., wonach die Leistungen mit vier vom Hundert zum Kapital zu rechnen sind, ist nicht vorgeschrieben. Wiederkehrende Leistungen von bestimmter Dauer werden daher in der Regel zusammenzurechnen sein (Kisch S. 170), bei wiederkehrenden Leistungen von unbestimmter Dauer wird die Kapitalilisierung unter Zugrundelegung des landesüblichen Zinsfußes zur Zeit des Erwerbes zu erfolgen haben. Daneben kann aber auch besonderen Umständen, die eine abweichende Berechnungsart rechtfertigen, Rücksicht getragen werden.

Gegenleistungen, Lasten und Verpflichtungen, welche den Erwerber infolge des Erwerbes treffen, sind von dem Werte des Gegenstandes des Erwerbes nicht abzuziehen. Es entscheidet also der Bruttowert und nicht der Nettowert des Zugewendeten. Dies gilt sowohl von dem Erwerb unter Singulartitel als auch von dem unter Universaltitel sich vollziehenden Erwerb von Todes wegen (Planck, 3. Aufl. Bem. 4 zu Art. 86 EG., s. aber auch KG. in Rspr. Bd. 10 S. 129).

Mehrere Gegenstände, die von einer juristischen Person durch dasselbe Rechtsgeschäft erworben werden, sind in ihrem Werte zusammenzurechnen. Dabei gelten mehrere Verfügungen desselben Erblassers zugunsten derselben juristischen Person als einheitlicher letzter Wille, so daß staatliche Genehmigung erforderlich ist, wenn der Wert der in den einzelnen Verfügungen zugewendeten Gegenstände zusammengerechnet mehr als 5000 Mk. beträgt. Bei mehreren zeitlich auseinander liegenden Rechtsgeschäften unter Lebenden entscheidet grundsätzlich der Wert der Objekte der einzelnen Rechtsgeschäfte. Sind die Geschäfte aber zeitlich getrennt worden, um das Gesetz zu umgehen, so sind sie, wenn nicht die staatliche Genehmigung erfolgt, nichtig.

Wenn eine nnd dieselbe juristische Person von mehreren Personen gleichzeitig, z. B. in einem notariellen Akte, Vermögensgegenstände erwirbt, so liegen mehrere Erwerbsgeschäfte vor. Eine Genehmigung wird daher nur dann in Frage kommen, wenn die von dem einzelnen Veräußerer ausgehende Zuwendung einen höheren Wert als 5000 Mk. hat (KG. in Rspr. Bd. 12 S. 252). Entsprechendes hat auch dann zu gelten, wenn die mehreren Veräußerer in Ansehung des zugewendeten Gegenstandes in einer Gemeinschaft nach Bruchteilen stehen. Der Wert des einzelnen Bruchteils entscheidet. Anders liegt die Sache, wenn die Zuwendung aus einer Gemeinschaft zur gesamten Hand erfolgt, z. B. bei Ehegatten aus gütergemeinschaftlichem Vermögen, bei Miterben aus dem Nachlaß. Beläuft sich die Gesamtzuwendung hier auf mehr als 5000 Mk., so muß trotz der Mehrheit von Veräußerern die staatliche Genehmignng eingeholt werden, weil das Vermögen sich wirtschaftlich und rechtlich als eine Einheit darstellt (Crusen-Müller a. a. O. S. 121).

Umgehungen des Gesetzes, welche mangels nachträglicher staatlicher Genehmigung die Nichtigkeit des Geschäftes nach sich ziehen, können außer dem oben bereits erwähnten Fall ferner noch vorliegen, wenn genehmigungspflichtige Schenkungen in verschleierter Form, z. B. gegen eine aufallend niedrige und nur scheinbare Gegenleistung (nummo uno) vorgenommen werden, oder wenn der Erwerb sich unter der Mitwirkung vorgeschobener Personen, sei es auf der Seite des zuwendenden Teils oder auf der Seite der erwerbenden juristischen Person vollzieht.

10. Wie der Vorbehalt des Art. 86 EG., so bezieht sich auch die darin gezogene Schranke (Wert von mehr als 5000 Mk.) nicht nur auf juristische Personen des Privatrechts, sondern auch auf solche des öffentlichen Rechtes. Gerade solche, namentlich kirchliche Institute und Stiftungen, bildeten bei Erörterung des Vorbehalts den Gegenstand der Diskussion (vgl. R. K. B. S. 30). Man hat zwar in der Anwendbarkeit des Art. 86 auf die juristischen Personen des öffentlichen Rechtes einen Widerspruch gefunden mit der wiederholt erklärten Tatsache, daß das BGB. das öffentliche Recht der Bundesstaaten grundsätzlich nicht berührt; mit Unrecht! Die im Art. 86 zum Teil aufrecht erhaltenen Erwerbsbeschränkungen treffen die Bewegungsfreiheit der juristischen Personen auf privatrechtlichem Gebiete (vgl. oben S. 31). Allerdings hätte das Landesrecht auch die privatrechtliche Bewegungsfreiheit der öffentlich-rechtlichen juristischen Personen beschränken können, aber nur aus dem Gesichtspunkte der landesgesetzlich zulässigen Einwirkung auf Verfassung und Satzungen, insbesondere der Beschränkung der Vertretungsmacht des Vorstandes, also nur hinsichtlich der der landesgesetzlichen Regelung allein unterworfenen staatsangehörigen juristischen Personen. Staatsfremde juristische Personen können, da es sich hierbei lediglich um den privatrechtlichen Verkehr handelt, nur auf Grund eines besonderen reichsgesetzlichen Vorbehaltes landesgesetzlich beschränkt werden. Auch staatsfremde juristische Personen zu treffen, war aber bei Beratung des Art. 86 ausgesprochene Absicht (Mot. zum EG. S. 175, Prot. Bd. VI S. 631 ff., R. K. B. S. 31 f.) Ferner hätte das Landesgesetz nicht die Folgen des beim Erwerbe von Todes wegen eintretenden Schwebeverhältnisses regeln können, wie es im Art. 86 geschehen ist.

11. Sehr zweifelhaft aber ist, ob unterhalb der Wertgrenze von 5000 Mk. den juristischen Personen des öffentlichen Rechtes infolge der Bestimmung des Art. 86 EG. nunmehr volle Freiheit gelassen ist.

Der Art. 86 EG. ist hervorgegangen aus dem Art. 49 Abs. 2 des ersten Entwurfes.

Der Abs 1 dieses Art. 49 lautete im ersten Entwurfe:

„Unberührt bleiben die Vorschriften der Landesgesetze über

die Verwaltung und Beaufsichtigung juristischer Personen."

Die Reichstagsvorlage enthielt an dessen Stelle folgenden Art. 80:

„Unberührt bleiben die landesgesetzlichen Vorschriften über die Beaufsichtigung juristischer Personen."

Die II. Kommission hatte „die Verwaltung" gestrichen, weil der Vorbehalt in dieser Hinsicht für juristische Personen des öffentlichen Rechts, auf die sich das BGB. nicht erstrecke, selbstverständlich sei, für juristische Personen des Privatrechts aber teils (soweit sie auf besonderen Reichsgesetzen beruhen) nicht passe, im übrigen aber nur insoweit Raum habe, als auch die Verfassung landesgesetzlicher Regelung unterstehe (Art. 82 EG.), vgl. Prot. VI S. 401.

Die Reichstagskommission strich auch den Rest des Artikels unter der ausdrücklichen Anerkennung, „daß der Inhalt desselben, weil er sich nur auf das öffentliche Aufsichtsrecht beziehe, von selbst gelte. Das BGB. regele nur das Privatrecht, nicht aber das öffentliche Recht" (R. K. B. S. 26—28).

Der Abs. 2 des Art. 49 des ersten Entwurfs, der abgesehen von der Bestimmung über die Wertgrenze, mit dem Art. 86 der Reichstagsvorlage und des jetzigen EG. gleichlautete, hatte, wie aus den Motiven S. 172 klar hervorgeht, den Zweck, die in den Landesgesetzen enthaltenen Erwerbsbeschränkungen der toten Hand aufrechtzuerhalten, d. h. diejenigen Beschränkungen, welche bezwecken, „den Gefahren vorzubeugen, die eine übermäßige Anhäufung von Grundbesitz oder Kapitalvermögen in der Hand juristischer Personen für das Gemeinwohl, oder allzuweit getriebene, auf die Förderung besonderer öffentlicher Zwecke abzielende Freigebigkeit des Einzelnen für das Gedeihen und das Wohl der Familie haben kann". Vgl. auch Begr. zu § 6 AG. oben S. 47. In der Reichstagskommission wurde von seiten des Zentrums die Streichung des Art. 86 beantragt (R. K. B. S. 30 f.). Man einigte sich auf eine Wertgrenze von 3000 Mk., innerhalb welcher die Erwerbsbeschränkungen in Wegfall kommen sollten (a. a. O. S. 39). Im Plenum des Reichstags wurde die Wertgrenze auf 5000 Mk. erhöht (Sitzungsbericht S. 3030). Die Anträge auf Streichung und Abänderung des Art. 86 und die hierauf bezüglichen Verhandlungen in der Reichstagskommission und im Plenum hatten ausgesprochenermaßen die Erwerbsbeschränkungen der toten Hand, bezw. die Amortisationsgesetze der deutschen Staaten zum Gegenstande, welche von den Antragstellern für überlebt und einer längst überwundenen Periode angehörend erachtet wurden.

Das im elsaß-lothringischen öffentlichen Rechte mehrfach aufgestellte Erfordernis, wonach bestimmte juristische Personen des öffentlichen Rechtes zum Erwerbe von Vermögensgegenständen der staatlichen Genehmigung bedürfen, beruht aber nicht nur auf dem Gesichtspunkt der durch die sog. Amortisationsgesetze verfolgten polizeilichen Beschränkung der toten Hand, sondern vielfach auch auf dem vormundschaftlichen Verwaltungs- und Beaufsichtigungsrecht, welches der Staat im Interesse der betreffenden Anstalten ausübt. Insofern fallen die Erwerbsbeschränkungen der juristischen Personen des öffentlichen Rechtes nicht unter Abs. 2 des ehemaligen Art. 49 des Entwurfs (jetzt Art. 86 EG.), sondern unter Abs. 1 des bezeichneten Artikels, der als selbstverständlich, weil einen Vorbehalt für das öffentliche Recht enthaltend, zum Teil in der Regierungskommission für den zweiten Entwurf, zum Teil in der Reichstagskommission gestrichen worden ist.

Das Aufsichtsrecht des Staats ist in Elsaß-Lothringen als ein vormundschaftliches charakterisiert, namentlich in Ansehung der établissements publics. Diese stehen, wie oben S. 28 ff. ausgeführt, in engster Verbindung zum Staate. Die Wirkung dieser Verbindung äußert sich in einer intensiven Beteiligung des Staates an der Führung der Vermögensangelegenheiten der Anstalten. Mitunter findet sich die vormundschaftliche Seite dieses Aufsichtsrechts gerade in Ansehung der Erwerbsbeschränkungen deutlich in den bezüglichen gesetzlichen Vorschriften selbst ausgesprochen, so in den oben S. 48 angezogenen Bestimmungen, wonach die Bezirke, kleinen Gemeinden und Sparkassen zum Erwerbe von Schenkungen und letztwilligen Zuwendungen der staatlichen Genehmigung dann bedürfen, wenn mit dem Erwerbe Lasten verbunden sind. Aber auch bei den übrigen établissements publics, namentlich bei den kirchlichen Anstalten, ist, soweit ein Vermögenserwerb an die staatliche Genehmigung gebunden ist, der Grund dieser Mitwirkung von jeher wesentlich ein vormundschaftlicher gewesen (vgl. auch Leoni-Mandel II S. 100, S. 289). Ein praktisches Bedürfnis für die vormundschaftliche Aufsicht des Staates besteht insbesondere in Ansehung der Kirchenfabriken und der ihnen gleichgestellten protestantischen Pfarreien, weil hier die Gemeinde zufolge Art. 92 des Dekr. v. 30. Dezember 1809 bei Unzulänglichkeit der Einkünfte der bezeichneten Anstalten für die denselben obliegenden Verpflichtungen ergänzend einzutreten hat.

Die Aufhebung der vormundschaftlichen Beschränkung für den Erwerb von Vermögensgegenständen im Werte von 5000 Mk. und weniger würde allgemein einen tiefeinschneidenden Eingriff in das Verhältnis des Staates zu den ihm angehörigen Anstalten des öffentlichen Rechtes bedeuten. Da das BGB., wie in den Vorarbeiten mehrfach hervorgehoben worden ist, sich grundsätzlich von Eingriffen in das öffentliche Recht der Bundesstaaten fern halten will und in Ansehung der vormundschaftlichen Erwerbsbeschränkungen kein zwingender Grund zu einer Ausnahme von diesem Grundsatz besteht, erscheint es nicht unbedenklich, die die Wertgrenze betreffende Bestimmung des Art. 86 EG., die an sich nur die Amortisationsgesetze treffen wollte, auch auf die vormundschaftliche Seite des Aufsichtsrechts der Bundesstaaten auszudehnen. Die Gutachtl. Bem. S. 5 f. haben sich gegen eine derartige Ausdehnung ausgesprochen und die Auffassung vertreten, daß die öffentlich-rechtlichen Korporationen, namentlich auch die kirchlichen Institute, bei ihren Erwerbsgeschäften wie früher um die staatliche Genehmigung einzukommen haben, daß diese aber, soweit es sich nicht um Werte von über 5000 Mk. handelt, nur aus Gründen des vormundschaftlichen Aufsichtsrechts, also nur im Interesse der Anstalt selbst, nicht aber aus Gründen des polizeilichen Interesses des Staates gegen die Anstalten (Verhinderung einer unkontrollierten Vermögensansammlung der Toten Hand) verweigert werden könne.

In Bayern, wo der Staat in ähnlicher Weise wie in Elsaß-Lothringen ein vormundschaftliches Aufsichtsrecht über gewisse öffentliche Anstalten ausübt, haben die Verwaltungsbehörden die Wertgrenze des Art. 86 EG. z. BGB. niemals auf solche Beschränkungen des Vermögenserwerbs für anwendbar erachtet, die sich aus dem Erfordernis der Kuratelgenehmigung ergeben. Dementsprechend wird in Bayern, auch soweit es sich um den Erwerb von Vermögensgegenständen im Wert von 5000 Mk. und weniger handelt, die im öffentlichen Rechte vorgeschriebene vormundschaftliche Genehmigung namentlich auch bei den Erwerbsgeschäften der bürgerlichen Gemeinden und der kirchlichen

Anstalten verlangt. Dabei ist hervorzuheben, daß letztere in der Rheinpfalz in den wesentlichsten Beziehungen noch denselben Bestimmungen des französischen Rechts unterstehen wie in Elsaß-Lothringen. Die Praxis der bayrischen Verwaltungsbehörden hat weder bei den kirchlichen Organen noch bei den Gerichten, soweit bekannt geworden ist, bisher Widerspruch gefunden. Ihre Gesetzlichkeit findet eine ausdrückliche Anerkennung in dem im Jahre 1907 dem Landtag zugegangenen Entwurf einer Kirchengemeindeordnung. Nach Art. 75 dieses Entwurfs bedürfen die ortskirchlichen Stiftungen der staatsaufsichtlichen Genehmigung zum Erwerbe von Grundstücken ohne Rücksicht auf deren Wert und zum Erwerbe von Einrichtungs- und Ausstattungsgegenständen, deren Wert 1000 Mk. oder mehr beträgt (vgl. auch Meurer, das bayerische Amortisationsrecht, in „Blätter für administrative Praxis" Bd. 49 S. 1 ff., namentlich S. 73 f. u. 77 f., derselbe, Bayr. Kirchenstiftungsrecht S. 205).[1])

In Elsaß-Lothringen hat die Praxis der Verwaltungsbehörden die Wertgrenze des Art. 86 EG. entgegen dem in den Gutachtlichen Bemerkungen vertretenen Standpunkte, dessen Berechtigung in den übrigen gesetzgeberischen Vorarbeiten zum AG. nirgends auf Widerspruch gestoßen ist, auch auf die vormundschaftliche Seite der Staatsaufsicht über die juristischen Personen des öffentlichen Rechts bezogen. (Min.-Verf. an die Bezirkspräsidenten v. 21. April 1900 Slg. Bd. 25 S. 239. Vgl. auch die Bem. 8 zu § 6 in der ersten Aufl. dieses Kommentars.) Die Gerichte haben sich, namentlich in ihren Entscheidungen in Grundbuchsachen, anscheinend dieser Praxis angeschlossen. Eine prinzipielle Erörterung über die Frage ist in den bisher veröffentlichten gerichtlichen Entscheidungen nicht zu finden.

Nach den vorstehenden Ausführungen wird die Berechtigung der bezeichneten Praxis aber erheblichen Bedenken zu unterliegen haben. Die Gutachtlichen Bemerkungen gehen allerdings wohl darin zu weit, wenn sie ganz allgemein annehmen, daß die öffentlichen Anstalten wie früher um die staatliche Genehmigung bei Erwerbsgeschäften einzukommen hätten. Bei unbelasteten

[1]) Die Auslegung, welche Art. 86 EG. in der bayrischen Praxis gefunden hat, sowie der Entw. der bayr. Kirchengemeindeordnung sind durch Herrn Regierungsassessor Korn im K. Bayr. Staatsministerium des Innern für Kirchen- und Schulangelegenheiten mitgeteilt worden. Demselben sei auch an dieser Stelle geziemender Dank ausgesprochen.

freigebigen Verfügungen, die Vermögensgegenstände im Werte von 5000 Mk. und weniger zum Gegenstand haben, wird eine staatliche Genehmigung nicht mehr in Frage kommen können.[1]) Dagegen ist, sofern die Auffassung zutrifft, daß Art. 86 EG. die vormundschaftliche Seite des staatlichen Aufsichtsrechts unberührt gelassen hat, die durch das Landesrecht für bestimmte öffentliche Anstalten vorgeschriebene vormundschaftliche Genehmigung bei allen Erwerbsgeschäften erforderlich, durch die für die Anstalt nicht lediglich Vorteile erlangt werden, also bei allen entgeltlichen Geschäften sowie bei Schenkungen und letztwilligen Zuwendungen, die mit Lasten verbunden sind. Dies wird namentlich auch für die kirchlichen Anstalten, soweit sie zu den établissements publics gehören, zu gelten haben, nicht aber für die religiösen Genossenschaften, welche als établissements d'utilité publique keiner vormundschaftlichen, sondern nur einer polizeilichen Staatsaufsicht unterstehen.

Was die Rechtslage in Preußen anlangt, so sei hierüber noch bemerkt, daß Art. 6 und 7 des preuß. AG. z. BGB. die landesrechtlichen Erwerbsbeschränkungen der juristischen Personen, die früher in den einzelnen Teilen der Monarchie überaus verschiedenartig waren, erschöpfend und einheitlich hat regeln wollen. (Vgl. Begr. zu Art. 7 des preuß. AG. in Drucks. d. Preuß. Abg.-Hauses 1899 Bd. 2 Vorl. 34, Crusen-Müller a. a. O. S. 102, KG. in Rspr. Bd. 12 S. 252.) Man hat in Preußen den Erwerb von Vermögensgegenständen im Werte von 5000 Mk. und weniger auch bei juristischen Personen des öffentlichen Rechtes landesgesetzlich von jeder Beschränkung ausdrücklich freigelassen. Ob man hierbei von der Auffassung ausging, daß die Wertgrenze in Art. 86 EG. sowohl die polizeiliche als auch die vormundschaftliche Seite des staatlichen Aufsichtsrechts betreffe, ist aus der Begründung zu dem bezeichneten AG. nicht zu ersehen. Jedenfalls kann aus der preußischen Rechtslage nichts für Elsaß-Lothringen gefolgert werden, da in Preußen

[1]) Andererseits wäre der Staat aber nicht gehindert, im Verordnungswege den öffentlichen Anstalten behufs wirksamer Durchführung des vormundschaftlichen Aufsichtsrechts insbesondere im Interesse der Erhaltung der Anstaltsvermögen die Verpflichtung aufzuerlegen, von jedem Erwerbe mittels Schenkung oder letztwilliger Zuwendung Anzeige zu erstatten. Vgl. in dieser Richtung für Baden § 11 der landesherrl. Verordnung vom 11. November 1899 (Ges.- u. Verordn.-Bl. S. 521).

die Notwendigkeit der Genehmigung erst von der Wertgrenze ab ausdrücklich ausgesprochen ist, während § 6 des elsaß.-lothr. AG. die Notwendigkeit der Genehmigung vorschreibt, „soweit gesetzlich nicht ein anderes bestimmt ist", es hier also lediglich auf die Tragweite des Art. 86 EG. ankommt.

12. § 6 findet sowohl auf elsaß-lothringische wie auf staatsfremde deutsche und ausländische juristische Personen Anwendung. Dies ergibt sich aus der allgemeinen Fassung des § 6, welcher für die Wirksamkeit der Zuwendung, nicht nur der Annahme (womit nur elsaß-lothr. juristische Personen getroffen worden wären), die staatliche Genehmigung erfordert. Die Vorschrift entspricht in dieser Bedeutung dem bisherigen Rechte (vgl. Leoni-Mandel S. 103 am Schluß u. Verf. des Oberstaatsanwalts vom 20. März 1898 R. Z. 18 S. 178. S. auch oben Bem. 10.). Eine (durch Art. 86 EG. zugelassene) allgemeine Vorschrift, welche den entgeltlichen Erwerb staatsfremder juristischer Personen einschränkt, besteht in Elsaß-Lothringen nicht. S. hierzu noch Kisch S. 171 Anm 11. Insbesondere hat der Vorbehalt im EG. Art. 88 (Verbot des Grundstückserwerbs durch Ausländer) für Elsaß-Lothringen keine Bedeutung, weder bezüglich Privatpersonen, noch bezüglich juristischer Personen, vorausgesetzt, daß diese, soweit erforderlich, als solche im Inland anerkannt sind. Die Anerkennung einer ausländischen juristischen Person durch den Bundesrat ist zur Begründung ihrer Rechtsfähigkeit im Inland nur erforderlich, wenn es sich um einen privatrechtlichen Verein im Sinne der §§ 21, 22 BGB. handelt (EG. Art. 10). Öffentlich-rechtliche Korporationen, handelsrechtliche Erwerbsgesellschaften und Stiftungen des Auslands sind im Inland ohne weiteres als rechtsfähig anzuerkennen. (S. Vorbem. I 1 d zu §§ 6—8 S. 19 u. Prot. VI S. 24 ff.) Unabhängig von der Rechtsfähigkeit ist natürlich die nach inländischer Vorschrift etwa erforderliche staatspolizeiliche Ermächtigung zum Geschäftsbetrieb; vgl. z. B. §§ 85 ff. des Reichsges. über die privaten Versicherungsunternehmungen vom 12. Mai 1901 (RGBl. S. 179).

§ 7.

Mit dem Erlöschen einer Stiftung (§ 80 des Bürgerlichen Gesetzbuchs) fällt das Vermögen, wenn die Stiftungsurkunde eine Bestimmung über die Anfallberechtigung nicht enthält, an die gesetzlichen Erben des Stifters.

Entw. § 5, K. B. S. 915.

1. Nach § 88 BGB. fällt mit dem Erlöschen einer Stiftung das Vermögen an die in der Verfassung bestimmten Personen. Die Verfassung einer Stiftung wird nach § 85 BGB., soweit sie nicht auf Reichs- oder Landesgesetz beruht, durch das Stiftungsgeschäft bestimmt. § 7 enthält eine die Verfassung betreffende Norm des Landesrechts (vgl. Vorbem. I 2 S. 26). Sie ist selbst wiederum nur ergänzender Natur, d. h. sie trifft Vorsorge nur für den Fall, wenn die Stiftungsurkunde eine Bestimmung über die Anfallberechtigung nicht enthält. Aber während der Entwurf entsprechend der für Vereine geltenden Vorschrift des § 45 Abs. 3 BGB. und im Einklang mit Art. 539 Code civil (herrenloses Gut dem Staat!) bestimmte, daß solchen Falles das Vermögen immer an den Fiskus falle, setzte die Kommission an dessen Stelle die gesetzlichen Erben des Stifters. Diese Art der Regelung ist durchaus verfehlt. Sie widerspricht dem Willen des Stifters, wenn er die Verwandten ausgeschlossen hat, und den Interessen der Gesamtheit, da andere Erben als der Fiskus die Pflicht zweckentsprechender Verwendung nicht haben. Die Vorschrift ist auch nicht klar, wenn der Stifter noch lebt. Man wird anzunehmen haben, daß in diesem Falle das Vermögen an den Stifter selbst zurückfallen soll (vgl. Kisch S. 123). Die Vorschrift ist ferner in sich widerspruchsvoll, wenn der Stiftung nach deren Errichtung Zuwendungen seitens dritter Personen gemacht worden sind. Der Meinung Kischs S. 124, daß das Vermögen in diesem Falle an die Erben des Stifters und der übrigen zuwendenden Personen anzufallen habe, wird nicht beizutreten sein. Hieraus könnten sich weitere große Verwicklungen ergeben. Auch finden sich für diese Meinung genügende Anhaltspunkte weder im Gesetz noch in den Vorverhandlungen. Die praktische Bedeutung der Vorschrift kann übrigens dadurch abgeschwächt werden, daß die Regierung bei der Genehmigung der Stiftung darauf hinwirkt, daß über die Anfallberechtigung eine Bestimmung in die Stiftungsurkunde aufgenommen wird. Die Vorschrift wird weiter an Bedeutung verlieren, wenn der Kreis der gesetzlichen Verwandten (Erben)

nach dem dem Reichstage vorliegenden Gesetzentwurf zugunsten des Fiskus eingeschränkt wird.

2. Sind keine nachweisbaren gesetzlichen Erben des Stifters vorhanden, so fällt das Stiftungsvermögen an den Fiskus (§ 1936 BGB.). Dieser hat das Vermögen gemäß §§ 88, 46 BGB. tunlichst in einer den Zwecken der Stiftung entsprechenden Weise zu verwenden.

3. Die Bestimmung des § 7 stellt einen auf Gesetz beruhenden Sonderfall der Gesamtnachfolge dar (Kisch S. 123). Die Vorschriften über die Erbfolge haben aber nur dann Anwendung zu finden, wenn das Vermögen an den Fiskus fällt (§§ 88, 46 BGB.). In den übrigen Fällen muß eine Liquidation vorgenommen werden (§§ 88, 47 BGB.).

§ 8.

Die Bezeichnung der in den Fällen der §§ 43 Abs. 1 bis 3, 61, 81 und 87 des Bürgerlichen Gesetzbuchs zuständigen Behörden sowie die näheren Bestimmungen über das Verfahren (§§ 44, 42 des Bürgerlichen Gesetzbuchs) erfolgen durch Kaiserliche Verordnung.[1])

Entw. § 6.

[1]) Die am 6. Dezember 1899 erlassene Kaiserliche Verordnung, betr. die Vereine und Stiftungen, lautet:

§ 1. Unter den Bezeichnungen „höhere Verwaltungsbehörde" und „Verwaltungsbehörde" in § 44 und § 61 des Bürgerlichen Gesetzbuchs ist der Bezirkspräsident zu verstehen.

§ 2. In der Verfügung des Bezirkspräsidenten, durch welche einem Verein die Rechtsfähigkeit entzogen oder gegen die Eintragung eines Vereins oder die Eintragung einer Satzungsänderung Einspruch erhoben wird, ist der Grund der Maßregel anzugeben.

Die Mitteilung der Verfügung an den Vereinsvorstand kann gegen Behändigungsschein oder durch die Post mit Zustellungsurkunde erfolgen.

§ 3. Verfügungen, durch welche einem Vereine die Rechtsfähigkeit entzogen wird, werden erst mit ihrer Rechtskraft wirksam. Der Bezirkspräsident kann jedoch eine Verfügung sofort und ungeachtet der Einlegung eines Rekurses für vorläufig vollstreckbar erklären.

§ 4. Über den Rekurs gegen die Verfügungen des Bezirkspräsidenten entscheidet der Kaiserliche Rat.

§ 5. Der Rekurs ist innerhalb der in § 20 Abs. 1 der Gewerbeordnung bezeichneten Frist bei dem Bezirkspräsidenten einzureichen und zu rechtfertigen. Der Bezirkspräsident kann verspätete Rekurse durch Be-

1. Es handelt sich hier um die Zuständigkeit für die Entziehung der Rechtsfähigkeit eines Vereins (§ 43), für die Erhebung des Einspruchs gegen die Eintragung eines Vereins (§ 61), für die Genehmigung einer Stiftung (§ 81), für die Änderung der Zweckbestimmung sowie die Aufhebung einer Stiftung (§ 87).

2. Die Zuständigkeit und das Verfahren zur Entziehung der Rechtsfähigkeit eines Vereins (§ 43 BGB.), ebenso das Verfahren bei Anfechtung des Einspruchs der Verwaltungsbehörde gegen die Eintragung (§ 62 BGB.) bestimmt sich zufolge § 44 BGB. nach den für streitige Verwaltungssachen geltenden Vorschriften der Landesgesetze. Wo ein Verwaltungsstreitverfahren nicht besteht, finden die §§ 20, 21 der Gewerbeordnung Anwendung. Ein einheitliches Verwaltungsstreitverfahren besteht in Elsaß-Lothringen zurzeit nicht, sondern, soweit eine Verwaltungsrechtsprechung zugelassen ist, sind Zuständigkeit und Verfahren jeweils besonders bestimmt (vgl. §§ 8 und 13 des Gesetzes betreffend die Einrichtung der Verwaltung, vom 30. Dezember 1871 in Verbindung mit der Verordnung über das Verfahren vor den Bezirksräten und dem kaiserlichen Rate vom 23. März 1889; § 47 Abs. 2 des Gesetzes, betr. Wasserbenutzung und Wasserschutz, vom 2. Juli 1891 und § 2 desselben Gesetzes in Verbindung mit der Ausführungs-Verordnung vom 1. Februar 1892, sowie § 70 der Gemeindeordnung). Zuständigkeit und Verfahren sind daher auf Grund der Normativbestimmungen der §§ 20, 21 GewO. bestimmt werden.

3. Daß der Paragraph nur auf § 43 Abs. 1, 2 und 3, nicht auch auf § 43 Abs. 4 BGB. Bezug nimmt, wird in der Begründung damit gerechtfertigt, daß für Vereine, deren Rechtsfähigkeit auf Verleihung beruht, landesrechtlich das Recht

---

schluß zurückweisen. Gegen diesen Beschluß ist binnen 14 Tagen nach der Zustellung Beschwerde an den Kaiserlichen Rat zulässig. Die §§ 569 bis 574 der Zivilprozeßordnung (Fassung vom 20. Mai 1898) finden auf die Beschwerde entsprechende Anwendung.

§ 6. Das Verfahren vor dem Kaiserlichen Rat regelt sich nach den auf Grund des § 8 des Gesetzes, betreffend die Einrichtung der Verwaltung, vom 30. Dezember 1871 (Gesetzbl. 1872 S. 49) erlassenen Bestimmungen.

§ 7. Zuständige Behörde im Sinne des § 81 und des § 87 des Bürgerlichen Gesetzbuchs ist das Ministerium.

§ 8. Die gegenwärtige Verordnung tritt gleichzeitig mit dem Bürgerlichen Gesetzbuch in Kraft.

beliebiger Zurücknahme der Verleihung bestehe und dieses Recht durch Art. 82 EG. aufrechterhalten werde. Dies gilt sowohl für diejenigen Vereine, welche im früheren Recht durch die Gemeinnützigkeitserklärung die Rechtsfähigkeit erlangt haben, als auch für die wirtschaftlichen Vereine, denen die Rechtsfähigkeit auf Grund des § 22 BGB. verliehen worden ist. Vgl. oben Vorbem. I 1b S. 17 und I 1 f α S. 21 f. Übrigens bezieht sich § 43 Abs. 1 BGB. auch auf Vereine, deren Rechtsfähigkeit auf Verleihung beruht. Wenn daher ein solcher Verein durch einen gesetzwidrigen Beschluß der Mitgliederversammlung oder durch ein gesetzwidriges Verhalten des Vorstandes das Gemeinwohl gefährdet, stehen zwei Wege offen: Entweder kann der Bezirkspräsident gemäß § 43 Abs. 1 BGB. die Rechtsfähigkeit entziehen — gegen diese Verfügung findet Rekurs statt — oder der Statthalter kann die Gemeinnützigkeitserklärung bezw. die Verleihung der Rechtsfähigkeit zurücknehmen. Gegen diese Zurücknahme ist ein Rekurs nicht zulässig. Denn § 44 Abs. 1 BGB. bezieht sich nur auf die gemäß § 43 BGB. erfolgte Entziehung der Rechtsfähigkeit, nicht aber auf den im Landesrecht (Art. 82 EG.) begründeten Widerruf der verliehenen Rechtsfähigkeit.

4. Was die **Aufhebung einer Stiftung**, die das Gemeinwohl gefährdet oder deren Zweck unerfüllbar geworden ist, anlangt, so ist auch hier eine doppelte Zuständigkeit vorhanden. Sie kann gemäß § 87 BGB., § 8 AG. und § 7 KV. vom 6. Dez. 1898 durch das Ministerium verfügt werden. Aber auch der Statthalter kann zufolge dem in der Vorbem. I 2 S. 26 Gesagten die Genehmigung der Stiftung, deren rechtliche Bedeutung identisch mit der früheren Gemeinnützigkeitserklärung ist, jederzeit, also auch unter den Voraussetzungen des § 87 BGB., zurücknehmen. Ein Rekurs gegen die Aufhebung der Stiftung oder die Umwandlung ihres Zweckes ist in keinem Falle gegeben (vgl. Kisch S. 122).

Abschnitt II.

Vorschriften zum Rechte der Schuldverhältnisse.

§ 9.

Soweit in Landesgesetzen, die neben dem Bürgerlichen Gesetzburch in Kraft bleiben, eine Verzinsung zu fünf vom Hundert vorgeschrieben ist, tritt an die Stelle dieser Verzinsung eine Verzinsung zu vier vom Hundert. Zinsfuß.

Entw. § 8. K. B. S. 919 L. A. S. 898.

1. Nach Art. 2 des Gesetzes vom 3. September 1807 betrug der gewöhnliche gesetzliche Zinsfuß 5 %. In § 246 BGB. ist er auf 4 % festgesetzt. Schreibt nun ein dem vorbehaltenen privatrechtlichen Gebiet oder dem öffentlichen Recht angehöriges Landesgesetz die Verzinsung einer Summe, nicht aber für den einzelnen Fall den Zinsfuß vor, so tritt gemäß Art. 4 EG. die Regel des § 246 BGB. ein, wonach in Ermanglung anderer gesetzlicher oder rechtsgeschäftlicher Bestimmung die Verzinsung zu 4 % geschieht. § 9 ordnet im Einklang mit dieser Regel die 4prozentige Verzinsung auch dann an, wenn nach einem in Kraft bleibenden Landesgesetze die Verzinsung zu 5 % ausdrücklich vorgeschrieben ist. Es muß sich aber um eine Verzinsung handeln. Daher greift § 9 AG. nicht Platz, wenn im Gesetz nur als Rechnungsmaßstab ein in Hundertteilen bezeichnetes Verhältnis erwähnt ist, z. B. gehört nicht hierher § 2 Satz 2 der Verordnung vom 5. Juni 1873, wo eine Kapitalsberechnung zu fünf vom Hundert vorgeschrieben ist (vgl. oben S. 51). Beispiele für die Anwendbarkeit des § 9 sind: Ziffer 1 des Staatsratsgutachtens v. 20. Juli 1808, betr. die Verzinsung von Rückständen der Beamten der Enregistrements- und Domänenverwaltung, Art. 2 und 4 des Dekrets v. 22. Oktober 1808, betr. die

Abrechnungen der Erwerber von Staatsgütern (vgl. hierzu die Bemerkung 1 bei Paffrath-Großmann Bd. II S. 66), Art. 14 Abs. 2 des Dekrets vom 6. Februar 1861, betr. die Ausführung des Gesetzes über Nutzbarmachung der den Gemeinden gehörigen Sümpfe und Ödungen v. 28. Juli 1860, ferner Art. 69 des Ges. vom 3. Mai 1841, betr. die Zwangsenteignung, Art. 5 Abs. 2 des Gesetzes über die Pfandhäuser vom 24. Juni 1851, § 3 Abs. 2 des Gesetzes vom 18. Juni 1887, betr. die Errichtung öffentlicher Vorschußkassen (GBl. S. 59). In den drei letztgenannten Fällen hält Kisch S. 244 Anm. 1 die Voraussetzungen des § 9 nicht für gegeben. Indessen trifft der gesetzgeberische Grund des § 9, daß nämlich für die Verzinsung an Stelle des früheren gesetzlichen Zinsfußes von fünf vom Hundert allgemein ein solcher von vier vom Hundert treten soll, auch hier zu.

2. § 9 AG. greift nur dann ein, wenn in einem Gesetz eine höhere Verzinsung als zu vier vom Hundert vorgeschrieben ist. Ist die Verzinsung niedriger bestimmt, so behält es natürlich hierbei sein Bewenden. Vgl. §§ 24 und 25 des Gesetzes vom 14. Juli 1895 betr. die Sparkassen (GBl. S. 87) und Gesetz vom 12. Mai 1897, betr. die Verzinsung der Gelder der Sparkassen und der auf Gegenseitigkeit beruhenden Hilfsgenossenschaften (GBl. S. 43), ferner Verordnung vom 19. Dezember 1899, betr. die Verzinsung der bei der Staatsdepositenverwaltung eingezahlten Gelder (GBl. S. 251).

3. Auch bei Schuldverhältnissen, die vor dem Inkrafttreten des BGB. entstanden sind, bestimmt sich der gesetzliche Zinsfuß vom 1. Januar 1900 ab nach dem neuen Recht. So die communis opinio und die Praxis der Gerichte. Vgl. Habicht 3. Aufl. S. 208 ff., Planck 3. Aufl. Bem. 9a zu Art. 170 EG., wegen der Verzugszinsen insbesondere RG. in J. Z. 1900 S. 141, 253, 301.

4. Für Handelssachen war der gesetzliche Zinsfuß in Art. 2 des Gesetzes vom 3. September 1807 auf 6 % festgesetzt. § 352 HGB. bestimmt 5 %.

5. Aufgehoben sind die Gesetze vom 3. September 1807, betr. den Zinsfuß des Geldes, und vom 19. Dezember 1850, betr. das Vergehen des Wuchers, sowie § 27 Abs. 3 des EG. z. HGB. vom 19. Juni 1872 (GBl. S. 213). Vgl. Ziff. 47, 94 und 107 des Ges. betr. die Aufhebung von Landesgesetzen vom 29. November 1899 (GBl. S. 175).

§ 10.

Geld, das von einer öffentlichen Kasse geschuldet wird, ist, soweit nicht ein anderes bestimmt ist, an der Kasse in Empfang zu nehmen.

Zahlungen aus öffentlichen Kassen.

Entw. § 9. K.B. S. 919.

1. Die Vorschrift sichert die Quittungsleistung des Empfängers und die Möglichkeit der Prüfung seiner Legitimation bei der Zahlung. Sie beruht auf dem Vorbehalte des Art. 92 EG. und bewirkt eine Ausnahme von der Regel des § 270 BGB., wonach alle Schulden „Bringschulden" sind, während nach bisherigem Rechte die „Holschuld" die Regel war (Art. 1247 Code civil). Einen Anspruch auf Zusendung des Geldes hat der Empfangsberechtigte auch nicht, wenn er Gefahr und Kosten der Übermittelung übernimmt. Ob und inwieweit in der Praxis etwa Erleichterungen zu bewilligen sind, ist Sache der zuständigen Verwaltung.

2. Zu den öffentlichen Kassen gehören die Kassen des Reichs, des Landes, der Bezirke, der Gemeinden und der übrigen juristischen Personen des öffentlichen Rechtes. Für den Begriff der Öffentlichkeit der Kasse genügt demnach, daß das Rechtssubjekt, für welches sie besteht, dem öffentlichen Recht angehört (vgl. Crusen-Müller Bem. 1 zu Art. 11 preuß. AG.). Die Begründung zählt die Kassen der öffentlichen Anstalten (établissements publics), aber nicht die Kassen der dem öffentlichen Recht angehörigen gemeinnützigen Anstalten (établissements d'utilité publique) zu den öffentlichen Kassen im Sinne der obigen Vorschrift. Auch Kisch S. 246 und 153 will die Kassen der gemeinnützigen Anstalten des öffentlichen Rechts nicht hierher rechnen. Der Wortlaut des Gesetzes bietet für diese Ausnahme aber keine Handhabe. Ein innerer Grund, aus dem ein Unterschied zwischen den öffentlichen Anstalten und den gemeinnützigen Anstalten des öffentlichen Rechts hier gemacht werden soll, ist ebenfalls nicht ersichtlich. Es wird aber verlangt werden müssen, daß bei den Anstalten des öffentlichen Rechtes, zu deren Gunsten die Bestimmung des § 10 erlassen ist, eine Einrichtung für den Geldverkehr besteht, die dem Publikum in geregelter Weise, z. B. zu bestimmten Stunden des Tages, zugänglich ist. Dies folgt aus dem Begriff der „Kasse".

3. Die Bestimmung gilt für Geldzahlungen aller Art, nicht

nur für solche, die zum Zweck der Erfüllung von Verbindlichkeiten geschehen, sondern auch für die Hingabe von Darlehen, die Gewährung von Unterstützungen usw. So zutreffend Kisch a. a. O. Anm. 13. S. auch Begründung.

Vorbemerkung zu den §§ 11 bis 15.

Haftung der Brandversicherungsgelder für die Ansprüche der Realgläubiger.

I.

Nach Art. 75 EG. sollten unberührt bleiben die landesgesetzlichen Vorschriften, welche dem Versicherungsrecht angehören, soweit nicht in dem Bürgerlichen Gesetzbuche besondere Bestimmungen getroffen sind. Solche Bestimmungen sind enthalten in §§ 1045, 1046, 1088, 1127 bis 1130, 1385, 1529, 1531, 1654 BGB. In Elsaß-Lothringen galten vor dem Inkrafttreten des BGB. für das Gebiet des Versicherungswesens neben dem Art. 1964 Cc., welcher den Versicherungsvertrag unter den aleotorischen Verträgen aufzählte, das Gesetz vom 14. Juli 1867 V Titel, über Tontinen und Versicherungsgesellschaften, das Ausführungsdekret vom 22. Januar 1868 betr. die Bildung von Versicherungsgesellschaften, die Verordnung des Generalgouverneurs vom 19. Juni 1871 und der Erlaß des Oberpräsidenten vom 19. Juli 1872, schließlich das Gesetz vom 4. Juli 1881, betr. die Haftung der Brandversicherungsgelder für die Ansprüche bevorrechtigter Gläubiger (GBl. S. 91).

Die Bestimmungen des letztgenannten, durch Gesetz vom 29. November 1899 (GBl. S. 175) ausdrücklich aufgehobenen Gesetzes sind zum Teil ersetzt worden durch §§ 1127 bis 1130 BGB. in Verbindung mit §§ 100, 102 AG. z. BGB. u. § 33 AG. z. ZwVG., zum Teil durch §§ 11 bis 15 AG. z. BGB.

Seit dem Inkrafttreten des BGB. hat das Versicherungswesen eine umfassende Normierung durch das Reichsrecht erfahren. Durch das Gesetz vom 17. Mai 1901 (RGBl. S. 139) ist die öffentlich-rechtliche Seite des Versicherungswesens geregelt werden. Das Reichsgesetz vom 30. Mai 1908 (RGBl. S. 263) hat den Versicherungsvertrag einer Regelung unterworfen.

Die landesgesetzlichen Bestimmungen, die vor dem Inkrafttreten des BGB. auf dem Gebiete des Versicherungswesens noch Geltung hatten, sind hiernach für dieses jetzt sämtlich beseitigt.

Die §§ 100 bis 107 des Reichsgesetzes über den Versicherungsvertrag v. 30. Mai 1908 enthalten ähnlich wie die §§ 11 bis 15 des AG. z. BGB. eine Reihe von ergänzenden Bestimmungen zu den Vorschriften der §§ 1127 bis 1130 BGB. über die Ansprüche, welche den Realgläubigern hinsichtlich der Entschädigungssumme zustehen. Entsprechend dem im Art. 189 EG. z. BGB. ausgesprochenen Grundsatz hat aber das Einführungsgesetz zu dem Gesetz über den Versicherungsvertrag v. 30. Mai 1908 (RGBl. S. 305) in Art. 5 angeordnet, daß die Rechte, welche einem Hypotheken- oder einem anderen Realgläubiger gegenüber dem Versicherer zustehen, sich nach dem bisherigen Rechte bestimmen, bis das Grundbuch für das belastete Grundstück als angelegt anzusehen ist.

Demgemäß gelten in Elsaß-Lothringen nach dem Inkrafttreten des Reichsgesetzes v. 30. Mai 1908 (Art. 1 des EG. hierzu) als ergänzende Bestimmungen zu den §§ 1127 bis 1130 BGB. — wegen der vor dem Jahre 1900 begründeten und nicht in das Eigentumsbuch übertragenen Hypotheken vgl. Vorbem. II 2 am Ende — teils reichsgesetzliche, teils landesgesetzliche Bestimmungen. Die Vorschriften des Reichsgesetzes gelten ausschließlich in Ansehung solcher Grundstücke, für welche das Reichsgrundbuch als angelegt anzusehen ist (s. auch Art. 4 Ziff. 8 des bezeichneten EG.), die Vorschriften des AG. z. BGB. dagegen gelten in Ansehung derjenigen Grundstücke, für welche das nicht der Fall ist. Der Zweck der reichsgesetzlichen und der landesgesetzlichen Bestimmungen ist derselbe, nämlich die Ansprüche der Realgläubiger auf die Brandversicherungsgelder sicher zu stellen. Sachlich ist der Unterschied zwischen den beiden Arten von Bestimmungen kein sehr erheblicher. Vgl. die Bemerkungen zu den einzelnen Paragraphen des AG. Im Hinblick auf den Art. 75 EG. und die §§ 77, 100, 101 und 111 AG. würde nichts entgegenstehen, die §§ 100 bis 107 des Reichsgesetzes v. 30. Mai 1908 durch Landesgesetz unter Aufhebung der §§ 11 bis 15 AG. auch im Gebiet des Zwischenrechts für anwendbar zu erklären.[1])

---

[1]) Die §§ 100 bis 107 des Reichsgesetzes v. 30. Mai 1908, betr. den Versicherungsvertrag, lauten:

II.

1. Nach § 1127 BGB. erstreckt sich die Hypothek an einem versicherten Gegenstand auch auf die Forderung gegen den Versicherer. Ist der versicherte Gegenstand ein Gebäude, so kann nach § 1128 BGB. in der Regel (Abweichungen § 1128 Abs. 1 Satz 3, § 1130) der Versicherer die Versicherungssumme mit Wirkung gegen den Hypothekengläubiger an den Versicherten erst zahlen, wenn er oder der Versicherte den Eintritt des Schadens dem Hypothekengläubiger angezeigt hat und seit dem Empfange der Anzeige ein Monat verstrichen ist, ohne daß der Hypothekengläubiger der Zahlung widersprochen hat. Durch diese Vorschriften sind die §§ 1, 4 bis 6 des elf.-lothr. Ges. v. 4. Juli 1881, betr. die Haftung der Brandversicherungsgelder für die Ansprüche bevorrechtigter Gläubiger, ersetzt werden. Die Hypothekengläubiger brauchen ihre Hypothek bei dem Versicherer nicht

---

§ 100. Hat im Falle der Gebäudeversicherung ein Hypothekengläubiger seine Hypothek dem Versicherten angemeldet, so wirkt eine Kündigung, ein Rücktritt oder eine sonstige Tatsache, welche die Beendignng des Versicherungsverhältnisses zur Folge hat, gegenüber dem Hypothekengläubiger erst mit dem Ablauf eines Monats, nachdem die Beendigung und, sofern diese noch nicht eingetreten war, der Zeitpunkt der Beendigung ihm durch den Versicherer mitgeteilt worden oder in anderer Weise zu seiner Kenntnis gelangt ist. Dies gilt jedoch nicht, wenn das Versicherungsverhältnis wegen nicht rechtzeitiger Prämienzahlung gekündigt oder durch den Konkurs des Versicheres beendigt wird.

Auf die Wirksamkeit einer Vereinbarung zwischen dem Versicherer und dem Versicherungsnehmer, durch welche die Versicherungssumme oder der Umfang der Gefahr, für die der Versicherer haftet, gemindert wird, finden diese Vorschriften entsprechende Anwendung.

Eine sich aus dem § 51 Abs. 2 oder dem § 59 Abs. 3 ergebende Nichtigkeit des Versicherungsvertrags kann gegenüber einem Hypothekengläubiger, der seine Hypothek dem Versicherer angemeldet hat, nicht geltend gemacht werden. Das Versicherungsverhältnis endigt jedoch ihm gegenüber mit dem Ablauf eines Monats, nachdem die Nichtigkeit ihm durch den Versicherer mitgeteilt worden oder in anderer Weise zu seiner Kenntnis gelangt ist.

§ 101. Ist bei der Gebäudeversicherung der Versicherer wegen des Verhaltens des Versicherungsnehmers von der Verpflichtung zur Leistung frei, so bleibt gleichwohl seine Verpflichtung gegenüber einem Hypothekengläubiger bestehen, ohne Unterschied, ob die Hypothek angemeldet ist oder nicht. Das Gleiche gilt, wenn der Versicherer nach dem Eintritte des Versicherungsfalls von dem Vertrage zurücktritt.

Die Vorschrift des Abs. 1 Satz 1 findet keine Anwendung, wenn der Versicherer wegen nicht rechtzeitiger Prämienzahlung von der Verpflichtung zur Leistung frei ist.

anzumelden (wie nach § 2 Ges. v. 4. Juli 1881); der Versicherer hat sich über das Bestehen solcher Rechte zu vergewissern. Die Grundbucheinrichtung erleichtert diese Aufgabe; die Verpflichtung besteht aber auch da, wo das Grundbuch noch nicht als angelegt anzusehen ist (vgl. die folgende Bem.).

2. Die Vorschriften der §§ 1127 ff. BGB., die sich übrigens nicht nur auf den Fall der Feuerversicherung, sondern auf alle Arten der Gefahrversicherung beziehen, finden auch Anwendung da, wo das Grundbuch noch nicht angelegt ist. Keinem Zweifel unterliegt dies hinsichtlich der nach dem Inkrafttreten des BGB. entstandenen sowie aller nach diesem Zeitpunkt in das Eigentumsbuch oder in das vorläufige Grundbuch eingetragenen Hypotheken (AG. §§ 100, 102, 111); denn für diese gelten die Vorschriften des BGB. über die Sicherungshypothek (BGB. 1184 ff.). Für die vor dem Inkrafttreten des BGB. begründeten und nicht seit diesem Zeitpunkt in das Eigentumsbuch oder in das vorläufige Grundbuch eingetragenen Pfandrechte würden da-

§ 102. Soweit der Versicherer auf Grund der Vorschriften der §§ 100, 101 den Hypothekengläubiger befriedigt, geht die Hypothek auf ihn über. Der Übergang kann nicht zum Nachteil eines gleich- oder nachstehenden Hypothekengläubigers geltend gemacht werden, dem gegenüber die Verpflichtung des Versicherers zur Leistung bestehen geblieben ist.

§ 103. Bei der Gebäudeversicherung hat der Versicherer dem Hypothekengläubiger, der seine Hypothek angemeldet hat, unverzüglich Mitteilung zu machen, wenn dem Versicherungsnehmer nach den §§ 39, 91 für die Zahlung der Prämie eine Frist bestimmt wird. Das Gleiche gilt, wenn das Versicherungsverhältnis nach dem Ablaufe der Frist wegen unterbliebener Prämienzahlung gekündigt wird.

§ 104. Hat der Hypothekengläubiger seine Wohnung geändert, die Änderung aber dem Versicherer nicht mitgeteilt, so genügt für eine Mitteilung der in den §§ 100, 103 bezeichneten Art die Absendung eines eingeschriebenen Briefes nach der letzten dem Versicherer bekannten Wohnung. Die Mitteilung wird in dem Zeitpunkt wirksam, in welchem sie ohne die Wohnungsänderung bei regelmäßiger Beförderung dem Hypothekengläubiger zugegangen sein würde.

§ 105. Bei der Gebäudeversicherung darf der Versicherer, auch wenn der Versicherungsnehmer widerspricht, die von einem Hypothekengläubiger angebotene Prämienzahlung nicht ablehnen.

§ 106. Ist das Grundstück mit einer Reallast, Grundschuld oder Rentenschuld belastet, so finden die Vorschriften der §§ 99 bis 105 entsprechende Anwendung.

§ 107. Die durch die Vorschriften der §§ 100 bis 106 begründeten Rechte können nicht zugunsten solcher Hypotheken, Grundschulden oder Rentenschulden geltend gemacht werden, die dem Versicherungsnehmer zustehen.

gegen die Vorschriften des bisherigen Rechts bis zur Eintragung in eines der genannten Bücher und somit auch die Bestimmungen des Ges. v. 4. Juli 1881 über die Haftung der Versicherungsgelder und die Voraussetzungen, unter denen diese Haftung eintritt, in Kraft geblieben sein. Da diese Bestimmungen mit denen der §§ 1127 ff. BGB. nicht völlig übereinstimmen, so würden sich Schwierigkeiten ergeben, wenn ein Gebäude teils mit Hypotheken des neuen, teils mit solchen des alten Rechtes belastet wäre. § 33 des AG. z. ZwVG. erklärt deshalb die Bestimmungen der §§ 1127 bis 1130 BGB. auch auf die dem alten Rechte noch unterstehenden Hypotheken für anwendbar mit der Maßgabe jedoch, daß der Eintritt des Schadens nur den Gläubigern angezeigt zu werden braucht, welche ihre Forderung spätestens innerhalb eines Monats nach dem Brande angemeldet haben.

3. Nach dem Gesetze vom 4. Juli 1881 konnten die Vorzugs- und Unterpfandsrechte auch noch nach dem Brande eingetragen werden. Nach dem jetzt geltenden Recht kann eine nachträgliche Eintragung einen den §§ 1127 ff. BGB. unterstehenden Anspruch auf die Versicherungsgelder nicht mehr erzeugen. Denn für die Entstehung der Hypothek ist seit Inkrafttreten des BGB. die Eintragung ein wesentliches Erfordernis (§ 873 BGB., § 87 AG.). Was aber die Hypothekarrechte anlangt, die auf einem Titel aus der Zeit vor dem 1. Januar 1900 beruhen, so kann die Frage einer nachträglichen Eintragung praktisch werden nur in Ansehung solcher Hypotheken und Vorzugsrechte, welche in den Liegenschaftsbüchern (Hypothekenregister, vorläufige Grundbücher, Eigentumsbücher und Grundbücher) nicht gewahrt sind, oder bezüglich deren die Wahrung nach § 113 AG. ihre Wirksamkeit verloren hat. Für diese Rechte gilt, soweit sie Urteilshypotheken des alten Rechtes sind, nach § 20 AG. z. ZPO. der Grundsatz des § 873 BGB. Für die übrigen nicht eingeschriebenen Rechte findet dieser Grundsatz gemäß § 77 Abs. 2 und § 109 Abs. 2 AG. entsprechende Anwendung, da diese Rechte hiernach nur die Wirkung eines Anspruchs auf Eintragung einer Sicherungshypothek haben.

Hat ein Gläubiger für die ihm zustehende Forderung nur einen Anspruch auf Bestellung einer Hypothek, so kann, wenn der Schaden vor Eintragung der Hypothek eintritt, ein Zugriff auf die Versicherungssumme nur auf Grund der §§ 812 ff. BGB. erfolgen.

4. Aus der im § 1128 Abs. 2 BGB. vorgeschriebenen Anwendung der für eine verpfändete Forderung geltenden Vorschriften folgt u. a., daß der Hypothekengläubiger nach § 1282 BGB. die Versicherungssumme insoweit einziehen kann, als es zu seiner Befriedigung erforderlich ist. Nach § 1285 Abs. 2 hat er für die ordnungsmäßige Einziehung zu sorgen. Haben mehrere Hypothekengläubiger der Zahlung an den Versicherten widersprochen, so kann der Versicherer an dieselben nach Maßgabe ihrer Berechtigung zahlen (§ 1290) oder, wenn über die Berechtigung Ungewißheit besteht, die Versicherungssumme hinterlegen (§ 372). Im Gegensatze zu den Fällen der Art. 52—54 des EG. und zu § 5 des elsaß-lothringischen Gesetzes v. 4. Juli 1881 ist die Eröffnung des Immobiliar-Verteilungsverfahrens nicht zugelassen. Es liegen auch die Voraussetzungen der §§ 872, 873 ZPO. für das Mobiliarverteilungsverfahren nicht vor. Es wird demnach den Hypothekengläubigern, wenn sie sich nicht über die Einziehung einigen, nichts übrig bleiben, als im Prozeßwege die Feststellung ihrer Berechtigung zu erzielen. Vgl. über die Voraussetzungen der Herausgabe seitens der Hinterlegungsstelle § 9 des Gesetzes, betr. das Hinterlegungswesen und den Geschäftskreis der Staatsdepositenverwaltung.

5. Nach § 3 des Gesetzes vom 4. Juli 1881 lagen dem Versicherer noch weitere Anzeigen, als die von dem Eintritt des Brandes, an die Hypothekengläubiger ob. Diese Verpflichtungen werden in den §§ 11—13 wiederholt und erweitert, aber entsprechend dem früheren Rechte davon abhängig gemacht, daß der Gläubiger dem Versicherer die Hypothek angemeldet hat.

§ 11.

Verpflichtungen des Versicherers im Falle der Versicherung eines Gebäudes gegen Feuersgefahr.

Ist ein Gebäude, das mit einer Hypothek belastet ist, gegen Feuersgefahr versichert und meldet der Gläubiger die Hypothek dem Versicherer an, so ist dieser verpflichtet:

1. dem Gläubiger spätestens einen Monat vor Ablauf der Versicherung den Endtermin bekannt zu geben; ferner den Gläubiger von einer etwaigen Herabsetzung der

Versicherungssumme, sobald er davon Kenntnis erhält, zu benachrichtigen;

2. im Falle eines Brandes dem Gläubiger von Ort, Tag und Stunde, welche zur Feststellung des Schadens bestimmt sind, so zeitig Nachricht zu geben, daß er den Verhandlungen beiwohnen kann, es sei denn, daß mit dem Aufschub der Verhandlungen Gefahr verbunden ist;

3. im Falle eines Rechtsstreits über die Verpflichtung des Versicherers, den Gläubiger ohne Verzug von dem Rechtsstreite zu benachrichtigen.

Die Benachrichtigungen erfolgen durch eingeschriebene Briefe. Die dadurch entstehenden Kosten hat der Hypothekenschuldner dem Versicherer zu ersetzen.

Entw. § 10, K. B. S. 920.

1. Durch die im § 11 dem Versicherer zur Pflicht gemachten Anzeigen werden die Gläubiger in die Lage gesetzt, in geeigneter Weise, insbesondere durch Einwirkung auf den Eigentümer, durch Erneuerung der Versicherung, durch Kündigung der Forderung, Beiwohnung bei der Schadensfeststellung und Beitritt zu dem Rechtsstreite, ihr Interesse zu wahren.

2. In der Begründung wird gesagt, daß die Feststellung des Schadens nicht von der Zustimmung des Gläubigers abhängig sei. Diese Annahme ist in ihrer Allgemeinheit unzutreffend. Richtig ist nur, daß der Hypothekengläubiger die Feststellung des Schadens nicht schon um deswillen für sich als unverbindlich betrachten kann, weil er bei ihr nicht mitgewirkt habe. Dagegen kann gemäß § 1276 Abs. 2 BGB., dessen Bestimmung nach § 1128 Abs. 2 BGB. auf den Anspruch des Hypothekengläubigers in Ansehung der Versicherungssumme entsprechende Anwendung findet, eine Veränderung des dem Versicherungsnehmer gegen den Versicherer zustehenden Anspruchs, *sofern sie eine Benachteiligung des Rechts des Hypothekengläubigers enthält*, nur mit Zustimmung des letzteren erfolgen (Urteil des LG. Straßburg vom 29. April 1904 I O. 72/04, mit-

geteilt von Herrn Landgerichtsdirektor Levi in Straßburg, und OLG. Colmar ElsLothrZ. Bd. 31 S. 8).

3. Auf die Benachrichtigung des § 11 haben die Hypothekengläubiger, welche ihre Hypothek angemeldet haben, ein Recht. Deshalb begründet die Unterlassung der Anzeige an sich schon, abgesehen davon, daß nach dem in der vorstehenden Bemerkung Ausgeführten Vereinbarungen zwischen dem Versicherer und dem Versicherungsnehmer, welche das Recht des Hypothekengläubigers beeinträchtigen, unwirksam sind, einen Anspruch des Gläubigers auf Schadensersatz aus § 823 BGB.

4. Nach §§ 100 ff. des Reichsgesetzes vom 30. Mai 1908 besteht keine ausdrückliche Verpflichtung des Versicherers zu den in § 11 AG. bestimmten Anzeigen an die Hypothekengläubiger. Wohl aber wirkt nach § 100 Abs. 1 Reichsges., ähnlich wie in den Fällen der §§ 12 u. 13 AG., eine Kündigung, ein Rücktritt oder eine sonstige Tatsache, welche die Beendigung des Versicherungsverhältnisses zur Folge hat — also auch der Ablauf der vertragsmäßigen Versicherungszeit — gegenüber einem Hypothekengläubiger, welcher seine Hypothek dem Versicherer angemeldet hat, erst mit dem Ablauf eines Monats, nachdem die Beendigung und, sofern diese noch nicht eingetreten war, der Zeitpunkt der Beendigung ihm durch den Versicherer mitgeteilt worden oder in anderer Weise zu seiner Kenntnis gelangt ist. Entsprechendes gilt nach Abs. 2 des § 100 Reichsges. für die Minderung der Versicherungssumme oder der Versicherungsgefahr. Wegen des Falls nicht rechtzeitiger Prämienzahlung s. Bem. 3 zu § 12. Für die Verpflichtung zur Anzeige in den zu Ziffer 2 und 3 des § 11 AG. bezeichneten Fällen besteht im Reichsges. kein entsprechendes Korrelat. Diese Anzeigen können aber im Hinblick auf das in Bem. 2 Gesagte auch entbehrt werden. Wegen der Form der nach § 100 Reichsges. erfolgenden Mitteilungen s. noch § 104 des Reichsges.

§ 12.

Der Versicherer ist wegen Nichtzahlung der Prämie durch den Versicherten zum Rücktritte von dem Vertrag erst berechtigt, nachdem er den Gläubigern, welche ihre Hypothek angemeldet haben, die Nichtzahlung angezeigt hat und seit dem Empfange der Anzeigen ein Monat verstrichen ist, ohne daß die geschuldete Leistung bewirkt worden ist.

Der Versicherer darf, auch wenn der Versicherte widerspricht, die Zahlung der Prämien durch die Hypothekengläubiger nicht ablehnen.

Entw. § 12, K.B. S. 920

1. Die Vorschrift des § 12 Abs. 1 erhöht den Schutz der Hypothekengläubiger und dient dadurch der Hebung des Realkredits. Durch die Anzeige des Versicherers und die Bindung desselben an eine Monatsfrist ist dem Hypothekengläubiger die Möglichkeit gegeben, durch Zahlung der Prämien den Aufhebungsgrund zu beseitigen. Die Frist kommt übrigens auch dem Versicherten selbst zugute, der durch nachträgliche Zahlung der Prämie die Folgen der Säumnis abwenden kann.

2. Ohne die Vorschrift des § 12 Abs. 2 würde dem Versicherer beim Widerspruch des Versicherten das Recht zustehen, die Prämienzahlung des Gläubigers abzulehnen (§ 267 Abs. 2 BGB.).

3. § 39 des Reichsges. enthält allgemeine Bestimmungen für den Fall, daß die rechtzeitige Bewirkung der Prämienzahlungen nach dem Beginn der Versicherung unterblieben ist. Eine Kündigung des Versicherungsverhältnisses ist erst zulässig, wenn dem Versicherungsnehmer eine Nachfrist bestimmt ist, und er sich nach dem Ablauf dieser Frist in Verzug befindet. Bei der Gebäudeversicherung muß die Nachfrist gemäß § 91 des Reichsges. mindestens einen Monat betragen. Neben diesen Bestimmungen, die auch dann gelten, wenn keine Hypothekengläubiger vorhanden sind, bestimmt § 103, daß der Versicherer dem Hypothekengläubiger, der seine Hypothek angemeldet hat, unverzüglich von der Stellung der Nachfrist und der Kündigung nach Ablauf der Frist Mitteilung zu machen hat. Die praktische Wirksamkeit dieser Bestimmungen ist für den Hypothekengläubiger dieselbe, wie die des § 12 Abs. 1 AG.

Eine dem Abs. 2 des § 12 AG. entsprechende Vorschrift ist in § 105 des Reichsges. enthalten.

4. Eine Form für die nach § 12 dem Versicherer obliegenden

Anzeigen ist im Gegensatz zu § 11 Abs. 2 nicht vorgeschrieben. Es ist Sache des Versicheres, sich den Beweis der Anzeige zu sichern. Wegen der Form der Mitteilung nach § 103 des Reichsges. s. § 104 ebenda.

§ 13.

Tritt der Versicherer aus einem anderen als dem im § 12 bezeichneten Grunde vom Vertrage zurück, so hat er dies den Gläubigern, welche ihre Hypothek angemeldet haben, anzuzeigen. Er bleibt diesen Gläubigern gegenüber bis zum Ablaufe von zwei Wochen nach dem Empfange der Anzeige aus dem Versicherungsvertrage verpflichtet.

Im Falle eines Brandes bleibt die Versicherungssumme den Hypothekengläubigern auch dann verhaftet, wenn der Versicherte wegen Verschuldens seiner Rechte aus dem Versicherungsvertrage verlustig ist.

Soweit der Versicherer die Hypothekengläubiger befriedigt, gehen deren Ansprüche gegen den Versicherten auf ihn über.

Entw. § 10, Ziff. 1 K.B. S. 920, 921.

1. Der Regierungsentwurf enthielt im § 10 Ziff. 1 die Verpflichtung für den Versicherer, „den Gläubiger von jeder Tatsache, welche die Aufhebung der Versicherung zur Folge hat, sobald er davon Kenntnis erhält, zu benachrichtigen", wollte aber in das Vertragsverhältnis zwischen dem Versicherer und dem Versicherungsnehmer weiter, als im § 12 geschehen, nicht eingreifen. Die L. K. erstrebte einen vollkommeneren Schutz der Hypothekengläubiger und des Realkredits. Sie fügte den § 13 in das Gesetz ein, durch welchen die Hypothekengläubiger gegen die Aufhebung des Vertrags auch aus anderen Gründen als der Nichtzahlung der Prämie (z. B. wegen unrichtiger oder unterlassener Angaben des Versicherten) in gewisser Frist, innerhalb welcher sie für Wiederversicherung sorgen können, geschützt und auch im Falle der Brandstiftung durch den Versicherten gegen den Verlust der Versicherungssumme sichergestellt sind,

vorausgesetzt, daß sie ihre Hypothek angemeldet haben. Diese Bestimmungen kommen im Gegensatze zu der des § 12 Abs. 1 selbstverständlich nicht dem Versicherungsnehmer zugut.

2. Dem Abs. 1 des § 13 AG. entspricht die Vorschrift in § 100 des Reichsges., dem Abs. 2 die Vorschrift in § 101 ebenda. Die Frist des § 100 Reichsges. beträgt einen Monat. Wegen Abs. 3 des § 13 AG. vgl. § 102 des Reichsges.

3. Wegen der Form der dem Versicherer obliegenden Anzeige s. Bem. 4 zu § 12.

§ 14.

Die nach den §§ 11 Abs. 1, 12 Abs. 1 und 13 erforderliche Anmeldung der Hypothek ist durch Vermittelung eines Gerichtsvollziehers zuzustellen.

Die Anmeldung soll Namen und Wohnsitz des Gläubigers und des Versicherten, den Betrag der Hypothekenforderung und die Bezeichnung des belasteten Gebäudes enthalten. Die Zustellung erfolgt an den Versicherer oder für ihn an die Agentur, welche die Polize ausgestellt hat.

Die Anmeldung kann unterbleiben, soweit der Versicherer die ihm auferlegten Verpflichtungen den Hypothekengläubigern gegenüber übernommen hat.

Wohnt der Gläubiger nicht im Deutschen Reiche, so hat er einen Zustellungsbevollmächtigten zu bezeichnen, dem die vorgeschriebenen Benachrichtigungen zu übersenden sind.

Entw. § 11, K.B. S. 920.

1. Nach § 2 Abs. 2 des Gesetzes vom 4. Juli 1881 konnte die Zustellung der Anmeldung außer bei der Agentur in dem wirklichen oder erwählten Wohnsitz des Versicherers erfolgen. Die im § 15 Nr. 5 des früheren EG. zur ZPO. aufrecht erhaltenen Vorschriften des französischen Rechts über die Wahl eines Wohnsitzes mit der Wirkung, daß Zustellungen an dem erwählten Wohnsitz erfolgen können, sind beseitigt; die Wahl eines Wohnsitzes mit der erwähnten Wirkung ist somit

unzulässig. Auch bezüglich der beim Inkrafttreten des BGB. bestehenden Versicherungen kann die Anmeldung nicht etwa auf Grund des Art. 157 EG. in dem erwählten Wohnsitz des Versicherten erfolgen; denn zwischen dem Versicherer und dem anmeldenden Gläubiger liegt kein „Rechtsverhältnis vor, das sich nach den Vorschriften des bisherigen Rechts bestimmt", wie es nach Art. 157 Voraussetzung ist.

2. Kann die Anmeldung noch nach dem Brande erfolgen? Das Gesetz vom 4. Juli 1881 gewährte im § 2 noch eine Frist von einem Monat. Soweit eine Anmeldung nach dem Brande noch praktische Bedeutung hat (§ 11 Ziff. 2, 3), kann sie wirksam noch erfolgen; das Gesetz schließt die Anmeldung nach dem Schadenseintritt nicht aus.

3. Die Anmeldung muß, um wirksam zu sein, durch förmliche Zustellung des Gerichtsvollziehers erfolgen. Hiervon kann nur durch Übereinkommen des Versicherers mit dem Gläubiger abgesehen werden. Um dies außer Zweifel zu stellen, fügte die L. K. den Absatz 3 ein.

4. Im Reichsgesetz vom 30. Mai 1908 ist eine Form für die Anmeldung der Hypotheken bei dem Versicherer nicht vorgesehen. Es genügt mündliche Anzeige.

§ 15.

Die Vorschriften der §§ 11, 12, 13 und 14 finden im Falle der Belastung eines Gebäudes mit einer Grundschuld oder einer Rentenschuld entsprechende Anwendung.

Entw. § 13, K.B. S. 921.

Die Bestimmung des § 15 ist nach dem Inkrafttreten des Reichsgesetzes vom 30. Mai 1908 gegenstandslos. Denn in den Gebieten, in denen das Grundbuch noch nicht als angelegt anzusehen ist, gibt es keine Grundschulden und Rentenschulden (§ 100 Abs. 2 AG.). In Ansehung derjenigen Grundstücke aber, für die das Grundbuch als angelegt anzusehen ist, gelten gemäß Art. 5 des EG. z. Reichsges. vom 30. Mai 1908 die Vorschriften des letzteren. Nach § 107 des Reichsgesetzes finden die Vorschriften der §§ 99 bis 105 auch im Fall der Belastung eines Gebäudes mit einer Reallast Anwendung.

Vorbemerkung zu den §§ 16 bis 36.

Wildschaden.

1. Die Regelung des Jagdrechts unterliegt nach Art. 69 EG. grundsätzlich dem Landesrecht. Für Elsaß-Lothringen vgl. Art. 3 Dekr., betr. Abschaffung der Feudalrechte usw., vom 4. August 1789 und Gesetz, betr. die Ausübung des Jagdrechts vom 7. Februar 1881 (GBl. S. 5). Das BGB. greift jedoch insofern Platz,

a) als es im § 958 Abs. 2 bestimmt, daß Eigentum an herrenlosen Sachen (Wild) durch Aneignung nicht erworben wird, wenn die Aneignung gesetzlich verboten ist (z. B. Junge von nicht jagdbaren Vögeln, Reichsges. v. 30. Mai 1908 — RGBl. S. 317 — und els.-lothr. Ges. v. 2. Juli 1890 — GBl. S. 47 —, und von jagdbarem Federwild, StGB. § 368 Nr. 11), oder wenn durch die Besitzergreifung das Aneignungsrecht eines anderen verletzt wird (z. B. Aneignung durch den Wilddieb);

b) als es über den Ersatz des Wildschadens Bestimmung trifft.

2. Die **Ersatzpflicht für Wildschaden** spricht § 835 BGB. aus, und zwar verpflichtet diese Vorschrift zum Ersatze für den durch Schwarz-, Rot-, Elch-, Dam- und Rehwild, sowie den durch Fasanen an einem Grundstück angerichteten Schaden.

Wer zu dem Wildschadensersatze verpflichtet ist, wird im BGB. nicht nach dem Verschuldungsprinzip, sondern nach dem Vorteilsprinzip bestimmt. Wer den Vorteil hat, soll den Schaden tragen. Nach Maßgabe dieses Prinzips bestimmt sich die Person des Verpflichteten danach, wie landesrechtlich die Ausübung des Jagdrechts geregelt ist; für die verschiedenen Arten dieser Regelung bezeichnet § 835 die Verpflichteten. Für Elsaß-Lothringen trifft **in der Regel** der im § 835 Abs. 2 vorgesehene Fall zu, daß dem Eigentümer die Ausübung des ihm zustehenden Jagdrechts durch das Gesetz entzogen ist. In diesem Falle hat derjenige den Schaden zu ersetzen, welcher zur Ausübung des Jagdrechts nach dem Gesetze berechtigt ist. Das ist nach § 2 des Gesetzes v. 7. Februar 1881 die **Gemeinde**. Dem Fall, daß dem Eigentümer das Jagdrecht entzogen ist, steht der Fall gleich, daß in Ansehung eines Grundstücks ein zeitlich nicht begrenztes Nutzungsrecht besteht und dem Nutzungsberechtigten das Jagdrecht gesetzlich entzogen ist (EG. Art. 72). Nutzungsrechte dieser Art haben die Einwohner der Gemeinden, welchen auf Grund des Edikts vom Juni 1769, betr. die Gemeinden der Provinz Les Trois-Evêchés, Gemeindegüter zugeteilt sind.

In beiden Richtungen — hinsichtlich der Frage, wann und hinsichtlich der Frage, von wem Wildschaden zu ersetzen ist — ist im Art. 71 dem Landesrecht eine nähere und vom BGB. abweichende Regelung vorbehalten. Das AG. macht von diesen Vorbehalten Gebrauch, in der ersten Richtung in den §§ 16, 17, in der zweiten Richtung in den §§ 18, 26—36.

3. Neben der Regel sind noch die Sonderfälle zu erwähnen, in denen die Jagd nicht auf Rechnung der Gemeinde ausgeübt wird. Dies trifft zu:

a) hinsichtlich solcher Grundstücke, auf die das Jagdgesetz vom 7. Februar 1881 überhaupt keine Anwendung findet. Hierher gehören (§ 1 des Ges.):

α) die Grundstücke der Reichsmilitär- und Reichseisenbahnverwaltung, die Staatsforsten und diejenigen Forsten, deren Eigentum dem Staate mit andern Eigentümern ungeteilt zusteht;

β) diejenigen Grundstücke, welche mit einer fortlaufenden Einfriedigung umgeben sind, die jede Verbindung mit den benachbarten Grundstücken hindert;

b) hinsichtlich solcher größeren Flächen, auf denen der Eigentümer sich die Jagd vorbehalten hat. Dies darf nach § 3 des Jagdgesetzes geschehen auf zusammenhängenden Flächen von mindestens fünfundzwanzig Hektaren, sowie auf Seen und Teichen in der Größe von mindestens fünf Hektaren und auf Teichen, welche zum Entenfang eingerichtet sind (sogenannte „reservierte Jagden").

In diesen Fällen bleibt die Frage des Wildschadensersatzes im allgemeinen außer Betracht, weil Eigentümer, Jagdberechtigter und Beschädigter in einer Person zusammenfallen. Vgl. jedoch bezüglich der Staatsforsten und der „reservierten Jagden" unten Bem. 2 zu § 36.

Hat der Inhaber einer „reservierten Jagd" die Grundstücke unter Vorbehalt des Jagdrechts verpachtet, so besteht eine Wildschadensersatzpflicht für ihn gegenüber dem

Pächter auf Grund des Gesetzes nicht. Der Pachtvertrag entscheidet. Eine stillschweigend eingegangene Verpflichtung kann aus den Umständen gefolgert werden (z. B. aus dem hohen Pachtzins), vgl. Prot. II S. 831 f. Jedenfalls kann der Pächter Nachlaß am Pachtzins oder Entschädigung vom Verpächter auch dann verlangen, wenn dieser gegen den Sinn des nach Treu und Glauben auszulegenden Vertrags (§ 157 BGB.) in übermäßiger Weise Wild hegt und dadurch den Fruchtgenuß des Pächters beeinträchtigt (Sitz.-B. des Reichst. S. 413, Staudinger-Engelmann Bem. 6 zu § 835 BGB.).

§ 16.

Wildschaden. a) Haftpflicht.

Die Verpflichtung zum Ersatze des Wildschadens (§ 835 Abs. 1 des Bürgerlichen Gesetzbuchs) tritt auch dann ein, wenn der Schaden durch Hasen oder Kaninchen angerichtet wird.

Entw. § 14. K.B. S. 921 L.A. S. 899.

1. Vgl. Art. 71 Nr. 1 EG. und obige Vorbemerkung. — Die im § 835 BGB. ausgesprochene Beschränkung des Wildschadensersatzes auf den Schaden der dort bezeichneten Wildgattungen entspricht nicht der in Elsaß-Lothringen herrschenden Auffassung und Übung. Seitdem das Recht zur Ausübung der Jagd auf Grund des Gesetzes vom 7. Februar 1881 (GBl. S. 5) auf die Gemeinden übergegangen ist, wurde in den von den Gemeinden vorzunehmenden Jagdverpachtungen fast überall auch der Ersatz desjenigen Wildschadens, der durch Hasen und Kaninchen angerichtet wird, zugunsten der Eigentümer vorbehalten. Die Bevölkerung erblickt in dieser ausgedehnten Haftpflicht eine Ausgleichung dafür, daß der Eigentümer selbst zur Abschießung des Wildes nicht mehr befugt ist, und zugleich einen Schutz gegen eine übermäßige Hegung des Wildes.

2. Einer in der L. K. gemachten Anregung, die Ersatzpflicht auch auf den durch gewisse Strich- und Zugvögel angerichteten Schaden auszudehnen, wurde im Hinblick auf den wechselnden Aufenthalt dieser Tiere und die in dieser Hinsicht bestehende Ähnlichkeit mit den Wildschweinen keine Folge gegeben. Das Gleiche war der Fall hinsichtlich einer Anregung, kleine Schäden,

etwa bis zur Höhe von 1 Mark, von der Vergütung auszuschließen.

3. Voraussetzung für die Anwendbarkeit des § 835 BGB. und der landesgesetzlichen Vorschriften ist, daß die Tiere sich im Zustande natürlicher Freiheit befinden. Werden sie „gehalten", so greifen die Bestimmungen der §§ 833, 834 BGB. Platz. Sobald sich aber ein gehaltenes Tier wieder „auf freier Wildbahn" befindet, z. B. aus einem Gehege ausgetreten ist, beurteilt sich die Ersatzpflicht auch wiederum nach den besonderen Vorschriften über Wildschaden (Prot. II S. 840 ff.).

4. Anspruch auf Schadensersatz hat nach § 835 BGB. der „Verletzte". Dies ist nicht nur der Eigentümer, sondern jeder Nutzungsberechtigte, auch der Pächter (Prot. II S. 832).

5. Zu ersetzen ist nach § 835 BGB. der Schaden an einem Grundstücke. Das Grundstück muß nicht ein land- oder forstwirtschaftliches sein; auch der an einem anderen Grundstücke, z. B. durch Unterwühlen, angerichtete Schaden ist zu ersetzen (vgl. Prot. II S. 829). Die Ersatzpflicht erstreckt sich auch auf den Schaden, der an den getrennten, aber noch nicht eingeernteten Erzeugnissen des Grundstücks angerichtet ist. Eingeerntet sind die Erzeugnisse erst dann, wenn sie an denjenigen Ort verbracht sind, der zu ihrer Verwahrung bestimmt ist. Dieser Ort kann sich aber auch auf dem die Früchte erzeugenden Feld befinden, wo mitunter, namentlich in erntereichen Jahren, Schober, Mieten und Gruben zur Aufbewahrung der Früchte angelegt werden. Derart untergebrachte Früchte gelten ebenfalls als eingeerntet (Prot. II S. 829, R. K. B. S. 109).

6. Hat bei der Entstehung des Schadens ein Verschulden des Verletzten mitgewirkt, so kommt § 254 BGB. zur Anwendung. Ein Verschulden wird z. B. auch dann vorliegen, wenn der Verletzte die Frucht über die übliche Erntezeit auf dem Felde belassen oder Bodenerzeugnisse, die das Wild anlocken, in der Absicht, Schadensersatz zu erzielen, gezogen hat. Eine allgemeine Verpflichtung, Vorrichtungen zum Schutze der Erzeugnisse gegen das Wild anzubringen, besteht nicht (RG. 52 S. 349 ff. u. J. W. 1905 S. 367). Vgl. aber die Sonderbestimmung in § 17. Ob bei mitwirkendem Verschulden des Verletzten der Schaden nur teilweise oder gar nicht zu ersetzen ist, hängt von den Umständen ab (Prot. II S. 837).

7. Durch den Jagdpachtvertrag kann die Ersatzpflicht

abweichend vom Gesetze geregelt werden. Ein Antrag, die Ausschließung oder Beschränkung der Ersatzpflicht durch Vertrag zu verbieten, wurde in der II. Kommission gestellt, aber zurückgezogen (Prot. II S. 839). Für die Jagdpachtverträge der elsaß-lothringischen Gemeinden (vgl. Bem. 1 zu § 18) hat das Ministerium durch Verf. v. 9. Juli 1906 (ABl. S. 93) ein Muster aufgestellt, das namentlich auch die Verpflichtungen des Pächters enthält (Lastenheft). Die Aufsichtsbehörden sind angewiesen, Abweichungen von den wesentlichen Bestimmungen des Lastenheftes, namentlich bezüglich des Ersatzes des Wildschadens und des Verfahrens wegen seiner Feststellung, die nach § 75 Abs. 2 Ziff. 2 der Gem. O. erforderliche Genehmigung zu versagen. In dem Lastenheft, welches für die am 1. Februar 1907 angefangene neunjährige Jagdpachtperiode gilt, ist die Ersatzpflicht — abgesehen von Schwarzwildschaden — auf den Schaden derselben Wildgattungen erstreckt, die auch im § 835 BGB. und dem obigen § 16 genannt sind. Bezüglich des Schwarzwildschadens vgl. § 18 und §§ 26 ff.

§ 17.

Der Wildschaden, der an Gärten, Obstgärten, Baumschulen und einzelstehenden Bäumen angerichtet wird, ist nicht zu ersetzen, wenn die Herstellung von Schutzvorrichtungen unterblieben ist, die unter gewöhnlichen Umständen zur Abwendung des Schadens ausreichen.

Entw. § 15. K. B S. 921 L. A. S. 900. S. 1088.

1. Vgl. den Vorbehalt in EG. Art. 71 Nr. 4 und die Vorbemerkung vor § 16, Ziff. 2.

2. Zu den Gärten werden auch Blumenzüchtereien, z. B. Nelkenzüchtereien im freien Felde, gehören.

3. Welche Schutzvorrichtungen erforderlich sind, ist weder im Art. 71 Nr. 4 EG. ausdrücklich bestimmt, noch der näheren Bestimmung des Landesgesetzes vorbehalten. Es ist Tatfrage. Für Gärten, Obstgärten und Baumschulen wird regelmäßig die Einzäunung, für einzelstehende Bäume (junge Obstbäumchen!) Einbinden mit Stroh u. dgl. oder Bestreichen mit Kalk oder einer anderen gegen das Benagen der Tiere schützenden Masse

in Betracht kommen. Auch wenn die Herstellung von Schutzvorrichtungen ohne Verschulden des Geschädigten unterblieben ist, findet ein Schadenersatz nicht statt. Die bloße Unterlassung genügt. Vgl. im übrigen Bem. 6 zu § 16.

4. Die Vorschrift des § 17 beruht auf dem Gedanken, daß der Schutz von Gärten usw. ohnehin üblich ist, beim Fehlen eines Schutzes der Schaden in Gärten usw. und an einzelstehenden jungen Obstbäumchen aber eine sehr beträchtliche Höhe erreichen kann, ohne daß der Jagdpächter imstande ist, ihn zu verhüten. Eine ähnliche Bestimmung enthält das badische Jagdgesetz (§ 21). Im L. A. wurde in der 3. Lesung die Streichung des Paragraphen beantragt. Besonders die Verpflichtung des Besitzers zum Schutze einzelstehender Bäume wurde als eine der bisherigen Übung widersprechende und lästige bezeichnet. Demgegenüber war die Mehrheit der Ansicht, daß die Mühe des Besitzers gering anzuschlagen sei gegenüber der Unmöglichkeit für den Jagdpächter, den Schaden zu verhüten, und gegenüber der Gefahr eines Rückgangs der Jagdpachterlöse zum Nachteil der Grundeigentümer. Vgl. übrigens auch noch L. A. 1906 Drucks. S. 415 u. Sitz.-B. S. 583 ff.

§ 18.

Zum Ersatze des Wildschadens mit Ausnahme desjenigen, der durch Schwarzwild angerichtet wird, ist an Stelle der Gemeinde, welche die Jagd auf Grund des § 2 Abs. 2 und 3 des Gesetzes, betreffend die Ausübung des Jagdrechts, vom 7. Februar 1881 (GBl. S. 5) verpachtet hat, der Jagdpächter verpflichtet.

Die Gemeinde kann jedoch auch zum Ersatze desjenigen Wildschadens, der nicht durch Schwarzwild angerichtet ist, angehalten werden, wenn der Jagdpächter und der Bürge zahlungsunfähig sind, unbeschadet ihres Rückgriffs gegen dieselben.

Entw. § 16. K. B. S. 921.

1. Nach § 835 Abs. 2 BGB. in Verbindung mit § 2 des els.-lothr. Gesetzes vom 7. Februar 1881 würde die Verpflichtung

zum Ersatze des Wildschadens in Elsaß-Lothringen die Gemeinde treffen. In Art. 71 Ziff. 6 des EG. ist aber vorbehalten, daß durch das Landesgesetz an Stelle der Gemeinde der Jagdpächter verpflichtet werden kann. Von diesem Vorbehalt macht der § 18 — mit Ausnahme für den durch Schwarzwild angerichteten Schaden — Gebrauch. Die Überwälzung der Haftpflicht von den Gemeinden auf den Pächter rechtfertigt sich aus dem Gesichtspunkte, daß den Gemeinden, welche zufolge § 2 Abs. 2 des Gesetzes vom 7. Februar 1881 zur Verpachtung der Jagd verpflichtet sind, jede Einwirkung auf den Wildstand entzogen ist. Jedoch ist die Ersatzpflicht für den Wildschaden, der durch Schwarzwild angerichtet wird, den Gemeinden belassen. Dem Jagdpächter darf billigerweise ein Ersatz nur insoweit zugemutet werden, als der Schaden vermutbarerweise von dem in seinem Jagdbezirk stehenden Wilde verursacht ist, da er nur unter dieser Voraussetzung in der Lage war, den Schaden durch Abschießen des Wildes zu verhindern. Eine solche Vermutung entbehrt gegenüber dem Schwarzwilde, dessen weite und schnelle Wanderungen bekannt sind, jeder Grundlage.

2. In der L. K. wurde die Frage der Einräumung eines Regreßanspruchs zugunsten des Jagdpächters gegenüber dem Inhaber einer benachbarten Waldjagd angeregt, da das aus dem Walde heraustretende Wild erfahrungsgemäß großen Schaden stifte (K. B. S. 921). Die Einräumung eines solchen Regreßanspruchs (wie er in Hannover besteht) wäre auf Grund des Vorbehalts im Art. 71 Ziff. 7 EG. zulässig. Man sah davon ab, weil man eine solche Bestimmung für bedenklich und deshalb für ungerechtfertigt hielt, weil Jagden, die an Wald grenzen, wegen des heraustretenden Wildes auch einen höheren Wert für den Jagdberechtigten haben. Vgl. die ähnliche Frage in Bem. 2 zu § 36. Über die ganze Frage vgl. auch Prot. II S. 838.

3. Ein Verschulden des Jagdpächters ist nicht vorausgesetzt (vgl. oben Vorbem. Ziff. 2). Dagegen gelten im übrigen die Vorschriften des BGB. über „unerlaubte Handlungen". Mitpächter haften daher als Gesamtschuldner (§ 840 BGB.), unter einander zu gleichen Anteilen (§ 426 BGB.). Die Verjährung des Anspruchs bestimmt sich nach § 852 BGB.

Hat der Jagdpächter die Jagd unterverpachtet, so haftet der Unterpächter dem Hauptpächter gegenüber für den in seinem

Jagdbezirk entstandenen Wildschaden (OLG. Colmar ElsLothrZ. Bd. 26 S. 211).

4. Die Vorschrift des Abs. 2 ist gerechtfertigt, weil der einzelne Eigentümer auf die Verpachtung keinen Einfluß hat und außerdem der Jagdpachterlös der Gesamtheit der Eigentümer, vertreten durch die Gemeinde, zufließt. Die Vorschrift greift, wenn mehrere Jagdpächter vorhanden sind, insolange nicht Platz, als bei einem derselben ihre Voraussetzungen nicht vorliegen (Begr.); vgl. Bem. 3.

§ 19.

b) Feststellung des Wildschadens.

Für jede Gemeinde ist jeweils bei Beginn einer Jagdpachtperiode für deren Dauer ein Schätzer zu ernennen, dem die Feststellung des Wildschadens obliegt.

Die näheren Bestimmungen über die Ernennung des Schätzers werden vom Ministerium erlassen.[1])

Entw. § 17. K.B. S. 922.

1. Streitigkeiten über die Verpflichtung zum Ersatze des Wildschadens gehören ihrer Natur nach zu den bürgerlichen Rechtsstreitigkeiten; die Entscheidung darüber steht nach § 23 Ziff. 2 des Gerichtsverfassungsgesetzes ohne Rücksicht auf den Wert des Streitgegenstandes den Amtsgerichten zu. Der hiernach offenstehende Rechtsweg wird durch die Bestimmungen des Gesetzes nicht ausgeschlossen; derselbe kann aber erst beschritten werden, nachdem das zur möglichst raschen und kostenlosen Festsetzung

[1]) Die Verordnung des Ministeriums vom 10. November 1899, betreffend die Ernennung der Schätzer zur Feststellung des Wildschadens (ABl. S. 139), lautet:

§ 1. Wird über die Persönlichkeit des Schätzers zwischen dem Gemeinderat und den Pächtern der Gemeindejagd Einverständnis erzielt, so erfolgt die Ernennung des Schätzers durch den Bürgermeister. Dieselbe bedarf der jederzeit widerruflichen Genehmigung der Gemeindeaufsichtsbehörde. Kommt zwischen dem Gemeinderat und den Jagdpächtern eine Einigung nicht zustande, so erfolgt die Ernennung des Schätzers durch die Gemeindeaufsichtsbehörde.

§ 2. Der Schätzer ist aus den Einwohnern einer benachbarten Gemeinde zu entnehmen.

§ 3. Die erstmalige Ernennung der Schätzer erfolgt zum 1. Januar 1900 für die Dauer der laufenden Jagdpachtperiode.

des Wildschadens vorgesehene Verfahren der §§ 19—23 durchgeführt ist.

Das Verfahren beruht auf der schon durch die früheren Pachtverträge geschaffenen Einrichtung von Schätzern, d. h. amtlich bestellten sachkundigen Personen, denen die Feststellung des Wildschadens geeignetenfalls obliegt (Begr.). Die landesgesetzliche Zulässigkeit des Verfahrens gründet sich auf den Vorbehalt im Art. 70 EG.

2. Die Bestimmungen des Regierungsentwurfs über das Schadenfeststellungsverfahren erfuhren in der L. K. mehrfache Änderungen. Die Leitung des Verfahrens wurde an Stelle des Schätzers dem Bürgermeister übertragen, weil bei dem Schätzer oft nicht die hierzu erforderliche Gewandtheit vorauszusetzen ist. Ferner wurde der Schwarzwildschaden von dem Verfahren ausgenommen, einmal weil zufolge der Vorschriften der §§ 26 ff. der Bürgermeister als Gemeindevertreter Partei ist, und sodann, weil man annahm, daß Streitigkeiten zwischen Verletztem und Gemeinde sich auch ohne ein solches Verfahren in der Regel erledigen lassen, gegebenenfalls auch die Aufsichtsbehörde der Gemeinde auf eine sachgemäße Erledigung hinwirken könne. Übrigens ist durch eine im Jahre 1903 vorgenommene Ergänzung des Statuts der Wildschadensgenossenschaft ein besonderes Verfahren für die Feststellung des Schwarzwildschadens durch Kantons- und Kreisschätzer geschaffen worden (vgl. Bem. 4 zu § 26 und Fußnote zu § 30).

4. Ein Recht, den Schätzer abzulehnen (wie dies im § 4 Abs. 2 des Gesetzes betr. die Viehverstellung, vom 18. Juli 1890 vorgesehen ist), ist nicht eingeräumt.

§ 20.

Wer Ersatz für Wildschaden, mit Ausnahme des Schadens, der durch Schwarzwild angerichtet ist, fordern will, hat den Anspruch bei dem Bürgermeister anzumelden.

Der Bürgermeister hat unverzüglich nach erfolgter Anmeldung zur Ermittelung und Schätzung des behaupteten Schadens und zur Herbeiführung einer gütlichen Einigung einen Termin an Ort und Stelle anzuberaumen und zu demselben den Antragsteller sowie den Jagdpächter und den Schätzer mittels eingeschriebener Briefe zu laden. In der Ladung ist darauf hinzuweisen, daß auch im Falle des Nichterscheinens der Schaden ermittelt und abgeschätzt werde.

Entw. § 18, K. B. S. 922. L. A. S. 1091.

1. Eine Frist zur Anmeldung des Schadens (nach dem badischen Jagdgesetz 3 Tage nach erlangter Kenntnis) ist nicht bestimmt. Nach der Natur des Schätzungsverfahrens wird sie aber zweckmäßigerweise alsbald, spätestens vor der Ernte, zu geschehen haben.

2. An Stelle des Jagdpächters, der nicht im Bezirk des Landgerichts wohnt, ist der nach § 25 zu bestellende Vertreter zu laden.

3. Unterbleibt die Ladung des Antragsstellers oder des Jagdpächters, so kann das Protokoll die ihm durch § 23 beigelegten Wirkungen nicht äußern (Kisch S. 620 Anm. 23).

§ 21.

Jeder Beteiligte hat das Recht, zu beantragen, daß die Schätzung des Schadens erst in einem späteren, kurz vor der Ernte abzuhaltenden Termin erfolge. Diesem Antrage muß stattgegeben werden.

Entw. § 19, K. B. S. 922.

1. „Beteiligte" sind der Verletzte und der Jagdpächter; vgl. § 23 Abs. 2.

2. Die Bestimmung beruht auf dem Umstande, daß die Höhe des Schadens sich häufig nicht sofort, sondern erst, wenn die Früchte gereift sind, übersehen läßt.

§ 22.

Über die Verhandlungen, zu welchen die Ermittelung und Schätzung des Schadens Anlaß gibt, ist ein Protokoll zu errichten, worin zutreffendenfalls der Geldbetrag zu bestimmen ist, den der Ersatzpflichtige zu entrichten hat.

Das Protokoll ist von dem Schätzer zu unterschreiben. Es ist innerhalb einer Woche nach dem Termin auf dem Bürgermeisteramte zu hinterlegen.

Entw. § 20, K. B. S. 922.

1. Kommt ein Vergleich zustande, worauf der Schätzer nach Möglichkeit hinwirken soll, so kann mit Zustimmung der Parteien von der Errichtung des Protokolls abgesehen werden.

2. Eine Benachrichtigung der Parteien von der erfolgten Hinterlegung (wie sie im Entwurfe vorgeschrieben war) ist nicht erforderlich. Nach Art. 24 Abs. 3 des Lastenheftes für die zur Zeit laufenden Jagdpachtverträge der Gemeinden soll aber der Bürgermeister, wenn der Beschädigte oder der Jagdpächter im Termin nicht erschienen oder vertreten waren, dem betreffenden Teil von dem Ergebnis der Schätzung Kenntnis geben.

§ 23.

Das Protokoll begründet Beweis für den Bestand und die Höhe des Schadens.

Wird nicht innerhalb einer Woche nach Ablauf der Hinterlegungsfrist von einem der Beteiligten bei dem Bürgermeister Widerspruch gegen die Abschätzung eingelegt und binnen einer weiteren Frist von zwei Wochen nach Einlegung des Widerspruchs Klage erhoben, so gilt der Schaden als endgültig festgestellt. Über die Einlegung des Widerspruchs ist auf Verlangen eine Bescheinigung zu erteilen.

Entw. § 21, K. B. S. 922 f.

1. Das Schaden-Feststellungs-Verfahren der §§ 19—22 soll nicht nur einer außergerichtlichen Verständigung zwischen dem Jagdpächter und dem Beschädigten dienen, sondern das Gesetz legt ihm im § 23 zur Verhütung chikanöser Prozesse auch materiellrechtliche Wirkungen bei. Das Schätzungs-Protokoll begründet Beweis für Bestand und Höhe des Schadens. Kommt es zur Klage, so ist zwar der Gegenbeweis gegen diese gesetzliche Vermutung zulässig, aber die Beweislast trifft den Kläger,

also den Jagdpächter, wenn dieser der Schätzung widerspricht. Die Klage kann aber (eine weitere materiellrechtliche Wirkung des Verfahrens!) von dem Beschädigten oder dem Jagdpächter nur erhoben werden, wenn er in bestimmter Frist bei dem Bürgermeister Widerspruch eingelegt hat und die weitere zur Klageerhebung bestimmte Frist wahrt. Unterläßt er eines dieser Erfordernisse, so gilt der Schaden als endgültig festgestellt. Die Klage des Beschädigten, der mit der Schätzung nicht zufrieden ist, ist die gewöhnliche Leistungsklage (ZPO. § 253). Die Klage des Jagdpächters ist die Feststellungsklage, daß der Schaden nicht entstanden oder einen geringeren Umfang hat; an dieser alsbaldigen Feststellung hat der der Schätzung widersprechende Jagdpächter angesichts der dem Schätzungsprotokoll im § 23 Abs. 2 beigelegten Rechtswirkung ein rechtliches Interesse (ZPO. § 256). Die Klagen können nach ZPO. § 26 im dinglichen Gerichtsstand erhoben werden. Wegen der sachlichen Zuständigkeit vgl. Bem. 1 zu § 19.

2. Das Lastenheft für die zur Zeit laufenden Jagdpachtverträge der Gemeinden legt dem Jagdpächter behufs vorläufiger Sicherung des Schadensersatzanspruchs in Art. 24 Abs. 4 die weitere Verpflichtung auf, binnen einer Woche, nachdem er oder sein Vertreter von der Feststellung des Schadens durch den Schätzer Kenntnis erlangt hat, den festgesetzten Entschädigungsbetrag in die Gemeindekasse einzuzahlen, sofern er ihn nicht schon vorher an den Beschädigten gezahlt hat. Kommt der Jagdpächter dieser Verpflichtung nicht nach, so verfällt er nach dem Lastenhefte in eine Vertragsstrafe in Höhe des durch den Schätzer festgestellten Entschädigungsbetrags. Diese Bestimmungen enthalten eine Verschärfung der dem Jagdpächter obliegenden gesetzlichen Pflichten. Sie sind aber zweifellos zulässig, da die Vorschriften des Gesetzes über den Ersatz und die Feststellung des Wildschadens nur dispositiver Natur sind (vgl. oben Bem. 7 zu § 16). Das Lastenheft für die Jagdpachtverträge kann demnach auch über das Gesetz hinausgehende Vorteile für die Grundeigentümer ausbedingen. Die Gemeinde handelt bei den Jagdpachtverträgen allerdings nicht, wie früher mehrfach angenommen wurde (vgl. Huber, Jagdgesetze S. 148, 149), als Vertreterin der Grundeigentümer; denn die Gemeinde übt auf Grund des Jagdgesetzes von 1881 lediglich das Jagdrecht „namens und auf Rechnung der Grundeigentümer" aus,

nicht auch andere Rechte, wie Schadensersatzansprüche. Wohl aber würden die Jagdpachtverträge, soweit in ihnen die Jagdpächter besondere Leistungen an die Grundeigentümer übernehmen, Versprechen zugunsten Dritter enthalten, aus denen diese gemäß § 328 Abs. 2 BGB. Rechte erwerben (vgl. ähnlich für das frühere Recht OLG. Colmar bei Huber S. 150). Dagegen würde eine Beschränkung der gesetzlichen Ansprüche der Grundeigentümer durch die Jagdpachtverträge, um wirksam zu werden, eine ausdrückliche oder stillschweigende Zustimmung der Betroffenen voraussetzen (so auch Kisch S. 621).

§ 24.

Der Schätzer erhält auf Verlangen eine Entschädigung für den erforderlichen Zeitverlust im Betrag von fünfzig Pfennig für jede angefangene Stunde, mindestens aber zwei Mark.

Die von dem Schätzer zu beanspruchenden Gebühren und die aufgewendeten Kosten hat, wenn ein Schaden festgestellt wird, derjenige, welcher für den Schaden verantwortlich ist, entgegengesetztenfalls der Antragsteller zu tragen; doch können dieselben dem Beschädigten ganz oder teilweise auferlegt werden, wenn seine Ansprüche eine verhältnismäßig erhebliche Zuvielforderung enthalten.

Die Gemeinde hat, auch wenn kein Schaden festgestellt ist, dem Schätzer, vorbehaltlich des Rückgriffs gegen die kostenpflichtige Partei, auf Verlangen die im Abs. 2 bezeichneten Beträge zu entrichten.

Entw. § 22, K. B. S. 923, L. A. S. 903.

1. Zu den Kosten gehören außer der Vergütung des Schätzers die durch die Ladungen des Bürgermeisters entstandenen Auslagen (§ 20 Abs. 2).

2. Die Bestimmung, daß bei unverhältnismäßiger Zuvielforderung des Beschädigten diesem die Kosten ganz oder zum Teil auferlegt werden können, wurde in der L. K. aufgenommen, um einer schikanösen Ausbeutung des Rechtes auf Schadens-

ersatz entgegenzutreten. Kommt in Fällen der fraglichen Art eine Einigung über die Kosten nicht zustande, so bleibt die Anrufung des Gerichts offen.

3. Daß die Gemeindekasse im Abs. 3 für verpflichtet erklärt wird, dem Schätzer gegenüber für dessen Auslagen und Gebühren aufzukommen, empfiehlt sich aus Gründen der Billigkeit. Auch möchte ohne eine solche Bestimmung es mit Schwierigkeiten verbunden sein, überall geeignete und zur Annahme des Amtes bereite Personen zu finden (Begr.)

§ 25.

Der Jagdpächter, der nicht im Bezirke des Landgerichts wohnt, worin die verpachtende Gemeinde gelegen ist, hat einen in dem Landgerichtsbezirke wohnhaften Vertreter zu bestellen, der in seinem Namen dem Feststellungsverfahren beiwohnen und für ihn Vergleiche abschließen kann und an welchen die vorgeschriebenen Benachrichtigungen zu richten sind.

Von der Bestellung ist dem Bürgermeister Kenntnis zu geben.

Ist die Bestellung unterblieben, so kann von der Zuziehung des Pächters zu den Verhandlungen über die Feststellung des Schadens abgesehen werden.

Entw. § 23, K. B. S. 923.

1. Vgl. auch Art. 27 des Lastenhefts der Jagdverpachtungen. Selbstverständlich kann der Jagdpächter, der einen Vertreter zu ernennen hat, den Termin und seine Rechte persönlich wahrnehmen.

2. Nach Abs. 3 muß der außerhalb des Landgerichtsbezirks wohnende Jagdpächter, der einen Vertreter nicht bestellt, es sich gefallen lassen, wenn er zu den Verhandlungen nicht zugezogen wird. Es steht aber im Ermessen des Bürgermeisters, den Jagdpächter dennoch persönlich zu benachrichtigen.

§ 26.

Die sämtlichen Gemeinden des Landes bilden zum Zwecke einer gleichmäßigen Verteilung der Ausgaben, welche ihnen c) Wildschadensgenossenschaft.

aus der Verpflichtung zum Ersatze des Schwarzwildschadens erwachsen, eine Wildschadensgenossenschaft.

Entw. § 24. K. B. S. 923 f. L. A. S. 904.

1. Die Wildschweine, welche in Elsaß-Lothringen noch in großer Anzahl vorkommen, richten vielfach einen sehr erheblichen Schaden an. Die Ersatzpflicht hierfür trifft gemäß § 835 Abs. 2 BGB. u. § 2 els.-lothr. Ges. vom 7. Februar 1881 die Gemeinde (vgl. Vorbem. 2 vor § 16 und Bem. 1 zu § 18). Hieraus kann der einzelnen Gemeinde eine sehr drückende Last erwachsen. Um so entspringende Mißstände zu vermeiden, begründen die §§ 26 ff. eine Rückversicherung in der Art, daß sämtliche Gemeinden des Landes behufs gleichmäßiger Verteilung der Ausgaben zu einer Wildschadensgenossenschaft verbunden werden. Daß sämtliche Gemeinden zu dieser Genossenschaft herangezogen werden, entspricht der Tatsache, daß das Wildschwein keinen dauernden Standort hat, sondern bald in dieser, bald in jener Gegend auftritt, so daß jede Gemeinde des Landes in die Lage kommen kann, von demselben heimgesucht zu werden.

2. Von Interesse hinsichtlich der Frage des Ersatzes für Schwarzwildschaden und der nunmehrigen durch das Gesetz getroffenen Regelung sind die Ausführungen des K. B. S. 923 f.

„Für die Felder, welche an Waldungen stoßen, sind bekanntlich eine der größten Landplagen die Wildschweine, die unvermutet in dieselben einbrechen, die Ernte vernichten und großen Schaden anrichten, ohne daß man ein wirksames Mittel hätte, sich hiergegen zu wehren. Trotzdem die Jagd auf Wildschweine während des ganzen Jahres, d. h. ohne Schonzeit, offen ist, und trotz der hohen Schußprämien vermindert sich ihre Zahl nicht. Sie sind ein Wanderwild, welches in kurzer Zeit weite Strecken zurücklegt und sich so jeder Verfolgung entzieht."

— — — „Von jeher hat sich die Frage erhoben, wer den durch Wildschweine angerichteten Schaden tragen solle. Einerseits lehnt der Inhaber einer Feldjagd, welche an einen Wald stößt, mit Recht jede Haftung ab, indem er behauptet, daß die Wildschweine aus dem Walde und nicht von seinem Jagdgebiete kämen; andererseits erwidert der Inhaber der Waldjagd mit gleichem Recht, daß das Wildschwein, wenn es auch aus dem

Walde herausgekommen ist, denselben doch nur auf dem Wege von weiter her passiert hat. Weder der eine noch der andere kann billigerweise gezwungen werden, den betroffenen Eigentümer zu entschädigen.

„Auf Anregung des Herrn Abgeordneten Köchlin hat der Landesausschuß, um bis zu einem gewissen Grade diesem unbefriedigenden Stande der Dinge abzuhelfen, in seiner Sitzung vom 20. April 1888 in dritter Lesung ein Gesetz angenommen, welches am 9. Juli desselben Jahres veröffentlicht wurde. Dasselbe erhöhte in Art. 1 den Preis der Jagdscheine um 4 Mark und den der Zusatzjagdscheine um 1 Mark, und bestimmte in Art. 2: „Der Ertrag der Zuschlagsgebühren bildet einen besonderen zur Landeskasse zu vereinnahmenden und zur Verfügung des Ministeriums stehenden Fonds. Derselbe ist zur Gewährung von Beihilfen an Landwirte zu verwenden, welchen an landwirtschaftlich benutzten Grundstücken oder an deren Erzeugnissen Schaden durch Schwarzwild verursacht worden ist."

„Indem dieses Gesetz durch Erhöhung der Jagdscheinpreise einen besonderen Fonds schafft, ist es in gewissem Sinne ein Vorbote der Bestimmungen in § 24 ff. des vorliegenden Gesetzentwurfes [jetzt §§ 26 ff.]. Es enthält zum erstenmal eine Anwendung des Prinzips der Solidarität, der Gegenseitigkeit, indem es alle Inhaber von Jagdscheinen ohne Unterschied von Ort und Herkunft zur Entschädigung derer beitragen läßt, welche durch Schwarzwild Schaden erlitten haben."

3. Die Verpflichtung zum Ersatze des Schwarzwildschadens ruht nur auf den Gemeinden. Nur diese sind Mitglieder der Wildschadensgenossenschaft. Die oben in der Vorbem. Ziff. 3 aufgeführten Grundeigentümer bleiben auch hier außer Betracht. Wegen des Staates als Eigentümers der Staatsforsten und der Grundeigentümer, welche sich gemäß § 3 des Jagdgesetzes das Jagdrecht auf ihren Grundstücken vorbehalten haben, vgl. noch Bem. 2 zu § 36.

4. Auf den Schwarzwildschaden bezieht sich das Schadens-Feststellungsverfahren der §§ 19—26 nicht; vgl. Bem. 2 zu § 19. Da aber die Ansprüche der Gemeinden an die Wildschadensgenossenschaft in den ersten Jahren nach dem Inkrafttreten des Gesetzes sehr hohe waren (vgl. L. A. 1903 Sitz.-B. S. 501 ff. u. 838 ff.), ist im Jahre 1903 im Wege statutarischer Bestimmung ein besonderes Schätzungsverfahren eingeführt

worden. Vgl. Art. 6 Ziffer 3 der unten zu § 30 abgedruckten Satzung. Die Gemeinden sind angewiesen, nur solche Schäden zu ersetzen, die in diesem Schätzungsverfahren festgestellt worden sind. Eine materiell-rechtliche Bedeutung wohnt dem Verfahren aber nicht inne. Insbesondere sind die Beschädigten nicht gehindert, den Rechtsweg gegen die Gemeinde zu beschreiten, ohne das Ergebnis des Schätzungsverfahrens abzuwarten. Übrigens sind infolge dieses Verfahrens und des vermehrten Abschusses des Wildes die Ausgaben der Wildschadensgenossenschaft in den letzten Jahren erheblich zurückgegangen. (Vgl. noch Bem. zu § 30.)

§ 27.

Die Wildschadensgenossenschaft hat ihren Sitz in Straßburg. Sie ist rechtsfähig und wird durch einen Vorstand gerichtlich und außergerichtlich vertreten.

Entw. § 25. K. B. S. 924.

Die Wildschadensgenossenschaft ist eine juristische Person des öffentlichen Rechts. Nach der dem reichsländischen Verwaltungsrecht eigentümlichen Einteilung (vgl. oben S. 28) ist sie zu den établissements d'utilité publique zu rechnen. Über Verfassung und Satzung bestimmen die §§ 28—30. Außerdem findet nach § 89 BGB. die Vorschrift des § 31 BGB. über die Ersatzpflicht für Schadenshandlungen der Vorstandsmitglieder auf sie Anwendung. Die an sich ebenfalls anwendbare Vorschrift des § 42 Abs. 2 BGB. hat in Ansehung der Wildschadensgenossenschaft keine praktische Bedeutung. Die Zwangsvollstreckung ist gegen sie zulässig (arg. § 4 AG. z. ZPO.). S. auch § 34.

§ 28.

Der Vorstand besteht aus neun von den Bezirkstagen auf die Dauer von fünf Jahren zu wählenden Mitgliedern. Jeder Bezirkstag hat drei Mitglieder zu wählen.

Der Vorsitzende des Vorstandes wird aus dessen Mitte durch das Ministerium ernannt.

Die Mitglieder des Vorstandes erhalten Tagegelder und Reisekosten, deren Höhe das Ministerium bestimmt.

Entw. § 26, K. B. S. 924.

§ 29.

Die Kassengeschäfte der Wildschadensgenossenschaft werden von einem Rechnungsführer wahrgenommen.

Der Vorstand ernennt den Rechnungsführer und ist befugt, ihm für seine Tätigkeit eine Vergütung zuzubilligen.

Die Höhe der von dem Rechnungsführer zu hinterlegenden Kaution bestimmt das Ministerium.

Entw. § 27.

§ 30.

Die näheren Vorschriften über die Vertretung der Genossenschaft durch den Vorstand und über die Geschäftsführung bleiben der vom Vorstande zu entwerfenden, vom Ministerium zu genehmigenden Satzung vorbehalten.[1])

Entw. § 28.

---

[1]) Satzungen der gemäß § 26 des Gesetzes, betreffend die Ausführung des Bürgerlichen Gesetzbuchs in Elsaß-Lothringen vom 17. April 1899 gebildeten Wildschadensgenossenschaft. (Nach der Ergänzung in der Vorstandssitzung vom 26. März 1908):

Abschnitt I. Zweck der Genossenschaft.

Art. 1. Der Zweck der Genossenschaft ist die gleichmäßige Verteilung der Ausgaben, welche den Gemeinden von Elsaß-Lothringen aus der Verpflichtung zum Ersatz des Schwarzwildschadens erwachsen.

Abschnitt II. Geschäftsordnung und Befugnisse des Genossenschaftsvorstandes.

Art. 2. Die Wildschadensgenossenschaft hat ihren Sitz in Straßburg und wird durch einen Vorstand verwaltet.

Art. 3. Der Vorstand besteht aus 9 von den Bezirkstagen auf die Dauer von 5 Jahren gewählten Mitgliedern.

Art. 4. Der Vorsitzende des Vorstandes wird aus dessen Mitte durch das Ministerium ernannt.

Der Vorsitzende beruft die Sitzungen des Vorstandes, so oft er dies für erforderlich erachtet, oder das Ministerium eine Berufung anordnet.

Die ersten Satzungen sind in der Vorstandssitzung vom 30. Oktober 1900 entworfen und am 7. November 1900 durch das Ministerium genehmigt worden. Seither wurden sie mehrfach geändert. Die sachlich wichtigste Änderung ist im Jahre 1903 beschlossen worden. Hierdurch wurde dem Vorstand ausdrücklich übertragen, die von den einzelnen Gemeinden in Gemäßheit des § 32 AG. eingereichten Anmeldungen der von ihnen für Schwarzwildschäden gemachten Aufwendungen auf

---

Er führt den Vorsitz in den Sitzungen; er hat die Beschlüsse des Vorstandes auszuführen, den jährlichen Haushaltsentwurf aufzustellen, dem Rechner die Anweisungen zu erteilen und ist insbesondere berufen, die Genossenschaft gerichtlich und außergerichtlich zu vertreten.

Als Stellvertreter des Vorsitzenden in Behinderungsfällen fungiert ein hierzu vom Vorstande bezeichnetes Mitglied desselben.

Art. 5. Die Beschlüsse des Vorstandes werden nach Stimmenmehrheit der anwesenden Mitglieder gefaßt; bei Stimmengleichheit entscheidet die Stimme des Vorsitzenden.

Der Vorstand ist nur dann beschlußfähig, wenn mehr als die Hälfte seiner Mitglieder anwesend ist.

Ein Vertreter des Ministeriums ist berechtigt, den Sitzungen des Vorstandes beizuwohnen und an den Verhandlungen sich zu beteiligen.

Über jede Sitzung des Vorstandes wird ein summarisches Protokoll geführt, welches die gefaßten Beschlüsse enthalten muß.

Als Protokollführer fungiert der Rechnungsführer, welcher zu diesem Zweck den Vorstandssitzungen beizuwohnen hat.

Das Protokoll ist vom Vorsitzenden und vom Protokollführer zu unterzeichnen.

Art. 6. Der Vorstand ist insbesondere berufen:
1. den jährlichen Haushaltsentwurf festzustellen,
2. einen Rechner zu ernennen und dessen Vergütung festzusetzen,
3. die von den einzelnen Gemeinden in Gemäßheit des § 32 des Ausführungsgesetzes zum Bürgerlichen Gesetzbuch eingereichten Anmeldungen der von ihnen für Schwarzwildschäden gemachten Aufwendungen auf ihre Richtigkeit und Angemessenheit zu prüfen.

Zu diesem Zweck stellt der Vorstand ein Formular auf, welches an die Gemeinden versandt wird und als Grundlage des Abschätzungsverfahrens zu dienen hat. Der Vorstand wird nur solche Anmeldungen der Gemeinden ohne näheren Nachweis des tatsächlich entstandenen Schadens berücksichtigen, welche unter genauer Ausfüllung dieses Formulars von einem oder beiden der für jeden Kanton vom Kreisdirektor zu ernennenden zwei Schätzer für Schwarzwildschäden oder deren Stellvertreter festgestellt sind. — Die Schätzer erhalten auf Verlangen die im § 24 des Ausführungsgesetzes zum Bürgerlichen Gesetzbuch den Schätzern für den sonstigen Wildschaden zugebilligte Entschädigung und Ersatz ihrer baren Auslagen. Wird vom Schätzer als Entschädigung für seine Mühewaltung bei der Abschätzung eine angemessen erscheinende Bauschsumme verlangt, so ist der Vorstand berechtigt, von der Forderung der Kostendetaillierung abzusehen. Ebenso ist der Vorstand berechtigt, aber

ihre Richtigkeit und Angemessenheit zu prüfen. Gleichzeitig wurde das bereits erwähnte Abschätzungsverfahren, für welches Kantons- und Kreisschätzer bestellt sind, geschaffen. S. Art. 6 Ziffer 3 der in der Fußnote abgedruckten Satzungen. Die rechtliche Zulässigkeit dieser Bestimmungen der Satzung ist übrigens angesichts des § 31 AG. nicht zweifellos (Vgl. auch L. A. 1904 Sitz.-B. S. 638 ff.). Das Verfahren hat sich aber als zweckmäßig erwiesen.

---

nicht verpflichtet, von den Schätzern Quittungen oder Bescheinigungen über ihre Auslagen, wie Fuhrkosten usw. zu verlangen.

Für jeden Kreis werden vom Kreisdirektor zwei Schätzer und zwei Stellvertreter ernannt, welche in den vom Kreisdirektor bestimmten Fällen die von den Kantonsschätzern vorgenommenen Abschätzungen einer Nachprüfung zu unterziehen haben. Sie erhalten die gleichen Vergütungen, wie die Kantonsschätzer. Die durch das Abschätzungs- und Nachprüfungsverfahren selbst, durch Hilfeleistung bei derselben, Aufstellung der Listen usw. entstehenden Kosten werden zu 4/5 von der Genossenschaft, zu 1/5 von der betreffenden Gemeinde getragen.

In Fällen, wo die Vergütung an den amtlich bestellten Schätzer aller Voraussicht nach höher zu stehen käme, als der festzustellende Betrag des Schwarzwildschadens, darf von der Zuziehung des Kantonsschätzers abgesehen und die Schätzung durch örtliche Vertrauenspersonen vorgenommen werden. Im Abschätzungsprotokoll ist dies aber dann ausdrücklich zu vermerken.

Jeder Beteiligte hat das Recht, zu verlangen, daß die Schätzung des Schadens erst in einem späteren, kurz vor der Ernte abzuhaltenden Termine erfolge. Diesem Antrage muß stattgegeben werden. Die als Protokoll dienenden Formulare müssen von dem Bürgermeister zunächst dem Kreisdirektor vorgelegt werden, welcher sie mit dem Vermerk versieht, daß Einwände gegen die Abschätzung und die Auszahlung nicht zu erheben sind. Erst wenn diese Bescheinigung ausgestellt ist, hat die Auszahlung der festgesetzten Entschädigungssumme an den Beschädigten zu erfolgen. Die Abschätzungsprotokolle sind sodann der Anmeldung bei der Genossenschaft (§ 32 Abs. 1 des Ausführungsgesetzes) als Belege beizufügen.

Art. 7. Der Genossenschaftsrechner hat jährlich vor dem 1. Juli über die Einnahmen und Ausgaben des vorhergegangenen Rechnungsjahres Rechnung zu legen.

Der Vorstand hat die Rechnung des Rechners zu prüfen und nach erfolgter Prüfung dem Bezirkspräsidenten in Straßburg vorzulegen.

Der Vorsitzende des Vorstandes ist berechtigt, jederzeit den Kassenbestand der Genossenschaft auf seine Richtigkeit zu prüfen. Der Rechner ist verpflichtet, ihm zu diesem Zwecke alle Kassenbelege zur Einsicht vorzulegen.

Art. 8. Dem Vorstande der Genossenschaft steht die Befugnis zu, endgültig darüber zu entscheiden, ob Anmeldungen, welche verspätet eingehen, ausnahmsweise zu berücksichtigen sind.

§ 31.

Die Wildschadensgenossenschaft ist nach Maßgabe der nachstehenden Bestimmungen verpflichtet, jeder Gemeinde nach Ablauf eines Pachtjahrs vier Fünftel der Entschädigungs- und Kostenbeträge zu erstatten, welche dieselbe im Laufe des Pachtjahrs zur Ausgleichung von Schwarzwildschäden aufgewendet hat.

Entw. § 29. K. B. S. 924.

1. Ein Fünftel dieser Beträge bleibt somit zu Lasten der einzelnen Gemeinden. Es empfiehlt sich dies nicht bloß, um das Interesse der Gemeindeorgane an der Vertilgung des Schwarzwildes wach zu halten, sondern vor allem auch zur Verhütung unrichtiger Schätzungen des Schadens. Würden die Gesamtausgaben von der Genossenschaft erstattet, so wäre zu befürchten, daß übermäßigen Forderungen der Eigentümer nicht genügend entgegengetreten würde (Begr.).

2. Zur Deckung des der Gemeinde zur Last bleibenden Fünftels ist zunächst der Zuschlag von zehn Prozent bestimmt, den der Jagdpächter zufolge Art. 21 des Lastenhefts für die Jagdpachtverträge an die Gemeindekasse zu zahlen verpflichtet ist. Ferner kann zufolge § 36 AG. solchen Gemeinden, welche zur Deckung des ihnen zur Last bleibenden Fünftels mehr als zwanzig Prozent des Jagdpachterlöses aufgewendet haben, von dem Ministerium eine Beihilfe aus dem Ertrage der für die Ausstellung von Jagdscheinen erhobenen Zuschlagsgebühren gewährt werden.

3. Was das Zuschlagszehntel zu dem Jagdpachtzins anlangt, so wird im K. B. S. 924 angenommen, daß im Falle der Nichtverteilung des Jagdpachterlöses (Jagdgesetz v. 7. Februar 1881 § 4 Abs. 3, 4) die Inhaber vorbehaltener Jagden außer zur Zahlung eines dem Jagdwert ihrer Grundstücke entsprechenden Beitrages auch zur Zahlung eines weiteren Zehntels des Jagdwertes zur Deckung der von der Gemeinde zu tragenden Schwarzwildschäden verpflichtet seien. Diese Auffassung ist irrtümlich, denn das Zuschlagszehntel der Jagdpächter ist zur Deckung der im Jagdgebiete vorkommenden Schwarzwildschäden bestimmt, gehört also nicht zu dem „Pachterlös", der

für die Beitragspflicht der Inhaber vorbehaltener Jagden maßgebend ist. Überdies wäre die Anwendung des Art. 21 der Pachtbedingungen auf diese Inhaber auch sachlich nicht gerechtfertigt, weil die Gemeinde auf den vorbehaltenen Gebieten einen Schaden nicht zu ersetzen hat. Vgl. auch L. A. 1901 Sitz.-B. S. 570 f.

§ 32.

Die Gemeinden haben die von ihnen im Laufe des Pachtjahrs gemachten Aufwendungen bei Verlust des Anspruchs auf Erstattung spätestens sechs Wochen nach Beginn des neuen Pachtjahrs bei dem Vorstande der Genossenschaft anzumelden. Der Anmeldung sind die von dem Bürgermeister bescheinigten Belege über die von der Gemeinde geleisteten Zahlungen beizufügen. Über die Anmeldung hat der Vorstand eine Bescheinigung zu erteilen.

Schwarzwildschäden, für welche beim Ablaufe des Pachtjahrs ein Entschädigungsanspruch noch nicht erhoben oder die Entschädigung noch nicht festgesetzt oder bezahlt ist, sind innerhalb der ersten drei Monate des nächstfolgenden Pachtjahrs anzumelden.

Entw. § 30.

1. Die Ersatzpflicht der Genossenschaft tritt jeweils nach Ablauf des Pachtjahres ein und greift nach § 32 in der Regel nur Platz, wenn die Forderungen innerhalb sechs Wochen nach Beginn des neuen Pachtjahres bei dem Vorstand angemeldet worden sind. Diese Präklusivfrist ist geboten. Die Genossenschaft bedarf einer festen Grundlage für die Bestimmung der Beiträge, welche von den einzelnen Gemeinden geleistet werden müssen, damit sie in den Besitz der Mittel zur Erstattung der angemeldeten Beträge und zur Bestreitung der Verwaltungskosten gelangt (Begr.).

2. Nach Art. 6 Ziffer 3 der Satzung der Wildschadensgenossenschaft ist der Vorstand berufen, die von den Gemeinden

eingereichten Anmeldungen auf ihre Richtigkeit und Angemessenheit zu prüfen. Ohne weiteren Nachweis sollen nur solche Schäden berücksichtigt werden, welche in den statutarisch geregelten Abschätzungsverfahren festgestelt sind. Vgl. aber auch Bem. zu § 30 am Schluß.

3. Nach Art. 8 der Satzung soll dem Vorstand die Befugnis zustehen, „endgültig" darüber zu entscheiden, ob Anmeldungen, welche verspätet eingehen, ausnahmsweise zu berücksichtigen sind. Diese Bestimmung erscheint in ihrer rechtlichen Zulässigkeit nicht unbedenklich, da es sich im § 32 doch wohl um eine Präklusivfrist handelt.

§ 33.

Nach Ablauf der im § 32 Abs. 1 bezeichneten Frist bestimmt der Vorstand unter Berücksichtigung der vorhandenen sonstigen Deckungsmittel den Beitrag, der von jeder Gemeinde zu leisten ist, damit die angemeldeten Beträge erstattet und die Verwaltungskosten bestritten werden können.

Der Beitrag ist nach der Höhe des von jeder Gemeinde für die Verpachtung der Jagd bezogenen Zinses zu bemessen und in der Form eines einheitlichen Prozentsatzes des Pachtzinses festzusetzen.

Bis zur Höhe des nach Abs. 1 und 2 zu leistenden Beitrags ist die Verteilung des Jagdpachterlöses an die einzelnen Grundeigentümer (§ 4 des Gesetzes, betreffend die Ausübung des Jagdrechts, vom 7. Februar 1881) ausgeschlossen.

Entw. § 31. K.B. S. 925.

1. Insoweit die Genossenschaft anderweit, insbesondere durch die Überweisung auf Grund des § 36 Abs. 2, Deckungsmittel besitzt, fällt natürlich die Erhebung von Beiträgen weg (Bgr.).

2. Zu dem für die Verpachtung der Jagd bezogenen Zins im Sinne des Abs. 2 gehört nicht der Betrag, welchen die Inhaber von Vorbehaltsjagden im Falle des § 4 Abs. 3 u. 4

des Jagdgesetzes vom 7. Februar 1881, d. h. wenn die Verteilung des Jagdpachterlöses der Gemeinde an die Grundeigentümer unterbleibt, an die Gemeindekasse zu leisten haben. Denn dieser Betrag ist kein Jagdpachterlös, sondern „eine Auflage, welche von dem Gesetzgeber den Vorbehaltsjägern aus Billigkeitsgründen auferlegt wurde zur Ausgleichung dafür, daß der für die nicht vorbehaltenen Jagden vereinnahmte Jagdpachtzins in diesem Falle in der Gemeindekasse verbleibt und zur Deckung von Gemeindeausgaben verwendet wird" (Entsch. d. Kaiserl. Rats vom 17. Juni 1905, Beiblatt zum Zentral- u. Bez.-ABl. S. 235 Nr. 421).

3. Der K.B. (S. 925) hebt hervor, „daß zu dem Betrage, der nach Abs. 3 von dem Jagdpachterlöse zurückzubehalten ist, noch die Summe kommt, welche die Eigentümer, die sich die Ausübung des Jagdrechtes auf ihrem Grundstück vorbehalten haben, an die Gemeinde zu entrichten haben." Dies scheint auf einem Mißverständnis zu beruhen. Denn die Eigentümer, die sich das Jagdrecht vorbehalten haben, entrichten einen Beitrag an die Gemeinde nur in dem Falle, daß eine Verteilung des Jagdpachterlöses überhaupt nicht stattfindet (§ 4 Abs. 3 u. 4 des Jagdgesetzes v. 7. Februar 1881). — Dagegen könnte die Frage aufgeworfen werden, ob der von der Gemeinde an die Genossenschaft zu leistende Beitrag von dem eigentlichen Pachterlös auch dann zurückzubehalten ist, wenn das Zuschlagszehntel, welches nach Art. 21 der Pachtverträge die Jagdpächter zur Deckung des Schwarzwildschadens an die Gemeinde zu entrichten haben, zur Deckung sowohl des der Gemeinde zur Last bleibenden Fünftels, als des Beitrages reicht. Die Frage ist nach dem Worlaut des Abs. 3 zweifelhaft. Denn dieses Zehntel gehört nicht zu dem Pachterlös, der nach § 4 des Jagdgesetzes zu verteilen ist, und die Verteilung an die Grundeigentümer würde seinem Zwecke, der Gemeinde ein Deckungsmittel für die Schwarzwildschäden zu bieten, widersprechen. Abs. 3 des § 33 tut aber nur des zu verteilenden Pachterlöses Erwähnung, von dem der Beitrag zurückzubehalten ist. Ausschlaggebend wird jedoch sein, daß das Zuschlagszehntel der Gemeinde ganz allgemein zur Deckung des Schwarzwildschadens zur Verfügung steht. Soweit dasselbe reicht, wird der eigentliche Pachterlös nicht zu verkürzen sein.

§ 34.

Streitigkeiten über die Verpflichtung zur Erstattung eines angemeldeten Betrags oder die Höhe des Beitrags einer Gemeinde werden in erster Instanz von den Bezirksräten, in zweiter von dem Kaiserlichen Rate entschieden.

Entw. § 32. K. B. S. 925.

Die Zuständigkeit der Verwaltungsgerichte ist in der öffentlich-rechtlichen Natur der Wildschadensgenossenschaft und der in ihrem Verhältnis zu den Gemeinden bestehenden Rechte und Pflichten begründet (vgl. Bem. zu § 27).

§ 35.

Die Rechnungen der Wildschadensgenossenschaft werden durch den Bezirkspräsidenten in Straßburg festgestellt. Die Entscheidung des Bezirkspräsidenten ist endgültig, wenn der Rechnungsführer der Genossenschaft nicht innerhalb zweier Monate nach Ablauf des Tages, an welchem ihm die Entscheidung mitgeteilt worden ist, bei dem Bezirkspräsidenten Einspruch erhebt. Durch den Einspruch geht die Entscheidung über das Rechnungsverhältnis in seinem ganzen Umfange mit der im § 20 Abs. 2 des Gesetzes vom 30. Dezember 1871 über die Einrichtung der Verwaltung (Gesetzbl. 1872, S. 49) bezeichneten Wirkung auf den Bezirksrat des Unter-Elsaß über.

Entw. § 33. K. B. S. 925.

Die Vorschrift entspricht derjenigen des § 68 Abs. 4 der Gem.-O. v. 6. Juni 1895 betr. die Feststellung der Rechnungen der Gemeinde durch die Aufsichtsbehörde.

§ 36.

Gemeinden, welche zur Deckung des ihnen zur Last bleibenden Fünftels des Schwarzwildschadens mehr als zwanzig Prozent des Jagdpachterlöses aufgewendet haben, kann von dem Ministerium eine Beihilfe aus dem Ertrage der für die Ausstellung von Jagdscheinen erhobenen Zuschlagsgebühren (§ 1 des Gesetzes, betreffend die Gewährung von Beihilfen an Landwirte, welchen durch Schwarzwild Schaden verursacht worden ist, vom 9. Juli 1888, Gesetzbl. S. 89) gewährt werden.

Der Restbestand dieses Ertrags ist der Wildschadensgenossenschaft zu überweisen.

Entw. § 34. K. B. S. 925. L. A. S. 1093.

1. Die Gewährung der Beihilfe ist dem Ermessen des Ministeriums überlassen. Die Umstände des Falles, die finanzielle Lage der Gemeinde, die Höhe der bereiten Mittel werden entscheiden. Im übrigen dient zur Deckung des den Gemeinden zur Last bleibenden Fünftels das von den Jagdpächtern nach den Pachtverträgen zu entrichtende Zuschlagszehntel des Pachterlöses (vgl. Bem. 2 und 3 zu § 31).

2. Im Landesausschusse wurde die Frage erörtert, ob nicht

a) der Staat als Eigentümer der Staatsforsten,

b) die Grundeigentümer, welche sich gemäß § 3 des Jagdgesetzes das Jagdrecht auf ihren Grundstücken vorbehalten haben (sogen. „reservierte Jagden"), zum Ersatze des Wildschadens mit heranzuziehen seien.

Auf den § 835 BGB. ist eine Schadensersatzpflicht der unter a und b Genannten nicht zu gründen; denn diese Vorschrift verpflichtet nur denjenigen zum Ersatze des an einem Grundstück entstandenen Wildschadens, der zur Ausübung des Jagdrechts auf diesem Grundstück berechtigt ist. In der L. K. wurde deshalb die Zulässigkeit einer landesgesetzlichen Begründung der Ersatzpflicht bezweifelt. Das ist insofern richtig, als die zwangsweise Einbeziehung des Staates oder der Inhaber vorbehaltener Jagden als Schadensträger in die Genossenschaft nicht zulässig wäre, auch nicht, wenn ihnen der (übrigens bei den hier meist in Frage kommenden Waldjagden bedeutungslose) Anspruch auf Vergütung ihres Schadens durch die Genossenschaft eingeräumt wurde. Denn das EG.

enthält — abgesehen von den hier nicht Frage kommenden Nr. 2 und 3 des Art. 71 — keinen Vorbehalt für die landesgesetzliche Begründung eines Ersatzanspruchs des Verletzten (Grundeigentümers oder Nutzungsberechtigten) gegen den Nachbar-Eigentümer. Dagegen wäre das Landesgesetz nicht gehindert, auf Grund des Art. 71 Nr. 7 Einf.-Ges. der Gemeinde und somit auch der die Gesamtheit der Gemeinden vertretenden Wildschadensgenossenschaft einen Regreßanspruch wegen des geleisteten Ersatzes gegenüber den Inhabern vorbehaltener Jagden mit Rücksicht auf das Heraustreten des Wildes aus deren Wäldern einzuräumen. Dasselbe gilt grundsätzlich gegenüber dem Fiskus als Eigentümer der Staatsforsten. Allein in letzterer Beziehung ist die Frage, die hier auch aus anderen Gründen an Bedeutung verliert, in gewissem Umfang praktisch gelöst durch die im § 36 ausgesprochene staatliche Beihilfe an Gemeinden und zu den Mitteln der Genossenschaft. Überdies bezahlt der Staat seit dem Rechnungsjahr 1907 freiwillig an die Wildschadensgenossenschaft zehn Prozent des Jagdwertes der Staatswaldungen und der ungeteilten Waldungen, an denen der Staat beteiligt ist. (Vgl. hierzu L.A. 1906 Druckf. S. 415, Sitz.-B. S. 420 ff., 503 ff., ferner Kap. 55 Titel 9 des Landeshaushaltsetats für 1909.)

§ 37.

Haftung der Beamten für ihre Gehilfen.

Beamte, welchen die Verwaltung einer dem Staate gehörigen Kasse, eines dem Staate gehörigen Magazins oder die Annahme und die Aufbewahrung von dem Staate gehörigen Geldern oder geldeswerten Gegenständen obliegt, sind zum Ersatze des Schadens verpflichtet, den die von ihnen angenommenen Stellvertreter und Gehilfen in Ausübung der Verrichtungen, zu welchen sie bestellt sind, einem Dritten widerrechtlich zufügen.

Die Ersatzpflicht tritt auch in den Fällen des § 831 Abs. 1 Satz 2 des Bürgerlichen Gesetzbuchs ein.

Entw. § 39.

§ 38.

Die Bestimmungen des § 37 gelten auch für die Beamten der Bezirke, der Gemeinden und der anderen öffentlichen Anstalten.

Entw. § 40.

1. Nach § 831 Satz 1 BGB. ist zwar derjenige, der einen anderen zu einer Verrichtung bestellt, zum Ersatze des Schadens verpflichtet, den der andere in Ausführung der Verrichtung einem Dritten widerrechtlich zufügt. Die Ersatzpflicht tritt jedoch nach § 831 Satz 2 nicht ein, wenn der Geschäftsherr bei der Auswahl der bestellten Person und, sofern er Vorrichtungen oder Gerätschaften zu beschaffen oder die Ausführung der Verrichtung zu leiten hat, bei der Beschaffung oder Leitung die im Verkehr erforderliche Sorgfalt beobachtet oder wenn der Schaden auch bei Anwendung dieser Sorgfalt entstanden sein würde. Das frühere Recht stand auf einem anderen Standpunkte. Nach Art. 1384 Cc. waren die „maîtres et commettants“ unbedingt für den Schaden verantwortlich, den ihre Angestellten „dans les fonctions auxquelles ils les ont employés“ verursacht haben, ohne in der Lage zu sein, diese Ersatzpflicht durch den Nachweis, daß sie kein Verschulden trifft, abzuwenden [vgl. Bem. 1 zu § 40].

Auf Grund des Vorbehalts im Art. 78 EG. hält das Gesetz hinsichtlich der in den §§ 37, 38 genannten Beamten das frühere Recht aufrecht, sowohl im Interesse des Staates, der von den mit der Vereinnahmung öffentlicher Gelder betrauten Beamten die peinlichste Sorgfalt bei Auswahl und Beaufsichtigung ihrer Gehilfen verlangen, als im Interesse des Publikums, das sich gegen Täuschungen im geschäftlichen Verkehr mit den Beamten gesichert wissen muß. (Begr.)

2. Die im § 37 bestimmte unbeschränkte Haftung für Stellvertreter und Gehilfen ist einerseits nur der im § bezeichneten Beamten-Gattung auferlegt, andererseits muß es sich um Staats-, Bezirks- oder Gemeinde-Beamte in dem zu § 39 (Bem. 5) entwickelten Sinne oder um Beamte einer öffentlichen Anstalt handeln. Ausgeschieden sind also alle Personen, die überhaupt nicht Beamte sind, mögen sie auch ein Amt bekleiden (Bem. 8 zu § 40), ferner die wirklichen öffentlichen Beamten, die nicht

Verwalter von Staatsgut im Sinne des § 37 sind (vgl. auch Kisch S. 329).

3. Die Haftung nach § 37 geht weiter, wie die sonst in Fällen dieser Art eintretende Haftung nach § 831 BGB., da sie die dort zugelassenen Einreden ausschließt (Bem. 1); sie geht aber auch weiter als die im Vertragsfall eintretende Gehilfenhaftung nach § 278 BGB. insofern, als dort ein Verschulden des Erfüllungsgehilfen Voraussetzung ist.

4. Nur für die von dem Beamten selbsttätig angenommenen Stellvertreter und Gehilfen haftet er nach § 37, nicht für obrigkeitlich ihm beigegebene. Unberührt bleiben jedoch die Vorschriften des RBG. über die Pflicht zum Ersatze von Defekten (§§ 134 ff., insbes. § 141).

5. Wegen des Erfordernisses „in Ausübung der Verrichtungen, zu welchen die Stellvertreter oder Gehilfen bestellt sind" vgl. die ähnliche Bestimmung des § 831 BGB. und Bem. 7 zu § 39, Bem. 12 zu § 40.

6. Die Verantwortlichkeit des Stellvertreters oder des Gehilfen selbst für sein Tun richtet sich gegenüber einem geschädigten Dritten nach den allgemeinen Grundsätzen des bürgerlichen Rechtes, insbesondere also nach den Vorschriften über unerlaubte Handlungen, wonach ihm also regelmäßig ein Verschulden nachgewiesen werden muß (vgl. auch die §§ 827 bis 829 BGB.); im Falle seiner Verantwortlichkeit haftet der Stellvertreter oder Gehilfe mit dem Beamten als Gesamtschuldner (§§ 421, 840 BGB.). Gegenüber dem Beamten (Dienstherrn) wird er, gleichviel ob er selbst dem Dritten gegenüber verantwortlich ist oder nicht, regelmäßig aus dem Dienstvertrag haften; im übrigen gilt § 840 Abs. 2 BGB. Diese letztere Vorschrift findet Anwendung, da der Haftungsfall der §§ 37, 38 lediglich denjenigen des § 831 BGB. erweitert (vgl. ähnl. in RG. Bd. 53 S. 120 ff.).

7. „Dritter" kann auch der Staat oder die öffentliche Anstalt sein; wesentlich auch in deren Interesse ist die Vorschrift getroffen (Bem. 1). Ist der Dritte eine andere Person, so fragt es sich, ob neben dem Beamten und für ihn auch der Staat usw. haftbar gemacht werden kann (gemäß § 40); in diesem Sinne Kisch S. 330. Dies wird jedoch zu verneinen sein, da es sich hier nicht um eine zu Schadensersatz verpflichtende Handlung handelt, die der Beamte in

Ausübung seiner öffentlichen Gewalt begangen hat, sondern um die zum Schadensersatz verpflichtende Handlung seines Stellvertreters oder Gehilfen, für die er nur auf Grund positiver Vorschrift zu haften hat.

8. Wegen des Begriffs der „anderen öffentlichen Anstalten" vgl. S. 28 und Bem. 5 zu § 40.

9. Neben den auf Grund des Vorbehalts in Art. 78 EG. z. BGB. erlassenen Vorschriften der §§ 37, 38 hat dieser Vorbehalt für Els.-Lothr. noch eine weitere Bedeutung. Auf Grund des Vorbehalts bleibt die Vorschrift des § 8 des Gesetzes, betreffend das Notariat, vom 8. Juni 1892 über die samtverbindliche Haftung des Notars für seinen Amtsverweser insoweit in Kraft, als es sich um einen von dem Notar bestellten Amtsverweser handelt (Not.-Ges. § 2). Soweit der Amtsverweser von Amts wegen bestellt ist (Not.-Ges. § 3), kommt sie in Wegfall. Denn es handelt sich bei Statuierung der Haftpflicht des vertretenen Notars um eine privatrechtliche Frage, die das Landesgesetz nur auf Grund besonderen Vorbehalts regeln kann. Der Vorbehalt des Art. 78 EG. bezieht sich aber ausdrücklich nur auf „angenommene Stellvertreter und Gehilfen".

10. Verjährung. — Für die Verjährung der Ansprüche gegen den Beamten aus §§ 37, 38 gilt § 852 BGB. Diese landesgesetzlichen Vorschriften fallen als Erweiterungen des § 831 BGB. unter diejenigen des Tit. 25 VII. Abschn. II. Buches des BGB. über „unerlaubte Handlungen" (vgl. Bem. 6).

§ 39.

Vorentscheidung.

Wird ein Beamter wegen einer Handlung, die er in Ausübung der ihm anvertrauten öffentlichen Gewalt vorgenommen hat, zivilrechtlich oder strafrechtlich verfolgt, so ist die vorgesetzte Behörde befugt, die im § 11 Abs. 2 des Einführungsgesetzes zum Gerichtsverfassungsgesetze vom 27. Januar 1877 (RGBl. S. 77) bezeichnete Vorentscheidung zu verlangen.

Entw. § 41.

1. Obwohl Art. 11 AG. z. GVG. v. 4. November 1878 unter Bezugnahme auf § 11 EG. z. GVG. bestimmt hat, daß

die Vorentscheidung nur im Falle eines Verlangens der vorgesetzten Behörde einzuholen sei, und damit stillschweigend anerkannt hat, daß die bestehende Gesetzgebung die Vorentscheidung zulasse, so war es dennoch nach wie vor bestritten, ob letzteres der Fall sei. Es wurde dagegen geltend gemacht, daß der Art. 75 der französischen Verfassung vom 22. Frimaire VIII — der die einzige gesetzliche Grundlage für die Vorentscheidung bildete — schon vor dem Gesetze vom 2. November 1878 beseitigt gewesen und somit die Bezugnahme in diesem Gesetze gegenstandslos sei (vgl. des näheren Leoni, Verfassungsrecht S. 140).

Im Hinblick auf diese Zweifel und die Wichtigkeit der Frage bezeichnet die Begründung es als angezeigt, die Frage im Anschluß an die herrschende Meinung klar zu stellen. Nach Verabschiedung, aber vor Inkrafttreten des AG. z. BGB. erkannte das RG. in einer Entsch. v. 2. November 1899 (Straff. Bd. 32 S. 322) im Gegensatze zu der obigen Auffassung der Begründung, daß die gesetzlichen Voraussetzungen für die Abgabe einer Vorentscheidung in Elsaß-Lothringen nicht gegeben seien, da § 13 ReichsbeamtGes., der nicht nur den Grundsatz materieller Verantwortlichkeit der Reichsbeamten aufstelle, sondern auch die formalen Schranken ihrer (zivil- und strafrechtlichen) Verfolgbarkeit beseitige, in Elsaß-Lothringen, wo das ReichsbeamtGes. als Landesgesetz gilt, zwar geändert werden könne, daß dies aber nicht, auch nicht im Ges. v. 4. November 1878 geschehen sei, möge diesem Gesetz auch die Auffassung zugrunde liegen, Art. 75 der Verf. v. 22. Frimaire VIII sei für die Landesbeamten noch in Geltung. Vom Standpunkte der reichsgerichtlichen Auffassung bringt danach § 39 neues Recht. In ihm ist seitdem die Grundlage für die Vorentscheidung vom RG. in wiederholten Entscheidungen gefunden worden (Beschl. v. 1. Juli 1902, Entsch. Bd. 52 S. 107; v. 29. März 1904 i. S. Lux g. Kretschmar; v. 25. Oktober 1906 II J B 71/1905; v. 5. November 1908, Straßb. Korrespondenz v. 19. Dezember 1908 S. 571).

2. Für die in Elsaß-Lothringen amtierenden Reichsbeamten gilt § 39 nicht. Vgl. die Entsch. des RG. v. 2. November 1899 (oben 1).

3. Die Vorentscheidung kann bei jeder Art zivil- oder strafrechtlicher Verfolgung verlangt werden, auch gegenüber einer Privatklage (vgl. den Fall der RG.-Entsch v. 5. November 1908,

Bem. 1). Wird das Verlangen von der vorgesetzten Behörde des Beamten erklärt, so ist das Verfahren bis zur Entscheidung auszusetzen; vgl. OLG. Colmar, ElsLothrZ. Bd. 34 S. 182.

4. Zuständig für die Vorentscheidung ist, da zurzeit ein oberster Verwaltungsgerichtshof im Sinne des § 11 Abs. 2 EG. z. GVG. nicht besteht, das Reichsgericht (vgl. hierwegen die in Bem. 1 angeführte Entsch. v. 1. Juli 1902). Der in Elsaß-Lothringen bestehende Kaiserliche Rat ist nur auf bestimmte ihm zugewiesene Verwaltungsrechtssachen beschränkt, kann aber nicht schlechthin gegen Verwaltungshandlungen angerufen werden.

5. Der Begriff des „Beamten" im Sinne des § 39 ist — abgesehen von den Reichsbeamten (Bem. 2) — derselbe, wie im § 11 des EG. z. GVG. Es kommen nur öffentliche Beamte in Frage.[1] Dazu gehören „alle im unmittelbaren oder mittelbaren Dienste des Staates auf Lebenszeit, auf Zeit oder nur vorläufig angestellte Personen ohne Unterschied, ob sie einen Diensteid geleistet haben oder nicht" (Mot. zur ZPO. S. 428, Hahn I, S. 454; vgl. auch StrGB. § 359, wo dieser Definition noch die Worte beigefügt sind: „ingleichen Notare, nicht aber Advokaten und Anwälte".) Daß der Beamte ein Diensteinkommen aus der Landeskasse bezieht und daher unter dem Reichsbeamtengesetze steht, ist nicht erforderlich (RG. Straff. Bd. 16 S. 199). „Beamte" sind demnach auch die Bezirks- und Gemeindebeamten, die Gerichtsvollzieher und (in Elsaß-Lothringen) die Notare. Vgl. v. Wilmowski und Levy GVG. § 11 Anm. 2, Petersen ZPO. § 376 Anm. 2, ElsLothrZ. Bd. 18 S. 87; neuerdings auch OLG. Colmar vom 10. Dezember 1907 (ElsLothrZ. Bd. 33 S. 634 und die dortigen Zitate. Bezüglich der Notare vgl. Ges. vom 25. Ventôse XI Art. 1 und die Bem. 2 hierzu bei Franz, Notariat, jetzt auch § 9 Ges. v. 26. Dezember 1873 i. d. F. der Justiznovelle vom 13. Februar 1905 Art. I, wodurch den Notariaten die Eigenschaft von Behörden gegeben ist (vgl. Molitor, Justiznovelle Bem. 1 zu Art. I); s. auch die Bem. 23 zu § 40. Auch die

[1]) Wegen des Gegensatzes zu den Privatbeamten und zu den Personen, die ein im Interesse Privater ihnen übertragenes „Amt" bekleiden (Vormund, Nachlaßpfleger usw.) vgl. Rehm, der Beamtenbegriff des BGB. und jener Nebengesetze, in Hirth's Annalen d. Deutsch. Reichs 1900 S. 369 ff., auch v. Schellhorn, die Amtshaftpflicht gegenüber Dritten nach deutsch. u. bayr. bürg. Rechte, ebenda 1906 S. 445 ff., ferner unten Bem. 8 zu § 40.

nach früherem Rechte von dem Schutze der Vorentscheidung ausgenommenen richterlichen Beamten fallen unter die Vorschrift des § 39. Die Streitfrage, welche Beamte zu den agents du gouvernement (Art. 75 der Frimaire-Verfassung) gehören, ist somit gegenstandslos geworden. — Dagegen fallen nicht unter § 39 die im Dienste einer öffentl. Anstalt i. e. S. stehenden Beamten, weil der Vorbehalt des EG. z. GVG. § 11 sich nur auf öffentliche Beamte im obigen Sinne bezieht. Auch die Stellung der Geistlichen in Elsaß-Lothringen entspricht weder der obigen Begriffsbestimmung der Beamten, noch werden die Geistlichen nach dem öffentlichen Landesrechte zu den öffentlichen Beamten gezählt (vgl. Dall. Rép. Suppl. v. fonctionnaire public 4).[1]) Abw. Mein. Geigel, Kirchen- und Stiftungsrecht, S. 36 Note 9, S. 150.

Beamte sind auch die (im mittelbaren oder unmittelbaren Staatsdienste stehenden) Lehrer an öffentlichen Schulen. Das Beamtengesetz vom 23. Dezember 1873 nennt die Lehrer neben den Beamten. Nichtsdestoweniger sind sie Beamte, da alle begrifflichen Erfordernisse hierfür zutreffen. Die aus der Staatskasse besoldeten Lehrer (auch die Hochschullehrer) sind Landesbeamte. Die Landesgesetzgebung stellt der Kategorie der Lehrer, welche unmittelbare Landesbeamte sind, solche Lehrer gegenüber, die dies nicht sind (vgl. insbes. Ges. über die Rechtsverhältnisse der Lehrer vom 6. Juni 1900). Mit der letzteren Gruppe der mittelbaren Landesbeamten sind die Lehrer an öffentlichen Elementarschulen und Kleinkinderschulen gemeint. Deren Stellung ist nicht zweifelsfrei. Sind sie mittelbare Landesbeamte, so hat man ihre Stellung im unmittelbaren Dienste der Gemeinde im Auge, wenn auch die Gem. O. sie unter die Gemeindebeamten in ihrem Sinne kaum einbegreift (Gem. O. § 12 Ziff. 6). Sie werden staatlicherseits angestellt, worauf es jedoch nicht ankommt (Bem. 10 zu § 40); man wird aber sagen können, daß sie mit ihrer Anstellung in den Dienst der Gemeinde gestellt werden,[2]) die sie auch besoldet (vgl. Ges. betr. die Besoldung der Lehrer und Lehrerinnen an öffentlichen

[1]) Selbstverständlich kann aber ein Geistlicher auch Beamter sein (Strafanstaltsgeistliche, staatlich angestellte Religionslehrer an höheren Schulen u. dgl.).

[2]) Vgl. auch v. Schellhorn in der S. 117 Anm. 1 angeführten Abhandlung, S. 456, für Bayern.

Elementarschulen, vom 3. April 1904). Nach dem Unterrichtsgesetz vom 15. März 1850 Art. 36 ff. ist die Volksschule als Gemeindeanstalt anzusehen, woran der Umstand, daß sie unter Aufsicht und Leitung der Staatsbehörden steht (Ges. vom 12. Februar 1873), an sich nichts ändert.

Ob und inwieweit die Personen des Soldatenstandes Beamteneigenschaft haben, ist für die Anwendung des § 39 von geringem Belang, da sie regelmäßig nicht Landesbeamte sind. Wichtig ist dagegen die Frage für die Anwendung des § 40; vgl. die Bem. 7 zu diesem. Die Mitglieder der Gendarmerie sind Landesbeamte, vgl. Ges. vom 20. Juni 1872 und Leoni-Mandel II S. 112.

6. Ist, wie in Bem. 5 ausgeführt, der Begriff des Beamten im § 39 derselbe, wie im Art. 11 EG. z. GVG., so erfährt der Begriff der „Amtshandlung" für die Anwendbarkeit des § 39 eine Einschränkung auf solche Amtshandlungen, die in Ausübung „öffentlicher Gewalt" vorgenommen werden. Der Ausdruck „öffentliche Gewalt" ist hier in dem gleichen Sinne zu verstehen, wie im § 40 und wie in dem dieser Vorschrift zugrunde liegenden Art. 77 EG. z. BGB. Ausübung öffentlicher Gewalt liegt nicht etwa nur dann vor, wenn staatliche Zwangsgewalt ausgeübt wird. Öffentliche Gewalt bezeichnet vielmehr das ganze Tätigkeitsgebiet der Staatsbeamten, das als Ausfluß der Staatsgewalt, der staatlichen Hoheitsrechte anzusehen ist, im Gegensatze zu der Tätigkeit im allgemeinen wirtschaftlichen Verkehr (vgl. unten S. 130 ff. und S. 138 ff., auch RG. in ElsLothrZ. Bd. 29 S. 434 und OLG. Colmar in ElsLothrZ. Bd. 34 S. 67).[1]) — Vgl. hierwegen auch Bem. 10 zu § 40, wo die Unterscheidung von besonderer praktischer Bedeutung ist.

7. Die Handlung des Beamten muß in Ausübung der öffentlichen Gewalt vorgenommen sein, wenn das Verlangen der vorgesetzten Behörde auf Vorentscheidung berechtigt sein soll; die Handlung kann auch eine Unterlassung sein. § 39 ist enger

---

[1]) So im wesentlichen auch v. Schellhorn a. a. O. S. 460 f., wo indessen die Gleichstellung von öffentlicher Gewalt mit „Regierungsgewalt" nicht unbedenklich ist. Ebenso muß der dortigen Bezeichnung des Staates, wenn er im privatrechtlichen Verkehr auftritt, als „juristische Person des Privatrechts" (so auch ebd. S. 446) widersprochen werden; das ist der Staat niemals, wie es übrigens in der Überschrift zum § 89 BGB. mit aller Deutlichkeit zum Ausdruck kommt. Vgl. S. 132 Anm. 1.

als § 11 EG. z. GVG., wonach das Verlangen der Vorentscheidung für die Landesgesetzgebung zulässig ist, wenn die Handlung in Ausübung oder in Veranlassung der Ausübung vorgenommen ist (vgl. die ähnlichen Bestimmungen in §§ 130a, 340, 342 StrGB. gegenüber (entspr.) § 31 und § 831 BGB.). Es wird sich bei dieser Unterscheidung vielfach um Grenzfälle zweifelhafter Zugehörigkeit handeln. Soweit es sich nur um die Vorentscheidung handelt, ist die Frage von geringerer praktischer Bedeutung; die Gerichte werden, wenn die Vorentscheidung verlangt wird, die Verhandlung auch dann aussetzen, wenn die Vornahme in Ausübung der öffentlichen Gewalt bezweifelt werden kann. — Die Frage ist dagegen von großer sachlicher Wichtigkeit im Falle der Belangung des Staates auf Grund des § 40, weil der Staat nur wegen in Ausübung öffentlicher Gewalt vorgenommener Handlungen haftet; vgl. deshalb des näheren Bem. 12 zu § 40.

8. Die Vorentscheidung ist darauf beschränkt, ob der Beamte sich einer Überschreitung seiner Amtsbefugnisse oder der Unterlassung einer ihm obliegenden Amtshandlung schuldig gemacht hat. Es ist also ein Verschulden des Beamten festzustellen. Beruht eine Entschließung, die in die Zuständigkeit der Beamten fällt, auf der Würdigung tatsächlicher Verhältnisse, so liegt, wenn der Beamte sich hierbei geirrt hat, eine Überschreitung nicht vor, wenn er die pflichtmäßige Sorgfalt aufgewendet hat (vgl. hierwegen den Fall der RG.-Entsch. v. 1. Juli 1902 in Bd. 52 S. 107 am Ende, auch RG. 5. Nov. 1908, oben Bem. 1). Vgl. noch Bem. 13 zu § 40 am Ende.

Wird eine Überschreitung oder Unterlassung durch Vorentscheidung festgestellt, so ist hierdurch der Frage und späteren gerichtlichen Feststellung hinsichtlich des ursächlichen Zusammenhangs eines behaupteten Schadens mit dem Amtsmißbrauch nicht vorgegriffen (vgl. RG.-Entsch. v. 29. März 1904 und v. 25. Oktober 1906, oben in Bem. 1). Auch an die Beurteilung des Reichsgerichts über das Vorliegen eines Amtsmißbrauchs, wenn es mit der Vorentscheidung die Frage bejaht, ist das Prozeßgericht nicht gebunden (vgl. in diesem Sinne OLG. Colmar v. 14. April 1905, ElsLothrZ. Bd. 31 S. 10). Das ergibt sich schon daraus, daß die Vorentscheidung regelmäßig nur auf Grund der Information aus den Akten erfolgt, es aber den Grundsätzen der Prozeßordnungen widersprechen würde, wenn das Verschulden der Beamten ohne unmittelbare Verhandlung vor dem Prozeßgerichte festgestellt würde.[1]) An eine Vorentscheidung, die den Amtsmißbrauch verneint, ist das Prozeßgericht selbstverständlich gebunden; das eben ist die Bedeutung der Vorentscheidung.

Daß das Prozeßgericht, wenn die Vorentscheidung in bejahendem Sinne getroffen ist, abgesehen von dem Verschulden des Beamten, auch die übrigen zur Verurteilung nötigen gesetzlichen Voraussetzungen zu prüfen hat (z. B. BGB. § 839 Abs. 1 Satz 2, Abs. 3), ist selbstverständlich.

9. Wer als „vorgesetzte Behörde" zum Verlangen der Vorentscheidung berechtigt ist, richtet sich nach den allgemeinen organisatorischen Bestimmungen. Vorgesetzte Behörde des Bürgermeisters in seinen polizeilichen Verrichtungen ist der Kreisdirektor bezw. in Straßburg und Metz der Bezirkspräsident (AB. zu § 16 GemO.); in dem ihm als Gemeindevorstand obliegenden Verrichtungen, soweit sie eine Ausübung öffentlicher Gewalt darstellen, ist die allgemeine Aufsichtsbehörde (also in Gemeinden von 25000 Einwohnern und mehr sowie in den diesen gleichgestellten Gemeinden der Bezirkspräsident), in den übrigen der Kreisdirektor vorgesetzte Behörde im Sinne des § 39 (GemO. § 71). Immer ist auch das Ministerium vorgesetzte Behörde.

Anhang zum § 39.

Die Beamtenverfolgung beim Vorliegen eines Verwaltungsakts.

1. Durch § 39 wird nicht der Frage vorgegriffen, unter welchen allgemeinen Voraussetzungen die gerichtliche Verfolgung eines öffentlichen Beamten (und somit gemäß § 40 des Staates) wegen einer Beamtenhandlung überhaupt zulässig ist. Diese Frage, deren Prüfung auch die Zuständigkeitsbestimmung des § 16 AG. z. GVG. (zuständig sind die Landgerichte „soweit

[1]) Das bayerische Verw.-Ger.-Hof-Ges. bindet allerdings im Art. 7 Abs. 3 i. d. Fass. d. AG. z. BGB. Art. 165 das Gericht schlechthin an die Vorentscheidung (selbstverständlich unbeschadet der Prüfung der Kausalität).

der Rechtsweg zulässig ist") vorausgesetzt, ist aus den grundlegenden Bestimmungen des öffentlichen Landesrechts über die Trennung der Gewalten zu beantworten. Maßgebend sind insbesondere:

das Gesetz über die Gerichtsverfassung vom 16. bis 24. August 1790, Tit. II, Art. 13: Les fonctions judiciaires sont distinctes et demeureront toujours séparées des fonctions administratives. Les juges ne pourront, à peine de forfaiture, troubler, de quelque manière que ce soit, les opérations des corps administratifs, ni citer devant eux les administrateurs pour raison de leurs fonctions.
und das Dekret vom 16 Fructidor III:

. . . Défenses itératives sont faites aux tribunaux de connaître des actes d'administration de quelque espèce qu'ils soient, aux peines de droit, sauf aux réclamants à se pourvoir devant le comité des finances pour leur être fait droit, s'il y a lieu, en exécution de lois . . .

Fundamentalsatz ist demnach: Ein Verwaltungsakt (acte administratif) darf nicht zum Gegenstande richterlicher Beurteilung gemacht werden.

An diesem Grundsatz ist weder durch § 13 RBG. hinsichtlich der unter dieses Gesetz fallenden Landesbeamten, noch durch § 11 Abs. 1 EG. z. GVG. etwas geändert worden. § 13 cit. stellte die unter das Beamtengesetz fallenden Beamten hinsichtlich der materiellen und formellen Voraussetzungen ihrer Verfolgbarkeit schlechthin unter das gemeine Recht (vgl. zu § 39 Bem. 1), beseitigte also die Vorschrift des Art. 75 der Verfassung vom 22. Frimaire VIII (dazu Gesetz v. 30. XII. 1871 § 9 Abs. 3), der die gerichtliche Verfolgung nur auf Grund einer Ermächtigung des Oberpräsidenten (in Frankreich des Staatsrats) zuließ. Dagegen hat, wie auch das RG. in der Entscheidung vom 2. November 1899 (Bem. 1 zu § 39) bei dem Streite über die Tragweite des § 13 im übrigen als unstreitig ausdrücklich anerkannt hat, diese Vorschrift „die Grenze zwischen der sachlichen Zuständigkeit der ordentlichen Gerichte einerseits und der Verwaltungs-Behörden und -Gerichte andererseits nicht geändert." Diese Bedeutung muß dem § 13 RBG. um so mehr in Els.-Lothr., wo dieses nur als Landesgesetz eingeführt ist, gegenüber der bestehenden allgemeinen Grenze der Gewalten beigelegt werden.

Der § 11 EG. z. GVG. beseitigte im Abs. 1 für alle Beamten die landesgesetzlichen Bestimmungen, welche die straf- oder zivilrechtliche Verfolgung wegen der in Ausübung ihres Amtes vorgenommenen Handlungen an besondere Voraussetzungen knüpften, und ließ im Abs. 2 nur eine Vorentscheidung zu. Auch diese Gesetzesvorschrift hat keineswegs die allgemeinen Vorschriften über die Trennung der Gewalten und die daraus sich ergebende Abgrenzung der zivilgerichtlichen und der verwaltungsgerichtlichen oder verwaltungsbehördlichen Zuständigkeit aufgehoben. Vgl. in diesem Sinne die Entscheidung des RG. Ziv. Bd. 18 S. 123 im Gegensatze zu einer früheren gegenteiligen Entscheidung (Ziv. Bd. 5 S. 48).[1]) Daß die grundsätzliche Abgrenzung der beiderseitigen Zuständigkeit auch nicht durch § 4 EG. z. ZPO. oder durch die besonderen Bestimmungen des Landesrechts in §§ 39, 40 AG. z. BGB. beseitigt ist, wurde vom RG. wiederholt bestätigt (Ziv. II. v. 7. Mai 1901 Jur. W. 1901 S. 471, Ziv. VI. v. 27. Okt. 1902, Entsch. Bd. 52 S. 369,

[1]) Die gegenteilige Meinung vertritt O. Mayer (franz. Verw.-Recht S. 101, deutsch. Verw.-Recht I S. 236 ff.); er nimmt als einzige zulässige Schranke für die Verfolgung von Beamten die Vorentscheidung nach § 11 EG. z. GVG. an, indem er davon ausgeht, daß die Notwendigkeit für die bürgerl. Gerichte, behufs Entscheidung präjudizieller Verwaltungsfragen des Verfahren auszusetzen, auf Grund § 148 ZPO. beseitigt sei (vgl. hierwegen noch unten S. 136 Anm. 1), und daß die Entziehung von Ansprüchen gegen Beamte aus der gerichtl. Zuständigkeit mit Rücksicht auf die Tendenz des § 11 EG. z. GVG. und die zu verlangende „bona fides der Gesetzgeber unter sich" ausgeschlossen sei. Allein § 11 EG. z. GVG. wollte tatsächlich nur die von den Landesgesetzen etwa aufgestellten „besonderen Voraussetzungen" für die Verfolgung (wie sie z. B. die Verfassung vom 22. frimaire VIII aufstellte) beseitigen, nicht grundsätzliche Grenzbestimmungen aufheben, wie sie die oben erwähnten Vorschriften über die Trennung der Gewalten und z. B. für Preußen § 6 des Ges. v. 11. Mai 1842 aufstellen. Eine weitere Tragweite darf dem § 11 EG. z. GVG., der das Ergebnis eines Kompromisses ist, nicht beigemessen werden, da hierfür das Einverständnis aller gesetzgebenden Faktoren fehlen würde (vgl. die obenzitierte RG.Entsch. Ziv. Bd. 18 und die dortigen Zitate). Allerdings das muß von einer gewissen bona fides gegenüber der im Reichsgesetze zum Ausdruck gekommenen Tendenz gefordert werden, daß, wo jener Grundsatz der Verfolgung eines Beamten entgegensteht, die gesetzliche Möglichkeit geschaffen wird, ohne seine Verletzung den Beamten wegen einer unrechten Tat zur Rechenschaft vor Gericht zu ziehen. Das ist aber jedenfalls in ElsLothr. durch die Einführung und die praktische Anwendung der Vorentscheidung geschehen (vgl. hierwegen unten Bem. 2 am Schluß).

Ziv. VI. v. 10. Dezember 1903, Entsch. Bd. 56 S. 216). Die gerichtliche Verfolgbarkeit von öffentlichen Beamten und (an ihrer Stelle) des Staates nach §§ 39, 40 AG. findet hiernach eine Schranke an dem öffentlich-rechtlichen Grundsatz über die Entziehung von Verwaltungsakten aus dem Gebiete zivilgerichtlicher Würdigung. Die Anwendbarkeit der §§ 39, 40 beschränkt sich auf Handlungen (auch Unterlassungen) der Beamten, die zwar in Ausübung der ihnen anvertrauten öffentlichen Gewalt vorgenommen sind, die aber eine Überschreitung ihrer Amtsbefugnisse oder eine Unterlassung der ihnen obliegenden Amtshandlungen darstellen, in der französischen Rechtssprache ausgedrückt: auf in Ausübung des Amtes begangene „faits personnels“ im Gegensatze zu den „actes administratifs“. Als „actes administratifs“ sind solche eine Angelegenheit der Verwaltung betreffende Anordnungen eines Verwaltungsbeamten oder einer Verwaltungsbehörde anzusehen, welche ihrem Inhalte nach in den Zuständigkeitskreis des anordnenden Beamten oder der anordnenden Behörde fallen.[1]) Liegt ein solcher Verwaltungsakt vor, so ist der Rechtsweg unzulässig. Wird ein Mißbrauch des Amtes (ein fait personnel) behauptet, so kann die vorgesetzte Behörde hierüber die Vorentscheidung verlangen; zuständig für die Vorentscheidung ist das Reichsgericht (Bem. 4 zu § 39). Ist die Vorentscheidung nicht verlangt, so ist das Gericht der Prüfung, ob tatsächlich ein seiner Zuständigkeit unterworfener Amtsmißbrauch, oder ob ein seiner Zuständigkeit entzogener reiner Verwaltungsakt vorliegt, nicht enthoben.[2]) Diese Prüfung darf aber nicht unter dem Gesichtspunkte der Angemessenheit oder der Zweckmäßigkeit des etwaigen Verwaltungsakts erfolgen, sondern lediglich unter dem Gesichtspunkt, ob der Beamte aus seinen mit dem Amte wesentlich verbundenen Amtsbefugnissen in das

[1]) Zu vgl. des näheren Dalloz, rép. v. compétence administrative Nr. 6 ff., Suppl. Nr. 24 ff., Dalloz, Rec. pér. 1880 III. Abt., S. 57 und die dortigen weiteren Zitate, Laferrière, Traité de la juridiction administrative I. Bd. S. 592 ff., ferner O. Mayer, Theorie des franz. Verwaltungsrechts S. 91 f., 139 f., Michaelis, Landesrechtl. Zivilprozeßnormen 2. Aufl., S. 159 ff.

[2]) So RG. Ziv. Bd. 18 S. 123 ff., OLG. Colmar in ElſLothrZ. Bd. 22 S. 298, RG. ebenda S. 301. Abw. Ans. Michaelis, Landesrechtl. Zivilprozeßnormen S. 180 unter Bezugnahme auf die später vom RG. wieder aufgegebene Rechtsansicht in ZivEntsch. Bd. 5 S. 48.

Gebiet einer in seinen Aufgaben nicht liegenden Verletzung des gemeinen Rechtes herausgetreten ist. Hieraus ergibt sich, daß die Prüfung der Gesetzmäßigkeit des Verwaltungsakts innerhalb gewisser Grenzen gestattet ist. Zunächst hat das Gericht zu prüfen, ob überhaupt ein Verwaltungsakt vorliegt, ob also die Anordnung, die sich äußerlich als Verwaltungsakt darstellt, zur Zuständigkeit der Verwaltungsbehörde gehört (vgl. die Fälle bei Laferrière I S. 430). Es ist aber, auch wenn Anordnungen der in Rede stehenden Art, allgemein betrachtet, wohl in den Zuständigkeitsrahmen des anordnenden Beamten fallen, dem Gerichte die Prüfung nicht versagt, ob nicht gerade die getroffene Anordnung dem Gesetze wiederspricht.[1]) Ist eine dieser Fragen zu verneinen, so darf zwar das Gericht den Akt nicht aufheben oder durch eine Entscheidung den Vollzug der Anordnung durch die Verwaltungsbeamten hindern; darin läge ein „troubler les opérations des corps administratifs". Wohl aber hat es dem Akte die Anwendung als Grundlage einer gerichtlichen Entscheidung zu versagen[2]) und, wenn der Beamte (oder nach § 40 der Staat) wegen dieses Aktes verfolgt wird, so hat das Gericht die freie Würdigung, inwiefern der Beamte in der Form eines Verwaltungsakts tatsächlich unter Mißbrauch seines Amtes oder Überschreitung seiner Machtbefugnisse eine, sei es strafbare, sei es zum Schadensersatze verpflichtende Handlung (ein fait personnel) vorgenommen hat, und es hat über die Folgen der Handlung zu erkennen[2]). Die als „Verwaltungsakt" erscheinende Anordnung ist in solchen Fällen gewissermaßen denaturiert, sie ist ihrer dem Verwaltungsgebiet angehörenden Art entkleidet und als persönliche Handlung zu beurteilen, die der Beamte nach gemeinem Rechte vor Gericht zu verantworten hat.[3])

---

[1]) Nur mit dieser Maßgabe ist der Satz richtig, daß das Gericht die Rechtmäßigkeit des Verwaltungsakts nicht zu prüfen habe. Wegen allgemeiner Ausnahmen von dem Verbote richterlicher Würdigung, insbes. bezügl. der actes réglementaires, vgl. Leoni-Mandel I S. 106, O. Mayer, franz. VerwR. S. 104.

[2]) Vgl. im allgemeinen u. a. Leoni-Mandel I S. 105 f., Dalloz rép. comp. adm. Nr. 191 ff., Suppl. 283 ff., Leferrière I S. 430, 597; ferner RG. in ElsLothrZ. Bd. 22 S. 300 f.; RGEntsch. Bd. 56 S. 218; OLG. Colmar in ElsLothrZ. Bd. 31 S. 390 f., ebenda S. 453 ff.

[3]) Hinsichtlich der Zuständigkeit der Gerichte gegenüber einem ungesetzlichen Verwaltungsakte geht die Rechtsauffassung und Praxis der

Die in Ausübung des Amtes vorgenommene Handlung kann im gegebenen Falle mit den Weisungen einer vorgesetzten Behörde im Widerspruch stehen; alsdann wird sie regelmäßig nicht Verwaltungsakt, sondern „fait personnel" sein. Aber unrichtig wäre es, das Zuwiderhandeln gegen Weisungen als das einzige oder auch nur wesentliche Kriterium für die Unterscheidung anzusehen, wie dies mitunter, anscheinend auch in den Entsch. des RG. v. 7. Mai 1901 (JurW. S. 471) und v. 10. Dez. 1903 (Entsch. Ziv. Bd. 56 S. 218), angenommen wird. Denn einerseits kann auch die Amtshandlung eines die obere Verwaltungsbehörde und den Staat unmittelbar vertretenden Beamten möglicherweise aus dem Rahmen eines Verwal-

---

französischen bürgerlichen Gerichte im allgemeinen weiter als die der Verwaltungsgerichte. Schwankungen finden sich beiderseits. Vgl. im einzelnen die Entsch. des Appellhofs in Dijon v. 15. Dez. 1876 (Dalloz Pér. 1878 II. S. 32): „L'acte administratif proprement dit est non celui que le fonctionnaire fait, mais celui que la loi l'autorise à faire". (Eine Verordnung des Präfekten hatte bestimmt, daß die auf die Straße überhängenden Baumzweige von den Eigentümern oder Pächtern der Grundstücke zu schneiden seien, andernfalls die Verpflichteten zu protokollieren und zur Verantwortung zu ziehen seien. Der Bürgermeister ließ ohne weiteres die mit Früchten behängten Äste durch Arbeiter abschneiden.) Vgl. ferner in obigem Sinne Dalloz Pér. 1880 III S. 57 Anm. Spalte 2, 3. Eine strengere Auffassung im Sinne der Unzuständigkeit der Gerichte, als diese selbst, vertrat das tribunal des conflits („l'illégalité reprochée à un acte administratif ne le dépouillerait pas de ce caractère pour le faire dégénérer en un fait particulier et à l'autorité administrative seule il appartiendrait d'apprécier si ce reproche est fondé" — Entsch. v. 24. Nov. 1877 —). Aber auch dieser Gerichtshof milderte diese strenge Grenzziehung zwischen den beiden Gewalten in einer späteren Entsch. v. 15. Dez. 1877, wo nur gesagt ist: „que l'illégalité ou l'excès de pouvoir n'aurait pas pour effet n é c e s s a i r e de faire dégénérer la faute ou l'erreur qui aurait été commise en une faute personnelle de laquelle seule peut résulter la responsabilité civile". Die Beifügung des Wortes „nécessaire" hat nach Laferrière a. a. O. I S. 597 den Zweck „de réserver la compétence judiciaire dans le cas où l'illégalité, l'excès de pouvoir aurait en même temps le caractère d'une faute lourde.

Beispielsweise mögen aus der els.-lothr. Praxis folgende Fälle angeführt sein: Ein Bezirkspräsident hatte eine Apotheke im öffentlichen Interesse geschlossen wegen wiederholter gemeingefährlicher Unordnungen — ein der gerichtlichen Würdigung entzogener Verwaltungsakt (vgl. die RGEntsch. Bd. 5 S. 48, deren Auffassung berichtigt ist in Entsch. Bd. 18 S. 123) —. Hätte die Verfügung des Bez.-Präs. nicht eine gesundheitspolizeiliche Maßnahme, sondern z. B. die Untersagung des Gewerbebetriebs zum Gegenstande gehabt, so wäre sie als Machtüberschreitung und damit als „fait personnel" anzusehen gewesen. — Ein Bezirkspräsident hatte

tungsakts heraustreten; und anderseits **kann** eine im Widerspruch mit der Weisung der vorgesetzten Behörde vorgenommene Amtshandlung unter Umständen doch ein Verwaltungsakt sein. Ob die Amtsbefugnisse eines Beamten sich unmittelbar aus den organisatorischen Normen des Verwaltungsrechts bestimmen, oder ob sie aus den Weisungen höherer Organe abgeleitet sind, ist an sich gleichgültig. In beiden Fällen **kann** ein der gerichtlichen Würdigung entzogener Verwaltungsakt vorliegen, es **kann** aber auch ein darüber hinausgehender Exzeß vorliegen, ebenso kann selbstverständlich auch eine Handlung in Frage kommen, die **nur bei Gelegenheit** der Amtsausübung vorgenommen ist, von § 39 oder § 40 also überhaupt nicht betroffen wird.

---

im Interesse der Bekämpfung des Typhus die Schließung einer Wirtschaft angeordnet, ohne die durch Minist.-Ver. v. 31. Juli 1903 angeordneten vorherigen Versuche, die gebotenen Maßnahmen durch Erzielung des Einverständnisses der betroffenen Personen durchzuführen, gemacht zu haben. Die Vorentscheidung des RG. nimmt hier zwar nicht Machtüberschreitung des Bez.-Präs., aber Unterlassung von ihm obliegenden Amtshandlungen an. Damit ist das Gericht zur Verfolgung zuständig; man wird aber zweifeln können, ob das Gericht in **diesem** Falle ohne die Vorentscheidung zur Herausschälung eines „fait personnel" befugt gewesen wäre. Vgl. in dieser Hinsicht Bem. 2 unten. — Ein weiterer Fall (der Verneinung gerichtlicher Zuständigkeit) in ElsLothrZ. Bd. 22 S. 297 ff., wo es sich allerdings direkt um die Frage der Aufhebung des Verw.-Akts handelte. — Wiederholt waren die Gerichte und VerwGerichte mit Ansprüchen beschäftigt, die aus dem Bestehen und aus der Benutzung militärischer Schießplätze gegen den Reichsmilitärfiskus erhoben wurden. Zu vgl. die Entsch. des AppGer. Colmar in ElsLothrZ. Bd. 4 S. 108 und 110, des Kaiserl. Rates, ebenda Bd. 7 S. 130, des Reichsgerichts in Entsch. Ziv. VI. Bd. 54 S. 198. Es wird jetzt zu unterscheiden sein: Werden Nachbarberechtigte durch die Anlage oder die Benutzung eines Schießplatzes beeinträchtigt, so ist die (unmittelbare) Haftung des Reichsmilitärfiskus nach § 40a Ausf.-Ges. z. BGB. zu beurteilen. Wird in der Ausübung des militärischen Dienstes eine Person durch überfliegende Kugeln verletzt, so ist für die (subsidiäre) Haftung des Fiskus § 40 AG. maßgebend (z. B. Verschulden eines militärischen Vorgesetzten durch Unterlassung gebotener Vorsichtsmaßregeln, Absperrung oder Bekanntmachung); vgl. dazu Bem. 6, 7 zu § 40. Geschieht die Verletzung nicht in der Ausübung des militärischen Dienstes (vgl. den Fall in RG. Bd. 55 S. 171), so würde sich die Haftung des Fiskus nach den Vorschriften des BGB. (§§ 31, 89; § 831) bemessen. — Der Reichsmilitärfiskus wird in Els.-Lothr. durch die preuß. Kontingentsverwaltung vertreten, nach Maßgabe der bei dieser bestehenden Zuständigkeitsbestimmungen (RG. Ziv.-Entsch. Bd. 35 S. 13, Bd. 43 S. 12; LG. Straßb., Beschl. v. 20. Dez. 1902, ElsLothrZ. Bd. 28 S. 569). — Wegen der Klage auf Unterlassung von Schießübungen vgl. S. 140 (Bem. 2). —

Die berührte Unterscheidung nach Handlungen „des Staates selbst" und Handlungen der nach Weisungen tätigen Beamten war im früheren Rechte bei Schadensersatzklagen gegen den Staat auf Grund schädigender Amtshandlungen deshalb von Bedeutung, weil für die zivilgerichtliche Haftbarmachung des Staates der an sich für rein privatrechtliche Verhältnisse gedachte Art. 1384 Cc. nur in Ansehung von solchen, im Einzelfall bestimmt zu bezeichnenden Beamten angewendet wurde, welche im Abhängigkeitsverhältnisse zu den den Staat unmittelbar vertretenden obersten Behörden standen (vgl. Bem. 1 zu § 40). Gegenüber Handlungen der den Staat unmittelbar vertretenden obersten, mit ihrer Persönlichkeit hinter der Anordnung (des Staates) verschwindenden Organe versagte die Anwendung des Art. 1384 Cc.; man sprach dann, allerdings ungenau, von Handlungen „des Staates selbst", die sich privatrechtlicher Beurteilung nach Art. 1382 Cc. und der Zuständigkeit der bürgerlichen Gerichte entzögen (vgl. S. 142, 132 f.). Grundsätzlich kommt es für die Anwendung des § 39 (ebenso wie für die des § 40) auf die hierarchische Über- und Unterordnung der Beamten, insbesondere also darauf, ob der Beamte den Staat verfassungsmäßig vertritt (im Sinne von § 31 BGB.), oder ob er nur zu bestimmten Verrichtungen berufen ist (im Sinne von § 831 BGB.), nicht an. In der Praxis wird allerdings die Anwendung der §§ 39, 40 auf die regelmäßig generelle Anordnungen darstellenden Amtshandlungen der obersten Beamten seltener sein, als auf die Amtshandlungen der nur oder zugleich zu ausführender Tätigkeit berufenen Beamten. Ferner wird die ganze Frage gegenstandslos für Handlungen und Unterlassungen der den Staat unmittelbar vertretenden oberen Organe auf einem wichtigen Gebiete, auf dem jetzt im Gegensatze zu der Praxis des früheren Rechtes die Vorschriften des Privatrechts über Verpflichtung zum Schadensersatz ausschließlich zur Anwendung kommen, nämlich bei der durch die Sicherheit des Publikums gebotenen Instandhaltung des öffentlichen Gutes; vgl. hierwegen unten S. 141. Das Vorstehende gilt wie vom Staate, so von den Bezirken und Gemeinden.

2. Vorstehend wurde ausgeführt, daß durch § 39 an dem Prinzip der Trennung der Gewalten nichts geändert werde. Indessen von gewissem Einfluß auf die Gestaltung der von diesem Prinzip beherrschten Rechtslage ist die Vorentscheidung

des § 39 immerhin. Denn während das Prüfungsrecht der bürgerlichen Gerichte gegenüber den Verwaltungsakten nach dem oben Bemerkten ein beschränktes ist, ist das RG., wenn das Verlangen der Vorentscheidung gestellt ist, in keiner Weise beschränkt. Hierin liegt jedoch mehr eine scheinbare Durchbrechung des Grundsatzes der Trennung der Gewalten, als eine wirkliche. Denn das RG. entscheidet hier nicht als ordentliches bürgerliches Gericht, sondern an Stelle eines in Elsaß-Lothringen bis jetzt fehlenden (mit voller Zuständigkeit ausgestatteten) obersten Verwaltungsgerichtshofs; vgl. § 11 Abs. 2 Nr. 2 EG. z. GVG. und Bem. 4 zu § 39. Durch die Sachprüfung des mit der Vorentscheidung befaßten Gerichtshofs wird hiermit in Wirklichkeit eine Scheidung persönlichen Verschuldens und ordnungsmäßiger Verwaltungstätigkeit auch in Fällen gewährleistet, in denen durch den Grundsatz der Trennung der Gewalten eine gerichtliche Entscheidung hierüber verhindert wäre. Die Vorschrift des § 39 ist daher, wenn sie auch einerseits dem Schutze der Beamten gegen vexatorische Ansprüche dient, doch nicht (wie es nach Gierke, Jur.-Zeitung 1909 S. 20, scheinen könnte und auch anderwärts vielfach angenommen wird) schlechthin ein schützendes Privilegium der Beamten, sondern auch, nämlich wenn es sich um Verletzung durch Verwaltungsakte handelt, ein Mittel, in allen Fällen eines begangenen Beamtenunrechts den gerichtlichen Weg der Verfolgung zu ermöglichen, ohne das zu einer Grundlage des Staatslebens gewordene Prinzip der Trennung der Gewalten aufzugeben. Es kann zugegeben werden, daß diese Wirkung mit der Einführung der Vorentscheidung nicht beabsichtigt oder vorausgesehen worden ist. Nichts destoweniger hat sie sich im praktischen Ergebnisse als solche erwiesen.

Vorbemerkung zu den §§ 40—41.

Die Haftung des Staates und der öffentlichen Anstalten.

A. Die Stellung des Staates[1]) im Rechtsverkehr und im Prozeß, insbesondere im Vertragsfall.

Von der Haftung aus Verbindlichkeiten, insbesondere aus Verträgen (der „kontraktlichen Haftung") ist in den §§ 40, 40a nicht die Rede. Die Stellung des Staates im Vertragsfall sei hier nur des Zusammenhangs wegen in den wesentlichen Grundzügen skizziert.

I. Auf privatrechtlichem Gebiete.

Soweit der Staat als juristische Person mit Vermögen gleich jeder anderen juristischen oder natürlichen Person („comme simple propriétaire de son domaine privé") am Rechtsverkehr teilnimmt, wird seine Stellung schlechthin vom Privatrechte beherrscht. Er haftet für die eingegangenen oder vom Gesetze den Einzelnen auferlegten Verbindlichkeiten, wie jede andere Person, seine (d. h. seiner Organe) Handlungen unterliegen als „actes de gestion" — im Gegensatze zu den „actes administratifs" (unten II) — dem gemeinen Rechte. So war es schon im (reinen) französischen Rechte. Abgesehen von den für gewisse Betriebe geltenden Sondergesetzen (z. B. Gesetz über das Postwesen v. 28. Okt. 1871, in ElsLothr. eingef. 4. Nov. 1871, §§ 6 ff.; HandelsGB. §§ 456 ff. über den Frachtvertrag der Eisenbahnen, ferner die Vorschriften der Eisenbahnverkehrsordnung v. 26. Okt. 1899, der Telegraphenordnung v. 9. Juni 1897 § 22), gelten für die Verantwortlichkeit des Staates die Vorschriften des BGB., insbesondere kommen für das Verhältnis zu seinen Organen und Bediensteten und die Wirkung ihrer Handlungen in Betracht die Vorschriften über Stellvertretung (§§ 164, 166), über die im allgemeinen aufzuwendende Sorgfalt (§ 276),

---

[1]) Der Kürze halber wird im nachfolgenden nur vom Staate gesprochen. Ihm gleich stehen die Bezirke und die Gemeinden sowie die anderen öffentlichen Anstalten (i. Sinne d. franz. Rechtes); in dieser Beziehung übrigens zu vgl. Bem. 5 zu § 40.

über die Haftung für Verschulden von Erfüllungsgehilfen und gesetzlichen — d. h. hier, nach Analogie des BGB. § 26 Abs. 2 — verfassungsmäßigen Vertretern (§ 278), für Mängel der den Dienstverpflichteten zur Verfügung gestellten Räume (§ 618) u. a. Ebenso untersteht solchen Falles der Staat der Zuständigkeit der bürgerlichen Gerichte.

Als Handlungen des Privatrechtsverkehrs werden auch solche Rechtsgeschäfte aufzufassen sein, die der Staat zwar behufs Erfüllung seiner staatshoheitlichen Aufgaben (vgl. II) vornimmt, die aber ihrer Natur nach nicht unmittelbar als Äußerungen der Staatsgewalt, sondern als Hilfsgeschäfte zur Erfüllung jener Aufgaben sich darstellen und an sich auf dem Gebiete des Privatrechtsverkehrs sich abspielen.[1]) Z. B. der Dienstvertrag mit Schreibgehilfen, die, ohne Beamte zu werden, einem Verwaltungszweige dienen sollen, der Vertrag, den der Gefängnisvorsteher mit einem Unternehmer über die Arbeitsverwendung der Gefangenen abschließt, vgl. wegen dieses Falles RG. Ziv. Bd. 56 S. 219.[2]) Besonders sind hier zu erwähnen die Verträge des Staates mit Unternehmern auf Herstellung von Festungsbauten, auf Lieferungen für die Armee u. dgl. Sie sind privatrechtlich, denn hier handelt es sich unmittelbar um den Werkvertrag oder den Werklieferungsvertrag des BGB., für dessen rechtliche Natur es gleichgültig ist, wer ihn abschließt. Das französische Recht unterstellte diese Verträge der Verwaltungs-

[1]) So ist wohl auch die Entsch. d. OLG. Colmar in ElsLothrZ. Bd. 33 S. 559 f. zu verstehen, die den Dienstvertrag der Gemeinde mit dem Gemeindeschreiber als privatrechtlich und den Gemeindeschreiber nicht als Beamten ansieht. Nur wird ein Gemeindeschreiber, wenn er seine Tätigkeit als Amt versieht, Gemeindebeamter sein, auch wenn das Amt nicht als ständiges errichtet ist. Vgl. Leoni-Mandel II S. 69 Text und Anm. 11; auch Ausf.-Best. zu § 28 Abs. 2 Gem.-Ord.

[2]) Im Sinne des oben Bemerkten sprechen sich grundsätzlich auch die Entsch. d. RG. in Jur. W. 1901 S. 191 und „Entsch." Bd. 51 S. 220 f. aus, die in der Annahme eines von der Partei übergebenen Buches seitens des Gerichts, bezw. in der Annahme einer auf richterliche Anordnung vorgelegten Gutskarte einen stillschweigenden Verwahrungsvertrag oder einen „besonders gearteten Vertrag", ein „vertragsartiges, dem Verwahrungsvertrag ähnliches Verhältnis" sehen, wodurch die unmittelbare Anwendung der Grundsätze des Privatrechts gerechtfertigt wird. In solchen Fällen ist übrigens nicht außer acht zu lassen, daß der handelnde Beamte zugleich in Ausübung öffentlicher Gewalt handelt, eine Ersatzpflicht der Beamten und gegebenenfalls des Staates nach § 40 daher mit der Vertragspflicht konkurriert.

gerichtsbarkeit, nicht weil es derartige Verträge etwa als contrats administratifs den Verwaltungsakten beizählte — als solche gelten nur gewisse ohne Zweifel öffentlich-rechtliche Verträge der „puissance publique“ (concession, affectation u. ähnl.), vgl. Laferrière, I. Bd. S. 541 f., 549 f.) — sondern kraft ausdrücklicher Zuständigkeitsregelung im Ges. v. 28. Pluviôse VIII Art. 4. Vgl. jetzt § 8 Abs. 1 AG. z. GVG. Vgl. wegen der französischen Auffassung in dieser Hinsicht überhaupt II 1.

II. Auf öffentlich-rechtlichem Gebiete.

1. Soweit der Staat als Träger der Staatsgewalt auftritt,[1]) ist bei seinen Rechtsgeschäften zunächst zu fragen, ob es sich um eine öffentlich-rechtliche oder um eine privatrechtliche Angelegenheit (Rechtsstreitigkeit) handelt. Denn nicht überall, wo die Staatsgewalt sich des Rechtsverkehrs bedient, handelt sie in Dingen des öffentlichen Rechtes.[2]) Im (reinen) französischen Rechte allerdings war dieser Unterschied verwischt, da einerseits die materiellen Rechtsnormen wesentlich die gleichen waren, anderseits der Staat, soweit er nicht in den Geschäften des täglichen privatrechtlichen

[1]) § 89 BGB., wo vom Staate in seiner Stellung im privatrechtlichen Verkehre die Rede ist, nennt ihn Fiskus, Art. 77 EG. z. BGB., wo vom Staate als Träger der staatlichen Hoheitsrechte die Rede ist, nennt ihn Staat. Daraus darf nicht geschlossen werden, daß der Staat, je nach seiner verschiedenen Stellung ein anderer, ein anderes Rechtssubjekt wäre: „Fiskus“ und „Staat“. Vgl. gegenüber dieser Auffassung der älteren Jurisprudenz, die auch heute vielfach nachwirkt, O. Mayer im Archiv für öffentliches Recht Bd. 21 S. 514 ff. Aber zur Kennzeichnung verschiedener Seiten und Lebensäußerungen des Staates, der vermögensrechtlichen und der hoheitlichen, obwohl sie im Rechtsverkehr nicht so reinlich geschieden sind, sondern sich mannigfach durchkreuzen, sind die Bezeichnungen „Fiskus“ und „Staat“, richtig verstanden, im Sinne einer Unterscheidung immerhin zu verwenden. Vgl. RGEntsch. Bd. 54 S. 204, ferner Molitor im Archiv für öffentliches Recht Bd. 20 S. 272 f.; auch O. Mayer, Deutsches Verwaltungsrecht I S. 142 f., II S. 369 ff. (während bei O. Mayer, französisches Verwaltungsrecht S. 91, noch vom Staate „als juristischer Person des Zivilrechts“ zum Unterschied vom Staate als Träger der Hoheitsgewalt gesprochen wird, ebenso v. Schellhorn, oben S. 119 Anm. 1). Die gleiche Ungenauigkeit findet sich bei Stengel in Hirths Annalen 1901 S. 482, und bei Rehm an der dort (S. 483 Anm. 1) angezogenen Stelle.

[2]) Vgl. oben I am Schluß. — Das im folgenden Ausgeführte gilt entsprechend auch für Ansprüche gegen den Staat auf Grund außervertraglicher Haftung; vgl. S. 138 ff.

Verkehrs „comme simple propriétaire", sondern „comme représentant l'intérêt général" auftrat, schon um seiner bloßen Parteieigenschaft willen der Zuständigkeit der Gerichte regelmäßig entzogen war, auch wenn ein Verwaltungsakt (vgl. Anhang zu § 39) in Wirklichkeit gar nicht zur Beurteilung stand. Die Zivilgerichte sollten den Staat in dieser Stellung nicht können „déclarer débiteur". Zu vgl. Dalloz, rép. v. compétence administrative Nr. 98 ff., suppl. Nr. 174 ff. Aucoc, conférences sur l'administration, 2. Aufl. II. Bd. S. 438. Hagens, die Verwaltungsgerichtsbarkeit in Frankreich und der conseil d'état, im Archiv für öffentliches Recht Bd. 17 S. 377. Dieser Auffassung, die im Gegensatze zum französischen Kassationshofe vom Staatsrate vertreten wurde, war auch das tribunal des conflits beigetreten, wenn dieser Gerichtshof die Zuständigkeit der Verwaltungsgerichte auch mit dem Vorliegen eines Verwaltungsaktes zu begründen suchte. Aus dem erwähnten Gesichtspunkte der Parteirolle des Staates allein darf nach § 4 EG. z. ZPO. der ordentliche Rechtsweg nicht mehr ausgeschlossen werden.[1]) Die gerichtliche Zuständigkeit ist vielmehr nur ausgeschlossen, wenn es sich entweder um eine Streitsache des öffentlichen Rechtes handelt und diese nicht etwa ausdrücklich den Gerichten überwiesen ist (was auch landesgesetzlich nach § 4 EG. z. GVG. zulässig ist) oder wenn die an sich bürgerlich-rechtliche Sache gemäß § 13 GVG. einem Verwaltungsgericht oder einer Verwaltungsbehörde zugewiesen ist (was aber nur für die betreffenden Rechtssachen allgemein nach Maßgabe ihres Gegenstandes, nach der Art des Anspruchs, geschehen kann, nicht bloß wegen der subjektiven Beteiligung einer öffentlichen Anstalt als Partei).

2. Ob eine Rechtsstreitigkeit bürgerlicher oder öffentlich-rechtlicher Natur ist, richtet sich im allgemeinen nach der Natur der Sache (vgl. RG. Bd. 57 S. 352, wo für die Öffentlichrechtlichkeit als maßgebend bezeichnet ist, ob es sich handelt „lediglich um einen Gegenstand des öffentliches Interesses, des Gemeinwohls",[2]) nicht um „das Rechtsgut oder die individuelle Rechts-

---

[1]) Diese Vorschrift beruht nach dem oben Gesagten durchaus nicht, wie mehrfach behauptet worden ist (so Keetmann im Arch. f. öff. Recht Bd. 21 S. 117) auf falschem Verständnis des franz. Rechtes. Siehe auch z. B. S. 143).

[2]) Unter diesem „Gegenstand, um den es sich handelt", darf aber

sphäre einer einzelnen, sei es physischen oder juristischen Person", gleichviel ob „die Verpflichtung, zu deren Erfüllung die verklagte Partei angehalten werden soll, in einer Norm des öffentlichen Rechtes wurzelt". Die Antwort ist aber zunächst aus den positiven Normen des Reichsrechts und auf den dem Landesrechte vorbehaltenen Gebieten denen des Landesrechts [1]) zu entnehmen. Zu vgl. auch Komm.-Ber. zum Entw. d. Novelle zu GVG. u. StrPO. v. 1898 zu § 13 (Reichst.-Drucks. Nr. 240 S. 5 ff.), ferner Hellwig, Lehrb. d. deutsch. ZPR. Bd. I § 10, Gaupp-Stein, ZPO. Bd. I S. 3 III. Danach sind insbesondere Rechtsstreitigkeiten über die durch das BGB. normierten Rechtsverhältnisse bürgerliche Rechtsstreitigeiten.

Ist eine Rechtsstreitigkeit bürgerlicher Natur, so ergibt sich die Anwendung der materiellen Rechtsnorm aus dem bürgerlichen Rechte von selbst. Ebenso gehört sie grundsätzlich vor die bürgerlichen Gerichte; allein § 13 GVG. gibt dem Landesrecht die Befugnis, sie trotzdem einem Verwaltungsgericht oder einer Verwaltungsbehörde zuzuweisen. [2])

---

nicht verstanden werden der Schuldgegenstand, d. h. regelmäßig die Geldsumme, sondern es muß das Rechtsverhältnis, auf Grund dessen eine Leistung oder Feststellung verlangt wird, darunter verstanden werden. Das RG. hat in einem Urteile v. 17. I. 1905 (JW. S. 70), aus dem Vorliegen eines vermögensrechtlichen Anspruchs das Vorhandensein einer bürgerl. Rechtsstreitigkeit gefolgert („ein vermögensrechtl. Anspruch und damit eine bürgerl. Rechtsstreitigkeit"). Vgl. auch OLG. in ElsLothrZ. Bd. 29 S. 322. Auf den Gegenstand des Verlangens kommt es aber nicht wesentlich an, und nicht jeder vermögensrechtl. Anspruch ist ein privatrechtlicher. Ein Streit über Veranlagung oder Zahlung von direkten Steuern bleibt immer (nicht nur, wie in ElsLothr. nach positiver Norm, — cfr. ElsLothrZ. Bd. 31 S. 290, — sondern auch) seiner Natur nach eine öffentliche Rechtsstreitigkeit, obwohl der Anspruch ein eminent vermögensrechtlicher ist. Denn hier handelt es sich um den Streit über eine im Interesse Aller auferlegte Verpflichtung. Wesentlich ist, ob das Schuldverhältnis die im Text bezeichneten Merkmale trägt. (So auch RG. in ElsLothrZ. Bd. 31 S. 98 (15)). Vgl. auch Molitor im Arch. f. öff. R. Bd. 20 S. 272 f.

[1]) Das els.-lothr. Landesrecht enthält auch auf den ihm vorbehaltenen Gebieten eine positive Vorschrift über die Zugehörigkeit einer Rechtsstreitigkeit zum öffentlichen oder bürgerlichen Rechte nicht. Danach ist das Landesrecht für eine Abgrenzung in der beregten Richtung überhaupt nicht entscheidend. Zum richtigen Verständnis dieses Satzes vgl. Text und Anm. 136. S. 2.

[2]) Rechtssachen, die nach positivem Reichsrecht, insbes. nach BGB. als bürgerliche anzusehen wären und deren Zuweisung an ein Verwaltungsgericht oder eine Verwaltungsbehörde als auf § 13 GVG. beruhend

Ist eine Rechtssache öffentlich-rechtlicher Natur, so wird sie von den reichsrechtlichen Normen weder des materiellen Rechtes noch der Zuständigkeit irgendwie unmittelbar erfaßt. Ob sie vor ein Verwaltungsgericht oder eine Verwaltungsbehörde gehört oder etwa, obwohl öffentlich-rechtlich, dennoch von den bürgerlichen Gerichten zu entscheiden ist (§ 4 EG. z. GVG.),[1] ist Sache des Landesrechts.

Daraus ergibt sich, daß schließlich das Landesrecht, nicht zwar über die Eigenschaft einer Rechtsstreitigkeit als einer öffentlich- oder bürgerlichrechtlichen, wohl aber über die Zuständigkeit entscheidet. Diese Entscheidung wird — soweit nicht für bestimmte Rechtssachen besondere ausdrückliche Zuständigkeits-

---

anzusehen wäre, wird es in Els.-Lothr., wenn überhaupt, nur wenige geben. Rechtssachen mit Verwaltungskompetenz liegen meist entweder auf unbestritten öffentlich-rechtlichem Gebiet oder auf materiellrechtlich dem Landesrechte besonders vorbehaltenen Gebieten (z. B. die Entschädigungsfälle S. 151 ff. auf Grund besonderer Vorbehalte des EG., Klagen wegen Loskaufs von Weidegerechtigkeiten oder Einschränkung sonstiger Nutzungsrechte durch die Forstverwaltung nach code for. Art. 64, 65 auf Grund EG. z. BGB. Art. 113). — In dem ElsLothrZ. Bd. 11 S. 207 behandelten Fall (Hohfrankenheim) hat das RG. den § 13 GVG. angewendet mit der Wendung: „auch wenn es sich um ein Privatrecht und eine bürgerliche Rechtsstreitigkeit handeln sollte" (S. 214); wegen dieses Falles s. auch S. 137 Anm. 2. — Anderseits sind selbstverständlich nicht alle den Verwaltungsgerichten übertragenen Rechtssachen Partei-Rechtsstreitigkeiten; das Hauptgebiet der Verwaltungsrechtsprechung betrifft die Anfechtung von polizeilichen Verfügungen (auf gewerbe-, bau-, gesundheits- kirchhofspolizeichem Gebiete usw.).

[1]) Eine Zuteilung öffentlich-rechtlicher Sachen an die Gerichte ist z. B. erfolgt bezüglich der Mitwirkung beim Enteignungsausspruch, Ges. v. 3. Mai 1841 Art. 1, 14 (nur hierbei — bei dem im öffentlichen Interesse erfolgenden Eingriff — handelt es sich um eine öffentlich-rechtliche Angelegenheit, nicht auch bei der Festsetzung der Entschädigung, auf die ein privatrechtlicher Anspruch besteht, wofür denn auch in den meisten Staaten der ordentliche Rechtsweg zugelassen ist; vgl. Molitor im Archiv für öffentl. Recht Bd. 20 S. 272 f.). Ferner bezüglich der Klage der Verwaltung auf Niederlegung eines den baupolizeilichen Vorschriften zuwider errichteten Bauwerks (vgl. hierwegen des näheren Michaelis, landesrechtl. ZivProz. Normen S. 166, O. Mayer, franz. Verwaltungsrecht S. 190 f.); bezüglich der Rechtsstreitigkeiten über Domanialgefälle und Verkehrssteuerabgaben (AG. z. ZPO. v. 13. Nov. 1899 §§ 5 ff.), über vermögensrechtliche Ansprüche der Beamten, soweit sie unter das RBG. fallen, aus ihrem Dienstverhältnis mit gewissen Schranken (§§ 149 ff. RBG.). Bezüglich des Wesens des Dienstverhältnisses der Beamten vgl. insbes. Laband, Staatsrecht I S. 401 ff., 418 ff. und die Schlußbemerkung S. 11 ff. in Pieper, Reichsbeamtengesetz.

vorschriften bestehen — in Elsaß-Lothringen einzig nach dem für das Prinzip der Trennung der Gewalten maßgebenden Rechtssatze getroffen, daß Verwaltungsakte (actes administratifs) der Beurteilung der bürgerlichen Gerichte entzogen sind [1]) (wegen des Begriffs eines Verwaltungsakts vgl. Anhang zu § 39). Die Entscheidung wird danach weder überhaupt unter Kennzeichnung des bürgerlichrechtlichen oder öffentlich-rechtlichen Charakters einer Rechtssache, noch, soweit die Verwaltungszuständigkeit begründet ist, unter Bezugnahme auf § 13 GVG. einerseits oder die innere Natur der Sache andererseits getroffen, sondern sie beruht lediglich auf dem hervorgehobenen formalen Gesichtspunkte; [2]) vgl. hierzu Leoni-Mandel I S. 105, Dareste, justice administrative S. 204, Dalloz Rép. v. compétence administrative Nr. 6 ff., 69 ff., Laferrière, traité de la juridiction adm. I S. 7 ff., 429 ff., 635 ff., Hagens im Archiv für öffentliches Recht Bd. 17, S. 376. — Die konkrete Entscheidung über die Zulässigkeit des Rechtswegs steht, solange in Elsaß-Lothringen ein Kompetenzkonflikts-Gerichtshof nicht besteht, bei den Gerichten (GVG. § 17).

Im allgemeinen stimmt aber, nachdem § 4 EG. z. ZPO., § 8 AG. z. GVG. und mehrere Einzelvorschriften die Zustän-

---

[1]) Kraft dieser Entziehung haben sich die Gerichte auch der Entscheidung eines Inzidentpunktes, der die Würdigung eines Verwaltungsakts erfordert, zu enthalten; die Sache ist solchenfalls auszusetzen (ZPO. § 148, vgl. dazu Michaelis, landesrechtliche ZivProzNormen S. 216). Der Umstand, daß nach § 148 ZPO. das Gericht aussetzen kann, beseitigt nicht die landesrechtliche Norm darüber, wann das Gericht sich eigener Entscheidung enthalten muß (a. M. Otto Mayer, französisches Verwaltungsrecht S. 95). Das Gegenteil wollte wohl auch das in einer preußischen Sache ergangene Urteil des RG. Bd. 58 S. 34 nicht allgemein aussprechen. Einen Anwendungsfall für § 148 ZPO. vgl. in ElsLothrZ Bd. 21 S. 66, 71. Eine Durchbrechung des in Rede stehenden Grundsatzes findet sich dagegen in § 261 StrPO.

[2]) Nur in diesem Sinne und in Hinsicht auf den formalen Gesichtspunkt der Zuständigkeitsverteilung ist die oft aufgestellte Behauptung, über den Begriff der bürgerlichen Rechtsstreitigkeit entscheide das Landesrecht (so u. a. OLG Colmar in ElsLothrZ. Bd. 20 S. 50 ff., RG. in ElsLothrZ. Bd. 11 S. 207, Michaelis ZivProzNormen S. 170) etwa gerechtfertigt, nicht aber bezüglich der rechtlichen Konstruktion. Die begrifflich richtige Abgrenzung ist aber von sehr erheblicher Bedeutung, weil nach ihr die Vorfrage zu beantworten ist, ob eine Maßnahme der Verwaltungsbehörde eine solche des privatrechtlichen Verkehrs (ein acte de gestion) oder eine staatsverwaltende (acte administratif) ist. Vgl. in dieser Beziehung z. B. unten S. 143.

digkeit dem rechtlichen Charakter der Rechtsstreitigkeiten mehr und mehr angepaßt haben, die äußere Zuständigkeitsverteilung mit der inneren Natur der Rechtsstreitigkeiten überein.

3. Soweit in Angelegenheiten, für die die Verwaltungszuständigkeit begründet ist, nicht ausdrücklich den Bezirksräten und dem kaiserlichen Rate oder einem sonstigen Organe (z. B. den Veranlagungs- und Berufungskommissionen in Steuersachen) übertragen ist, entscheidet der Minister[1]) (vgl. Dekr. v. 2. Nov. 1864 Art. 6, 7). Diese Fälle sind, nachdem die Zuständigkeit der Bezirksräte und des kaiserlichen Rates mehr und mehr erweitert worden, und manche früher streitig gewesene Fälle außervertraglicher Haftung des Staates teils durch den klärenden Einfluß des BGB. (vgl. unten B S. 142), teils durch landesrechtliche Normierung (§ 40a) als bürgerliche Rechtssachen anerkannt sind, selten.[2])

4. Welche materiellrechtlichen Normen sind in öffentlich-rechtlichen Angelegenheiten, insbesondere wenn sie den Gerichten überwiesen sind anwendbar? Unter der Herrschaft des Code civil, der nicht nur ein bürgerliches Gesetzbuch war, sondern auch zahlreiche öffentlich-rechtliche Bestimmungen enthielt, war dessen Anwendbarkeit klar, mindestens zufolge Art. 4, der durch das Verbot für die Richter, unter dem Vorwande des Schweigens, der Dunkelheit oder Unzulänglichkeit des Gesetzes das Urteil zu verweigern, zur Anwendung der Analogie zwang. Eine Vorschrift über die Anwendbarkeit der Analogie enthielt der Entw. I z. BGB. im § 1, sie wurde aber als selbstverständlich gestrichen. Tatsächlich sind daher auch jetzt die entsprechenden Vorschriften des bürgerlichen Rechtes anwendbar, soweit nicht Normen des öffentlichen Rechtes selbst diesen entgegenstehen (vgl. z. B. § 44); so auch RG.

---

[1]) Vgl. dazu Leoni-Mandel I. Bd. S. 119.

[2]) Vgl. den Fall in der ElsLothrZ. Bd. 11 S. 207 (Hohfrankenheim), der insofern auffällig ist, als das RG. nicht nur (wie anscheinend der Staatsrat) in den dort angeführten landesherrlichen Dekreten, sondern auch in einem Gesetze einen Verwaltungsakt gefunden hat. Vgl. in dieser Hinsicht über den entgegengesetzten Standpunkt des franz. Rechts außer anderen O. Mayer, fr. VR. S. 140, Laferrière a. a. O. II. Bd. S. 5. — Der Ministerzuständigkeit unterliegen ferner die vermögensrechtlichen Ansprüche solcher Beamten, die nicht unter das Reichs-Beamtengesetz fallen, aus ihrem Dienstverhältnis (vgl. ElsLothrZ. Bd. 6 S. 76), vorbehaltlich etwaiger Regelung durch Sondergesetz.

Entsch. v. 6. Nov. 1903 (JW. 1903 S. 5) mit Bezug auf die entsprechende Anwendbarkeit des § 618 BGB. auf den öffentlich-rechtlichen Dienstvertrag der Beamten. Vgl. auch Art. 4 EG. z. BGB.

B. Die außervertragliche Haftung des Staates für Schaden bei Verletzung von Privatrechten.

Ähnlich, wie in den Fällen der vertraglichen Haftung des Staates, der Bezirke und der Gemeinden ist auch hier der Unterschied zu machen:

I. ob der Staat usw. für den Schaden aufzukommen hat, den seine Organe oder Bediensteten auf dem Gebiete des privatrechtlichen Verkehrs, in den er als juristische Person „comme simple propriétaire de son domaine privé“ eintritt, verursachen, oder

II. ob er für den Schaden aufkommen soll, den seine Beamten bei der Ausübung der zur Erfüllung staatshoheitlicher Aufgaben ihnen übertragenen (öffentlichen) Gewalt verursachen.

zu I. Die außervertragliche Haftung im privatrechtlichen Verkehr.

1. Hier sind für die Frage der Schadenshaftung schlechthin die Vorschriften des bürgerlichen Rechtes maßgebend, im allgemeinen also diejenigen des BGB. Hierbei ist zu unterscheiden:

a) Handelt ein Beamter, der nicht Vertreter ist (ein Bediensteter), in Ausführung einer Verrichtung, zu der er bestellt ist, widerrechtlich, so haftet der Staat ꝛc. ꝛc. wie jeder Private, nach § 831 BGB., also nur bei culpa in eligendo, deren Nichtvorliegen er zu beweisen hat. Auch bei vorliegender culpa befreit er sich durch den Beweis, daß der Schaden auch bei Anwendung der erforderlichen Sorgfalt entstanden sein würde.

b) Handelt der Beamte als Vertreter des Staates ꝛc. ꝛc. in Ausübung der ihm zustehenden Verrichtungen, so haftet der Staat ꝛc. ꝛc. für eine nach gesetzlicher Vorschrift zum Schadensersatz verpflichtende Handlung unbedingt, gleichviel ob culpa in eligendo vorliegt oder nicht. (§§ 31, 89 BGB.). Also eine Erweiterung gegenüber § 831 in zweifacher Richtung: Widerrechtlichkeit der Handlung oder Verschulden des Beamten ist nicht notwendige Voraussetzung[1]) und die Einrede, daß bei Auswahl des Beamten mit Umsicht verfahren sei, ist ausgeschlossen.

Wegen des Begriffs des verfassungsmäßigen Vertreters im Gegensatze zu dem im Sinne des § 831 BGB. zu einer Verrichtung Bestellten vgl. RG. 53 S. 276, RG. 62 S. 31, auch J.W. 1903 Beil. S. 109, 117, D.Jur.Zeit. 1909 S. 378. Der im Gegensatze zu den Vertretern (den Organen) nur zu gewissen Verrichtungen bestellte Beamte (der einfache Bedienstete) wird seinerseits den dienstlichen Auftrag von einem vertretenden Beamten herleiten, aber dies darf nicht so verstanden werden, als müsse er den Auftrag zu der einzelnen Verrichtung unmittelbar von einem Vertreter erhalten haben; die Bestellung kann und wird meist in der Anstellung des Beamten, der Auftrag in einer allgemeinen Dienstvorschrift begründet sein (vgl. RG. Bd. 55 S. 177).

2. Selbstverständlich bestehen, auch abgesehen von den Folgen der Handlungen von Organen und Bediensteten, gegenüber dem

---

1) Die bei Kisch, ElsLothrLandPrivR. S. 345 Anm. 27 hiergegen gemachten Einwendungen sind nicht begründet. Einerseits ist für den Tatbestand des § 831 das Verschulden des Bediensteten für die Haftung des Auftraggebers (nicht für seine eigene Haftung) gleichgültig; trotzdem ist der Tatbestand des § 831 vom Verschuldensprinzip beherrscht, das Verschulden wird (widerlegbar) in der Person des Auftraggebers präsumiert. Andererseits bildet § 31 überhaupt nicht einen eigenen Tatbestand der außervertraglichen Haftung. Er ist einfach die Folge der Organtheorie, d. h. der Rechtsauffassung, daß die juristische Person, selbst nicht handlungsfähig, durch ihre Vertreter (ihre Organe) handelnd am Rechtsverkehre teilnimmt. Sie haftet daher bei allen im BGB. mit Schadensersatzfolge belegten, in der Person ihrer Organe erfüllten Tatbeständen genau so, wie jede unmittelbar handelnde natürliche Person haften würde. Ob Widerrechtlichkeit, ob Verschulden Voraussetzung ist oder nicht, läßt sich daher für die Fälle des § 31 überhaupt nicht einheitlich bestimmen. Das kommt auf die Einzeltatbestände an, mit denen die Blankettvorschrift des § 31 jeweils ausgefüllt wird. Widerrechtlichkeit und Verschulden ist im allgemeinen erforderlich, wenn es sich um die Gruppe der im Titel „Unerlaubte Handlungen" vereinigten Tatbestände handelt; vgl. ferner z. B. § 989. Beides ist nicht erforderlich z. B. im Falle des § 904, Verschulden ist nicht erforderlich, wohl aber liegt objektiv Widerrechtlichkeit vor z. B. im Falle des § 231, auch im Falle des § 833 Abs. 1.

Staate usw. alle die Privatrechte, welche das Bürgerliche Gesetzbuch einem jeden Rechtssubjekte gegenüber unmittelbar gewährt, also insbesondere die aus den nachbarrechtlichen und ähnlichen Vorschriften hergeleiteten Rechte, so z. B. das Verbietungsrecht gegen Immissionen nach § 906, das Untersagungsrecht gegenüber schädigenden Anlagen nach § 907, ferner die weiteren Vorschriften in §§ 908 ff. BGB., die Vorschriften in §§ 50 bis 72 AG. z. BGB. u. a. m. Auch in den Fällen der §§ 836, 837 BGB. ist es an sich gleichgültig, ob ein Privater oder der Staat oder eine sonstige öffentliche Anstalt der Besitzer ist oder war. Allerdings kann durch Vorschriften des öffentlichen Rechtes, des Reichs- wie besonders des Landesrechts, der Beeinträchtigte zur Duldung einer schädigenden Einwirkung verpflichtet und somit die actio negatoria des § 1004 BGB. ausgeschlossen sein. Vgl. hierzu RG. 10. Juli 1900 J.W. 1900 S. 639. Inwieweit dem Geschädigten an Stelle der actio negatoria ein Entschädigungsanspruch zusteht, hängt von dem tatsächlichen Verhältnis im einzelnen ab. In den besonders wichtigen Fällen der Privilegierung öffentlicher Arbeiten gewährt § 40a einen Anspruch auf Entschädigung (vgl. S. 156 f.). In anderen Fällen wird der Anspruch aus allgemeinen Grundsätzen und analogen Vorschriften abzuleiten zu sein (z. B. GewO. § 26, BGB. § 904, der angeführte § 40a AG. und ähnliches); vgl. hierzu auch RG. 21. Dezember 1908, D. Jur. Zeit. 1909 Spruchbeilage S. 409 und die dortigen Zitate, auch RG. Bd. 58 S. 130 bes. S. 134, aber auch RG. 17. Januar 1905, J. W. S. 131. — Wegen eines Falles, in dem die Negatorienklage gegenüber Schießübungen von Soldaten bei ihrer Ausbildung im Kasernenhof auf Grund des Militärhoheitsrechtes abgewiesen wurde, vgl. RG. Bd. 24 S. 36 (wegen der Schießplätze und Schießübungen vgl. auch S. 127 Anm.).

3. Außer den Vorschriften des Bürgerlichen Gesetzbuchs kommen in Betracht die für bestimmte Materien erlassenen Sondervorschriften des Reichsrechts, z. B. Haftpflichtgesetz vom 7. Juni 1871 (ausgedehnt auf Elsaß-Lothringen 1. November 1872) in der Fassung des Art. 42 EG. z. BGB., GewO. § 26, und die auf Grund besonderer Vorbehalte bestehenden Sondervorschriften des Landesrechts, z. B. Gesetz vom 15. Juli 1845 über die Eisenbahnpolizei Art. 22 Abs. 2, der den Staat, wenn die Eisenbahn auf seine Kosten betrieben wird, im

Unterschiede von dem Reichshaftpflichtgesetz auch für den Sachschaden[1]) haftbar macht (Art. 105 EG.).

Von dem Vorbehalte des Art. 106 EG., der übrigens nicht nur für den Staat usw. gilt, sondern allgemein die Verantwortlichkeit des Unternehmers einer Anlage oder eines Betriebes auf einem dem öffentlichen Gebrauche dienenden Grundstücke vorsieht, ist in Elsaß-Lothringen kein Gebrauch gemacht worden.

4. Von besonders praktischer Bedeutung und in ihrer rein privatrechtlichen Natur vielfach verkannt ist **die Haftung des Staates usw. für die Schädigungen infolge mangelhafter Instandhaltung des öffentlichen Gutes.** Z. B. eine Person oder eine Sache wird infolge davon verletzt, daß eine öffentliche Straße bei Glatteis nicht bestreut, daß eine für die Passanten gefährliche Stelle einer Straße nicht beleuchtet oder sonst unschädlich gemacht, eine Brücke, ein gefährlicher Weg nicht mit genügendem Geländer versehen ist, ein morscher Baum, dessen Entfernung versäumt ist, umstürzt u. dgl.

Soweit die Schädigung infolge einer öffentlichen Arbeit verursacht worden, griffen nach früherem Rechte übrigens schlechthin die in dieser Hinsicht geltenden Grundsätze über die Schadensersatzpflicht aus öffentlichen Arbeiten Platz, die ein Verschulden nicht voraussetzten (vgl. Bem. I zu § 40a). In dieser Beziehung ergab sich mit dem Inkrafttreten des BGB. schon insoweit eine Änderung, als für Personenschäden die landesrechtliche von dem Verschuldensnachweis unabhängige Haftpflicht mangels eines hierauf gerichteten Vorbehalts des EG. in Wegfall kam; denn der allgemeine Vorbehalt im Art. 109 bezieht sich nur auf Sachschäden und der besondere Vorbehalt des Art. 106 trifft nur bestimmte Fälle (vgl. oben 3). — Abgesehen von den Sonderfällen der öffentlichen Arbeiten, also

---

[1]) Nur hierauf bezieht sich die Vorschrift noch, nicht auf Personenschäden, wie Kisch, ElsLothrLPrR. S. 333 f. irrtümlich annimmt. Denn ein Vorbehalt, der über § 1 des Reichshaftpflichtgesetzes hinausgehende Vorschriften der Landesgesetze aufrecht erhielte, besteht nicht; § 9 des genannten Reichsgesetzes läßt nur weitergehende reichsgesetzliche Bestimmungen unberührt, und hieran wird durch Art. 105 nichts geändert. Vgl. auch Planck, EG. z. BGB. 3. Aufl. Bem. 6 zu Art. 42 und Bem. 1 zu Art. 105. Bedenklich ist daher die Entsch. des OLG. Colmar vom 19. März 1902, ElsLothrZ. Bd. 27, S. 465. Das Urteil des OLG. vom 19. Januar 1906 (ElsLothrZ. Bd. 31 S. 469) wendet das Gesetz nur auf Sachschaden an; vgl. dazu wegen der Weitergeltung des Gesetzes die RGEntsch. in Jur. Wochenschr. 1906 S. 544.

in den gewöhnlichen Fällen gefährlicher Beschaffenheit oder mangelhafter Instandhaltung einer dem Verkehr dienenden öffentlichen Anlage, bestanden im früheren Rechte Unklarheiten und Zweifel über die Zulässigkeit des Rechtswegs. Die els.-lothr. Gerichte wie das Reichsgericht hatten ihn wiederholt verneint, da ein Verwaltungsakt vorliege (vgl. u. a. ElsLothrZ. Bd. 16 S. 202ff., Bd. 21 S. 79, 529ff.; auch Michaelis, landesrechtl. Zivilprozeßnormen 1904 S. 175f.)[1]) Dabei spielte das aus der französischen Auffassung übernommene Axiom herein, daß „der Staat selbst" auf Grund seiner Verwaltungsmaßnahmen vor den bürgerlichen Gerichten nicht belangt werden könne. In diesem Gedankengange gelang es denn mitunter, den Staat als commettant i. S. des Art. 1384 Cc. haftbar zu machen, wenn nämlich ein nachgeordneter Beamter (als préposé) innerhalb der von ihm zu befolgenden Weisungen schuldhaft handelte[2]) (vgl. oben S. 128, unten S. 147 Anm. 1). Unter dem Einflusse des BGB. und der Rechtsprechung des RG. (hauptf. des VI. Ziv. Sen.) ist die frühere Rechtsprechung erfreulicherweise völlig aufgegeben (vgl. u. a. OL. in ElsLothrZ. 30 S. 359).[3])

Tatsächlich handelt es sich hier weder um eine öffentliche Rechtsstreitigkeit noch um einen Verwaltungsakt. In der ersten

[1]) In Frankreich selbst war die Rechtsprechung geteilt und schwankend. Vgl. das Kass.-Urt. v. 17. II. 1868 in Dalloz Pér. 1868 I S. 273 (bes. 274), das die Zulässigkeit des Rechtswegs bejaht; ebenso Entsch. des Belg. Kass.-Hofs bei Laurent, principes de droit civil, XX Nr. 440, die Laurent selbst wiederum bekämpft.

[2]) Vgl. die oben angef. Entsch. in ElsLothrZ. Bd. 16 und Bd. 21, die jetzt nur noch rechtshistorisches Interesse haben. Im ersten Falle stürzten zwei Pferde in den nicht mit Geländer versehenen Kanal und ertranken. Im zweiten Falle hatte ein Wegemeister auf einer Straße eine Dampfwalze unbeleuchtet stehen lassen, woran ein Fuhrwerk verunglückte (Frage: Verwaltungsakt?); es ergingen in diesem Falle zwei oberlandesgerichtliche und zwei reichsgerichtliche Urteile!

[3]) Eine rechtliche Notwendigkeit hierzu hätte aber in dem Gedankengange der früheren Rechtsprechung nicht bestanden. Denn wenn man jetzt derartige Ansprüche der Geschädigten als privatrechtliche im Sinne des BGB. erkennen mußte (was sie allerdings immer gewesen sind), so konnte immerhin im Hinblick auf das angebliche Vorliegen eines Verwaltungsaktes (der allerdings in Wirklichkeit nicht vorliegt) nach wie vor der Ausschluß des Rechtswegs angenommen und dies auf § 13 GVG. gestützt werden; § 4 EG. z. ZPO. hätte dem nicht entgegengestanden. Die Entwicklung zeigt, daß die Rechtsprechung tatsächlich die frühere Anschauung korrigiert hat.

Richtung kommt in Betracht, daß die Rechtsgüter: Leben, Körper, Gesundheit, ferner das Eigentum und ähnliche Rechte, wie § 823 BGB. ergibt, vom Standpunkte des BGB. aus (wie übrigens auch im früheren Rechte) Gegenstände des privatrechtlichen Schutzes sind. Es ist auch gleichgültig, daß die Gegenstände des öffentlichen Gutes für sich in Elſ.-Lothr. besonderen Rechtssätzen unterliegen (§ 44), und ob das Eigentum daran etwa als ein öffentlich-rechtliches aufgefaßt werden kann. Das Wesen des öffentlichen Gutes bleibt hier ganz unberührt. Die der öffenlichen Anstalt[1]) obliegende Verantwortlichkeit wurzelt auch nicht sowohl in ihrem Eigentume, als vielmehr in der Pflicht zur Unterhaltung der in den Verkehr gestellten Anlage, damit nicht Rechtsgüter, deren Verletzung einen privatrechtlichen Anspruch erzeugt, geschädigt werden. Diese Pflicht ist keine andere, wie die jedem Staatsbürger in solchen Dingen auferlegte: sie ist privatrechtlich, die erforderliche Unterhaltung der Anlage ist, in der französischen Rechtssprache ausgedrückt, ein acte de gestion (s. oben S. 130); das Schuldverhältnis, das aus der Schädigung eines Privaten erwächst, berührt nur dessen individuelle Rechtssphäre (vgl. hierwegen oben S. 133f.). Ein Vorbehalt, der Angelegenheiten dieser Art landesgesetzlicher Regelung überwiese, oder eine landesrechtliche Vorschrift, die sie auf Grund des § 13 GVG. dem ordentlichen Rechtsweg entzöge, besteht in Elſ.-Lothr. nicht, wäre auch in der Beschränkung auf Fiskus, Gemeinde und andere öffentlich-rechtliche Körperschaften nach § 4 EG. z. ZPO. nicht zulässig.[2]) Denn ganz außer Betracht bleiben muß hier, wo es sich um die Ausübung oder Nichtausübung einer privatrechtlichen Pflicht handelt, die Frage nach einem Verwaltungsakt. Um die Ausübung öffentlicher Gewalt handelt es sich überhaupt nicht. Öffentliches Landesrecht kann nur mittelbar in Betracht kommen: Falls nämlich eine reichs- oder landesrechtliche Vorschrift — wozu auch eine Polizeiver-

[1]) Das Wort „Anstalt" wird hier in einem weiteren, den zu den öffentlichen Anstalten im technischen Sinne nicht gehörenden Staat mit umfassenden Sinne gebraucht Vgl. S. 28.

[2]) Insbesondere ist nicht etwa die Zuständigkeit der Zivilgerichte ausgeschlossen durch Art. 4 Abs. 5 Ges. v. 28. Pluviose VIII (difficultés qui pourront s'élever en matière de grande voirie). Vgl. hierwegen Ges. v. 29. Floréal X Art. 14; v. 9. Ventôse XIII Art. 8; Dekr. v. 16. XII. 1811 Art. 108, und Leoni-Mandel I S. 122.

ordnung gehört — welche im Interesse des Schutzes des Publikums eine bestimmte Obsorge für das öffentliche Gut (z. B. eine Straße) anordnet, schuldhaft übertreten wird, ergibt sich die Schadensersatzpflicht aus § 823 Abs. 2 BGB. Die Verantwortlichkeit kann dem Eigentümer der Anlage (s. z. B. § 367 Nr. 12 StrGB.), wie etwa durch besondere Polizeiverordnung dritten Personen (z. B. den Straßanwohnern hinsichtlich des Bürgersteigs) auferlegt sein. Besteht ein besonderes Schutzgesetz solcher Art nicht, so tritt die Schadensersatzpflicht auf Grund der allgemeinen Vorschrift des § 823 Abs. 1 BGB. ein, wenn die Anlage (Straße od. dgl.), durch deren mangelhafte Instandhaltung der Schaden verursacht ist, dem öffentlichen Verkehr gewidmet und die nach den Anschauungen des Verkehrs erforderliche Sorgfalt für ihre Instandhaltung außer acht gelassen ist (§ 276 BGB.). Im einzelnen kommt folgendes in Betracht:

a) Wen — welche juristische Person des öffentlichen Rechtes — die Pflicht zur Instandhaltung trifft, bestimmt sich nach dem öffentlichen Landesrechte. Regelmäßig wird es die juristische Person sein, der das Eigentum an der Anlage oder die Herrschaft über sie zusteht. Liegt nach landesrechtlicher Vorschrift die Unterhaltungspflicht einer anderen juristischen Person des öffentlichen Rechtes als derjenigen ob, welcher das öffentliche Gut gehört, so trifft sie die Haftung. — Dabei ist noch zu beachten, ob der schadenbringende Zustand einer Anlage, z. B. einer Straße, wirklich auf eine Versäumnis der zur Instandhaltung verpflichteten Anstalt und nicht auf die Einwirkung einer anderen zurückzuführen ist. Vgl. z. B. den Fall in ElsLothrZ. Bd. 29 S. 11, wo die Militärverwaltung auf einer Straße Telegraphenstangen aufgestellt und deren Umstürzen nicht verhütet hatte.

b) Ob die erforderliche Sorgfalt außer acht gelassen ist, ist nach den Umständen des einzelnen Falles zu prüfen. Maßgebend ist, ob eine nach den Anschauungen des menschlichen Verkehrs vernünftiger- und billigerweise zu fordernde Sorgfalt versäumt ist. Im freien Felde kann nicht die gleiche Rücksicht auf den Verkehr verlangt werden, wie in den Straßen einer Stadt. Ebenso werden die Anschauungen über verkehrsichernde Vorkehrungen in einem Dorfe andere sein, wie in der Großstadt. Was hier nach allgemeiner Anschauung als notwendig gilt, kann vielleicht dort als entbehrliche Last und zu den Gepflogenheiten der Einwohner nicht passend empfunden werden, usw. Ferner ist auf Natur und Zweck der Anlage und die dadurch etwa gebotene eigene Vorsicht des Publikums Rücksicht zu nehmen.

In beiden Richtungen vgl. die eingehenden Ausführungen der Urteile des RG. in Entsch. Bd. 52 S. 373, Bd. 54 S. 53, Bd. 55 S. 24 ff., ferner J. W. 1902 S. 149 Nr. 93, S. 548 Nr. 21, Beil. S. 231 Nr. 99, 1903 S. 187 Nr. 49, 1903 Beil. S. 9 Nr. 20, 1905 S. 199; über die privatrechtliche Natur der Erfüllung der Wegebaupflicht, auch wenn sie auf Normen des öffentlichen Rechtes beruht, RG. in J. W. 1904 S. 353. Vgl. auch Brückner in „Recht" 1905 S. 354.

Aus der reichen Kasuistik mögen noch hervorgehoben werden:

RG. VII vom 30. Januar 1905, wo eine Gemeinde für Schaden aus mangelhafter Instandhaltung eines öffentlichen Weges auch dann haftbar erklärt ist (§ 823 Abs. 1 BGB.), wenn Grund und Boden des Weges nicht der Gemeinde gehört; es genügt, daß die Gemeinde auf Grund einer Wegservitut den öffentlichen Weg eingerichtet hat. Zeitschrift für Rechtspflege in Bayern I (1905) S. 203.

RG. VI vom 16. März 1905: Haftung einer Stadtgemeinde für Schaden, der infolge Fällens von Bäumen auf der nicht genügend gesicherten städtischen Straße eintrat (§ 823 Abs. 1, § 31 BGB.). J. W. 1905 S. 284 Nr. 8.

RG. VI vom 6. April 1905: Keine besondere Schutzvorrichtung bei Anlagen, die ihrer Zweckbestimmung nach solche nicht gestatten (Kanalschleuse); aber es fragt sich, ob ein allgemeiner Zugang zu solcher (gefährlichen) Anlage eröffnet war und werden durfte. J. W. 1905 S. 340.

RG. VI vom 22. Januar 1906 (Begriff des „Abhangs" und der Eröffnung des Verkehrs) J. W. 1906 S. 137.

RG. VI vom 15. Februar 1906 und vom 1. Oktober 1906 (begrenzte Beleuchtungspflicht einer Dorfgemeinde), J. W. 1906 S. 194, 746; — einer Mittelstadt: RG. VI vom 3. Mai 1906, ebenda S. 378.

RG. VI vom 2. Juli 1906 (ausreichende Überwachung bei umfänglichen Kanalisationsarbeiten), ebenda 1906 S. 540.

RG. VI vom 17. September 1906 (Streupflicht auf dem Straßendamm bei Glatteis? frühmorgens?), J. W. 1906 S. 689.

RG. VI vom 4. Oktober 1906 für Preußen (bei Auferlegung der Streupflicht auf die Straßenanlieger durch Polizeiverordnung gebührt die Aufsichtspflicht über die Ausführung nicht der Gemeinde, sondern der Ortspolizei). Entschuldbarer Irrtum über die Gültigkeit einer solchen Polizeiverordnung befreit die Gemeinde, J. W. 1906 S. 711. Wegen entschuldbarer Unkenntnis der Streupflicht vgl. auch J. W. 1907 S. 251.

RG. VI vom 25. Januar 1909 (Streupflicht einer Stadtgemeinde auf Grund Polizeiverordnung als „Anlieger"), J. W. 1909 S. 135.

5. Das Verschulden, das die öffentliche Anstalt in den Fällen der Bemerkung 4 haftpflichtig macht, kann von einem verfassungsmäßigen oder besonders bestellten Vertreter, einem Organe (§§ 31, 89 BGB.), unmittelbar durch Außerachtlassung der ihm obliegenden Überwachungspflicht begangen sein; dann haftet die Anstalt ohne weiteres. Es kann aber auch bloß präsumiertes Verschulden vorliegen, derart, daß von einem Organe der öffentlichen Anstalt ein Bediensteter zu einer Verrichtung bestellt ist, der seinerseits in Ausführung der Verrichtung widerrechtlich handelt; in diesem Falle steht der öffentlichen Anstalt der Entschuldigungsbeweis nach § 831 BGB. offen.[1]) Es ist jedoch zu beachten, daß die Pflicht zu der erforderlichen Sorgfalt der öffentlichen Anstalt d. h. ihren verfassungsmäßig berufenen Vertretern selbst obliegt, wenn diese sich auch nach der Natur der Verrichtungen mit Recht der Tätigkeit eines Bediensteten bedienen können. Der Entschuldigungsgrund des § 831 BGB., daß culpa in eligendo nicht vorliege, befreit daher die öffentliche Anstalt hier nicht ohne weiteres von der Haftung; es ist vielmehr hierzu noch erforderlich, daß nach den Verhältnissen des Falles, insbesondere nach den von dem berufenen Vertreter der Anstalt getroffenen Anordnungen sich dieser mit Recht darauf verlassen konnte und durfte, daß der angestellte Bedienstete die nötige Achtsamkeit entfalte, und daß der Vertreter selbst es nicht an der nötigen Kontrolle und Überwachung hat fehlen lassen. Vgl. Entscheidung des RG. vom 20. März 1902, Juristenzeitung VII S. 321, vom 15. Mai 1904, Juristenzeitung IX S. 864 Nr. 74 a. E.

[1]) Vgl. wegen der Unterscheidung oben S. 139.

Begründet der festgestellte Sachverhalt die Annahme, daß die verfassungsmäßig mit der Beaufsichtigung und Unterhaltung der Anlage betrauten Organe der öffentlichen Anstalt Kenntnis von dem mangelhaften Zustande der Anlage gehabt haben oder hätten haben müssen, so ist es nicht notwendig, daß von dem Geschädigten ein bestimmtes Organ, das schuldhaft gehandelt hat, bezeichnet wird; so die ständige Rechtsprechung des Reichsgerichts [1]) (vgl. J. W. 1902 S. 548 Nr. 21, 1903 Beil. S. 65, 1904 S. 88 Nr. 5). Wegen des Begriffs „verfassungsmäßiger Vertreter" im Gegensatze zu dem zu einer Verrichtung Bestellten (einem Bediensteten) vgl. RG. in Entsch. Bd. 53 S. 276, Bd. 55 S. 229, J. W. 1903 Beil. Nr. 131, auch oben S. 139.

6. Aus dem vorstehend Erörterten ergibt sich, daß in den Fällen der Bem. 4, 5 der Rechtsgrund für die Schadensersatzpflicht der öffentlichen Anstalt die vernachlässigte Unterhaltungs- oder Überwachungspflicht ist. Das ist wichtig für die Frage, gegen welche Anstalt der Anspruch zu richten ist. Dies ist immer diejenige, der die Herrschaft, insbesondere die Überwachungs- und Instandhaltungspflicht hinsichtlich des betreffenden öffentlichen Gutes obliegt. [2]) Nur *sie* haftet privatrechtlich. Konkurriert mit der Unterhaltungspflicht der öffentlichen Anstalt eine allgemeine *öffentliche Aufsichtspflicht*, also insbesondere diejenige einer Polizeibehörde, so entzieht sich der Vorwurf, daß *diese* eine zur Verhütung des Schadens gebotene Vorsichtsmaßregel versäumt habe, der Beurteilung durch die Zivilgerichte; denn hier handelt es sich nicht um ein (privatrechtliches) Verschulden der Anstalt, die die Anlage in den Dienst des Verkehrs gestellt und dementsprechend die Pflicht der durch § 823 BGB. erforderten Sorgfalt hat, sondern um einen Ver-

---

[1]) Hierin kommt besonders der Unterschied gegenüber der oben (S. 142) erwähnten Rechtsprechung des früheren Rechts zum Ausdruck, die zwar den Art. 1384 Code civil in solchen Fällen unter Umständen anwendete, nicht aber den Art. 1382 Code civil gegen „den Staat selbst".

[2]) Mit Recht daher die (klageabweisende) Entsch. des OLG. Colmar und des RG. in J. W. 1901 S. 471 und in JZeitschr. für Elſ.-Lothr. Bd. 28 S. 138 ff. (dazu RG. Ziv. VI in Entsch. Bd. 52 S. 369). Es handelte sich um Ertrinkungstod in der Saar bei deren Benutzung als Pferdeschwemme. Einerseits hatte der Staat nicht den Fluß zu solcher Benutzung dem Verkehr gewidmet, worauf in der Begründung der ersten Entscheidung wohl zu wenig Gewicht gelegt ist; andrerseits ist es nicht *privatrechtliche* Aufgabe der Gemeindeverwaltung, für die Sicherheit bei Benutzung schiffbarer Flüsse zu sorgen.

waltungsakt einer die hoheitsrechtlichen Aufgaben des Staates wahrnehmenden Behörde. Unrichtig wäre es daher, wenn der Schaden auf die Vernachlässigung eines Gemeindewegs zurückzuführen ist, den Anspruch darauf zu stützen, daß der Bürgermeister als Ortspolizeibehörde die geeigneten Maßnahmen unterlassen habe; maßgebend wäre hier vielmehr, daß die Gemeinde bzw. deren Organe den Weg schuldhafterweise in sicherheitsgefährdendem Zustande belassen haben. Vgl. RG. Ziv. VI vom 27. Oktober 1902, Bd. 52 S. 369 (insbesondere S. 372).[1] Andererseits wird die Angelegenheit ihrer zivilrechtlichen Natur nicht dadurch entkleidet und der Rechtsweg nicht dadurch unzulässig, daß das säumige Organ der öffentlichen Anstalt gleichzeitig (wie der Bürgermeister) öffentlicher Beamter mit Polizeibefugnissen ist und vielleicht auch diese mißbräuchlich angewendet oder anzuwenden unterlassen hat. Diese Seite der Sache bleibt bei dem Gericht ununtersucht. Wohl aber kann die zivilrechtliche Haftung eines Beamten und des Staates nach § 40 BGB. in Frage kommen, wenn der zur Ausübung öffentlicher Gewalt berufene Beamte sich hierbei persönlich eine zum Schadensersatz verpflichtende Handlung oder Unterlassung hat zuschulden kommen lassen (vgl. in dieser Beziehung auch Urteil des OLG. Köln vom 4. April 1906, Rh. Arch. 103 S. 45).

Eine Gemeinde wird von der Haftung für Beschädigungen, die auf Vernachlässigung einer Gemeindestraße beruhen, nicht schon deshalb frei, weil die staatliche Polizeibehörde die Straße dem freien Verkehr überlassen und nicht abgesperrt hat. Vgl. OLG. Karlsruhe 20. XII. 1902 (Bad. Rechtspraxis 1904 S. 245).

7. Selbstverständlich finden auf die Haftung des Staates usw. in den Fällen der Bem. 4, 5 nicht nur die allgemeinen Vorschriften des § 823 BGB. Anwendung, sondern, da es sich um reines Privatrecht handelt, ebenso alle anderen Vorschriften des BGB., die sich auf die Schadensersatzpflicht beziehen. So z. B. § 836 (vgl. z. B. RG. Bd. 52 S. 873); insbesondere auch § 254 (Einfluß des mitwirkenden eigenen

[1] Wegen der Passivlegitimation in dem Falle, wenn der Unfall durch mangelhafte Instandhaltung einer Straße geschieht, die zu einem Kreisstraßenverbande (vgl. Zentr.- u. Bez.-Amtsbl. S. 1894 S. 113) gehört, vgl. das Urteil des OLG. Colmar vom 9. Dezember 1904 i. S. Zettwuch gegen Vizinalstraßenverband des Kreises Hagenau (ElsLothrZ. Bd. 30 S. 359 und dazu eine frühere Entsch. Bd. 21 S. 529).

Verschuldens des Beschädigten, vgl. u. a. RG. Ziv. VI v. 30. I. 1905, J. W. 1905 S. 199 Nr. 1).

Zu **II. Schadenshandlungen bei Ausübung öffentlicher Gewalt.**

Hier bestehen in einigen Beziehungen Sondervorschriften, so reichsgesetzlich: § 12 Grdb.-Ord. (unmittelbare Haftung des Staates für Pflichtverletzungen des Grundbuchrichters — wozu landesgesetzlich durch § 8 AG. z. GO. ein beschränktes Regreßrecht des Staates gegenüber dem Beamten geregelt ist —), ferner die Gesetze vom 20. Mai 1898, betr. die Entschädigung der im Wiederaufnahmeverfahren freigesprochenen Personen, und vom 14. Juli 1904, betr. die Entschädigung für unschuldig erlittene Untersuchungshaft; weitere etwa in Betracht kommende Reichsgesetze s. in Bem. 3 zu § 40.

landesgesetzlich: die §§ 112, 115 AG. z. BGB. (Haftung für Pflichtverletzungen des Grundbuchrichters im Zwischenrecht); die §§ 4 ff., 11, 15 des Hinterlegungsgesetzes vom 1. November 1899. Dagegen hat sich das BGB. einer allgemeinen Regelung der Haftung des Staates usw. für Schadenshandlungen der Beamten bei Ausübung öffentlicher Gewalt enthalten. Diese Regelung ist getroffen im § 40 AG. Vgl. des näheren die Ausführungen dort.

C. Enteignung und öffentliche Arbeiten. — Polizeischäden.

Ganz verschieden von den unter B I (S. 138) und B II behandelten Haftungsfällen, aber von ihnen sowie unter sich in Literatur und Rechtsprechung oft nicht genügend auseinandergehalten [1]) ist

[1]) Vgl. hierwegen und wegen der beiden im folgenden behandelten Fragen überhaupt Molitor im Arch. für öff. R. 20 S 265 ff., insbes. 269 ff. Ferner die dort angef. Literatur: O. Mayer, Theorie des franz. Verwaltungsrechts S. 345, Deutsches Verwaltungsrecht II. Bd. S. 345, Vortrag: Die Entsch.-Pfl. des Staates nach Billigkeitsrecht (Gehestiftung 1904), Anschütz im Verwaltungsarchiv 1897 S. 1, Stengel in Hirths Annalen 1901 S. 481 und die dort angeführte weitere Literatur. Ferner, mit besonderer Beziehung auf das Recht der Anlieger an öffentl. Straßen, Ubbelohde in Glücks Komment. Serie 43 u. 44 IV. Teil I. S. 16 ff., Bering in Gruchots Beitr. Bd. 44 S. 394, Küster ebenda Bd. 48 S. 745, Köhne im Arch. f. öffentl. Recht Bd. 13 S. 545, v. Blume in

I. die Frage der Haftung für die Schadensfolgen solcher gesetzlich zulässiger Eingriffe in Privatgut, die behufs Veranstaltung oder in der Ausnutzung gemeinnütziger Unternehmungen das Eigentum oder ein anderes Recht entziehen oder beeinträchtigen (Enteignungsfälle im weiteren Sinne);

II. die Frage der Haftung für solche Nachteile, die ihre Ursache in gesetzlichen oder polizeilichen Anordnungen haben, welche im Interesse der öffentlichen Ordnung, der allgemeinen Sicherheit oder Gesundheit, das Eigentum oder die freie Verfügung über das Eigentum oder sonstige Rechte oder Rechtsgüter beschränken (allgemeine Wohlfahrtsmaßnahmen).

Beide Fragen sind sowohl für den de lege ferenda maßgebenden Gesichtspunkt, ob und inwieweit eine Entschädigungspflicht des Staates zu begründen ist, wie für die praktische Rechtsanwendung auseinander zu halten. Allein sie haben ohne Zweifel gewisse Berührungspunkte, vor allem das öffentliche Interesse, von dem aus die Eingriffe gestattet sind. In beiden Fällen erfolgt der Eingriff kraft öffentlichen Rechtes; aber im ersten Falle löst der Eingriff durchweg einen Schadensersatzanspruch aus, der seinerseits privatrechtlich ist.[1]) Im zweiten Falle besteht ein Schadensersatzanspruch nur in bestimmten Fällen; hier wiegt bei der Betrachtung das öffentliche Recht vor. Soweit besondere Gesetzesvorschriften den Eingriff und die Entschädigungsfrage regeln, ist die Unterscheidung auch von minderem Belang; sie wird aber bedeutsam, wo es sich um unvorhergesehene oder wenigstens als solche nicht geregelte Eingriffe von Enteignungscharakter einerseits oder polizeilicher Natur andererseits handelt (vgl. S. 156 f., 159 f.).

In den Fällen der einen wie der andern Gattung, in denen nach den besonderen Gesetzen des Reichsrechts Entschädigung gewährt wird, finden, soweit es sich um die Entziehung, Beschädigung oder Benutzung einer Sache handelt, zugunsten von Dritten, denen ein Recht an der Sache zusteht, die Art. 52, 53

Festgabe der Königsberger Juristenfakultät 1900 S. 101. Dazu noch die Literatur über Vorteilsausgleichung (Örtmann S. 169, Fleiner in Baseler Festschr. 1904 S. 92, Stintzing Vorteilsanrechnung S. 82). — Neuerdings auch Perlmann in Grünhuts Zeitschrift für das Privat- und öffentliche Recht der Gegenwart Bd. 34 S. 57 ff.

[1]) Vgl. Molitor a. a. O. S. 272 f.

EG. z. BGB. Anwendung. Dasselbe gilt zufolge Art. 67 EG. und mangels einer entgegenstehenden Vorschrift des Landesrechts von der Entschädigung in den Fällen der §§ 127 ff. des elf.-lothr. Berggesetzes (unten I i).

Soweit nach allgemeinem els.-lothr. Enteignungsrechte Entschädigung zu zahlen ist, desgleichen in den Fällen, in denen nach den besonderen Landesgesetzen der einen wie der anderen Gattung die Entschädigung nach den Vorschriften des Enteignungsgesetzes vom 3. Mai 1841 gewährt wird, ist die Entschädigung, wenn Rechte Dritter an ihr bestehen, zu hinterlegen und unter die Berechtigten zu verteilen (Ges. v. 3. Mai 1841 Art. 54, 59); das Verteilungsverfahren bestimmt sich gemäß § 32 AG. z. ZwVG. nach den Vorschriften dieses Gesetzes über die Verteilung des Erlöses einer Zwangsversteigerung in Verb. mit § 1 AG. dazu. — Vgl. auch Unschädlichkeitsgesetz § 8.

In den Fällen der els.-lothr. Sondergesetze der einen wie der anderen Gattung, in denen die Entschädigung nicht gemäß den Vorschriften des Enteignungsgesetzes festgestellt wird, geschieht die Feststellung zum Teil durch den Bezirkspräsidenten, zum Teil durch den Bezirksrat, zum Teil im ordentlichen Rechtsweg, zum Teil (namentlich in neueren Gesetzen) durch eine Verwaltungsbehörde mit Vorbehalt des Rechtswegs.[1])

Zu I. Enteignung. Öffentliche Arbeiten.

Für Enteignungsschäden wird regelmäßig Entschädigung geleistet.

Für gewisse Fälle bestehen reichsgesetzliche Vorschriften, so insbesondere Ges. über die Kriegsleistungen v. 13. Juni 1873 (auf Elf.-Lothr. ausgedehnt 6. Oktober 1873), Ges. über die Naturalleistungen der bewaffneten Macht im Frieden, v. 13. Februar 1875 i. d. Fass. d. Bek. v. 24. Mai 1898, Telegraphenwegegesetz v. 18. Dezember 1899.

Im allgemeinen aber ist die Regelung dem Landesrecht vorbehalten (EG. z. BGB. Art. 109).

1. Das els.-lothr. Landesrecht enthält über die Zulässigkeit des Eingriffs, die Frage der Entschädigung und die Entscheidung

[1]) Der im Jahre 1904 dem L.A. vorgelegte Entw. eines Enteign.-Ges. hielt die Sondergesetze, jedoch für die Entschädigung mit allgemeiner Zulassung des ordentl. Rechtswegs nach vorausgegangener Entscheidung der Verwaltungsbehörde, aufrecht (§§ 103, 104).

hierüber eine Anzahl von Sondervorschriften, deren fortdauernde Geltung übrigens zum Teil außer dem vorerwähnten Art. 109 in besonderen Vorbehalten des EG. z. BGB. beruht (vgl. Art. 65, 67, 69, 113).

Hierher gehören:

a) Art. 4 des arrêt du conseil d'État vom 3. Mai 1720, betr. die Breite und die Bepflanzung der Straßen, in Verbindung mit Art. 21 des Ges. v. 21. Mai 1836 über die Vizinalstraßen, wonach die Eigentümer verpflichtet sind, zu dulden, daß der Aushub der Gräben auf ihre Grundstücke geworfen wird (vgl. auch das Rundschreiben des Ministers des Innern v. 21. Juli 1854 Art. 325).[1]

b) Die Verordn. v. 7. Sept. 1755, das Ges. v. 28. Juli 1791 Titel I Art. 2, das Ges. v. 6. Okt. 1791 Titel I Abschn. 6 Art. I, das Ges. v. 16. Sept. 1807 Art. 55—57, das Ges. v. 21. Mai 1836 über die Vizinalwege Art. 17, das Ges. v. 15. Juli 1845 über die Eisenbahn-Polizei Art. 3, und das Dekr. v. 8. Febr. 1868, welche über die Besitzergreifung von Grundstücken und die Entnahme von Materialien aus denselben für öffentliche Arbeiten Bestimmung treffen. Dem Eigentümer steht der Anspruch auf Entschädigung zu.

c) Art. 40 des Ges. v. 6. Frimaire VII, welcher die Benutzung von Grundstücken bei Überschwemmungen, Rutschungen, Eisgang usw. zur vorübergehenden Anlage eines Weges od. dgl. gegen Entschädigung gestattet.[2])

d) Das Gesetz, betr. die Austrocknung der Sümpfe, vom 16. September 1807, das eine Anzahl von Sonderfällen

---

[1]) In diesen Fällen wird Entschädigung nicht gewährt. Das franz. Recht faßt die Beschränkung als dauernd mit dem Nachbareigentum verbundene, durch dessen Lage, nicht durch freie Tat der Verwaltung begründete, servitutenartige Beeinträchtigung auf. Vgl. des näheren O. Mayer, franz. Verw.-R. S. 261 ff. Es wird an dem Ausschluß der Entschädigung, obwohl eine ausdrückliche Vorschrift nicht besteht, auch durch § 40a AG. nichts geändert; der Gedanke des alten Rechtes, an dem übrigens § 40a überhaupt nichts ändern wollte, ist auch in den ausdrücklichen Vorschriften der §§ 18, 19 des Wassergesetzes vom 2. Juli 1891 über den Leinpfad zum Ausdruck gekommen.

[2]) § 39 desselb. Ges. betrifft die dauernde Inanspruchnahme von Grundstücken zur Änderung von Anlagen aus Anlaß der oben bezeichneten Ereignisse. Die Enteignung richtet sich jetzt nach dem Gesetze vom 3. Mai 1841, unten 2a.

der Enteignung enthält, in denen aber zum Teil das Verfahren jetzt nach dem allgemeinen Enteignungsgesetz (unten 2) vor sich geht.

e) Art. 7, 9, 10 des Ges. v. 14. Juli 1856, welche die Vornahme von Arbeiten behufs Erhaltung, Leitung und Betrieb von Mineralquellen auf fremdem Grund und Boden gegen Entschädigung gestatten.

f) Die Ges. vom 28. Juli 1860, betr. die Nutzbarmachung der den Gemeinden gehörigen Sümpfe und Ödungen, u. betr. die Wiederbewaldung der Berge, sowie das Ges. v. 8. Juni 1864, betr. die Berasung der Berge, zur Ergänzung des Ges. v. 28. Juli 1860 über die Wiederbewaldung der Berge.

g) Das Gesetz vom 2. Februar 1872, betr. die Kriegergrabstätten in Elsaß-Lothringen.

h) Das Gesetz vom 21. November 1875, betreffend die Errichtung von Marksteinen.

i) Die §§ 6 ff., 127 ff. des Berggeś. für Elsaß-Lothringen v. 16. Dezember 1873.

k) Die §§ 4, 5 des Ges. betr. die Fischerei, v. 2. Juli 1891.

l) Die §§ 5, 6 11 ff., 17, 18 f., 29, 41 des Ges., betr. Wasserbenutzung und Wasserschutz, v. 2. Juli 1891. Vgl. auch die §§ 20, 24 dess. Ges., nach denen im Falle der Zwangsenteignung für Bewässerungs- und Entwässerungsunternehmen sowie bei Zwangsenteignung im Interesse von Flußbauverbänden das Verfahren behufs Festsetzung der Entschädigung sich nach den allgemeinen Vorschriften des Gesetzes vom 3. Mai 1841 richtet, jedoch das Gericht in der Zusammensetzung des Art. 16 Ges. über die Vizinalwege v. 21. Mai 1836 entscheidet.

m) Das Gesetz, betr. die autorisierten Genossenschaften zum Zwecke der Regelung von Feldwegen sowie der Herstellung von Bewässerungen und Entwässerungen, v. 30. Juli 1890, und das Gesetz, betr. die Abtretung von Grundeigentum zu Meliorationszwecken, v. 30. Juli 1907.

n) Es gehören hierher sodann die Abgrenzungsakte (arrêtés de délimitation), mittels welcher die Grenzen von öffentlichem Gute, insbesondere von Wegen und schiffbaren Flüssen, durch die Verwaltungsbehörde festgestellt werden (zu vgl. Dekret v. 22. Dez. 1789, 3. Abt. Art. 2

Nr. 5; Art. 15 des Ges. über die Vizinalwege vom 21. Mai 1836, und namentlich die Begründung zu § 87 des im Jahre 1904 dem Landesausschusse vorgelegten Entwurfs eines Enteignungsgesetzes). Der innerhalb der festgestellten Grenzen liegende Grund und Boden fällt durch die Feststellung dem öffentlichen Gute zu; insofern kann die Feststellung eine wirkliche Enteignung bewirken. Die Entschädigung wird solchenfalls, soweit der Sonderfall d. Ges. v. 21. Mai 1836 vorliegt, durch den Amtsrichter nach dem Gutachten von Sachverständigen, im übrigen im Streitfalle durch die ordentlichen Gerichte festgesetzt. Der Anspruch auf Entschädigung wurde — außerhalb des Falles des Ges. von 1836, das ihn ausdrücklich begründet — auf Art. 545 Cc. gestützt. Trotz der Aufhebung dieses Art. besteht der Anspruch weiter, da der allgemeine Grundsatz der Entschädigungspflicht bei Eingriffen in das Privateigentum in dem Gesetz über die Zwangsenteignung und in dem neuen § 40a AG. z. BGB. hinreichend zum Ausdrucke gekommen ist. Der Entwurf eines Enteignungsgesetzes hatte die Entschädigungspflicht ausdrücklich ausgesprochen und allgemein den ordentlichen Rechtsweg vorgesehen (§ 87).

o) Vgl. schließlich die einen Entschädigungsanspruch ausschließende Vorschrift des § 41 AG. z. BGB.

2. Die allgemeinen Normen über Zwangsenteignung und öffentliche Arbeiten bewegen sich in verschiedenen Richtungen. Entschädigung wird allgemein gewährt; das Verfahren, insbesondere auch bei der Festsetzung der Entschädigung ist verschieden.

Zu unterscheiden sind:

a) die förmliche Enteignung (Ges. v. 3. Mai 1841 und Novelle v. 20. Juni 1887). Diese findet nur statt bei Entziehung von Grundeigentum und bei der Entziehung gewisser Rechte, mit denen der Besitz eines Grundstücks verbunden ist, und die deshalb als der „dépossession" des Eigentümers gleichwertig angesehen wird. Zu vgl. die Begr. zu dem Entw. eines Enteignungsges. S. 30f. (Verh. des L. A. 1904 I Nr. 2) und I zu § 40a. — Die Entschädigung wird durch ein Geschworenengericht festgesetzt.

Für einzelne Fälle bestehen Besonderheiten, nämlich:

für dringliche Festungsbauten hinsichtlich des Enteignungsverfahrens (nicht hinsichtlich der Entschädigung), Ges. v. 30. März 1831; für die Anlage von Vizinalwegen, Art. 16 Ges. v. 21. Mai 1836; für Zwangsenteignungen ermächtigter Genossenschaften, Art. 18 Ges. v. 21. Juni 1865 und — wie bereits oben (S. 153 Ziff. 1) hervorgehoben ist — für die Enteignung zur Ausführung von Entwässerungs- oder Bewässerungsanlagen und auf Anstehen von Flußbauverbänden. In diesen Fällen wird die Entschädigung durch ein sogenanntes kleines Geschworenengericht festgestellt.

Voraussetzung der Enteignung ist immer die Gemeinnützigkeit des Unternehmens. Die Erklärung der Gemeinnützigkeit und die Ermächtigung zur Ausführung der Arbeiten erfolgt, wenn es sich um größere Unternehmen des Landes oder von Privatgesellschaften handelt (Straßen, Kanäle u. dgl.), nach dem Ges. v. 27. Juli 1870, dessen Gültigkeit in Elsaß-Lothringen jedoch umstritten ist — vgl. die Bem. in der Möllerschen Samml. 1. Aufl. II. Bd. —, durch Gesetz; wenn es sich um ein Unternehmen von geringerer Bedeutung oder um das Unternehmen eines Bezirks oder einer Gemeinde handelt, durch landesherrliche Verordnung (zu vgl. außer dem zitierten Ges. v. 1870 das Ges. v. 3. Mai 1841 Art. 2, 3, den diesen Art. 3 abändernden Art. 4 des Senatsbeschlusses vom 25. Dezember 1852 und die Kaiserliche Verordnung vom 23. November 1907, betreffend die Übertragung landesherrlicher Befugnisse auf den Statthalter in Elsaß-Lothringen). Bei Unternehmungen des Reichs ist in allen Fällen eine Kaiserliche Verordnung[1]) genügend (zu vgl. die Entsch. d. ROHG. v. 25. Februar 1876, Puchelts Zeitschr. für franz. Zivilrecht Bd. VII S. 680). Wo das Ges. v. 27. Juli 1870 nicht gilt, erfolgt die Erklärung der Gemeinnützigkeit allgemein durch landesherrliche Verordnung — unbeschadet der Notwendigkeit gesetzlicher Bewilligung der Mittel —. Dem Gesetz oder der Verordnung

[1]) Diese wird nach ständiger Praxis, wenn es sich um Arbeiten der Reichseisenbahnverwaltung handelt, nicht vom Statthalter, sondern vom Reichskanzler gegengezeichnet. Zu vgl. hierwegen Leoni u. Mandel I S. 89 Anm. 2, die Begr. des Enteign.-Entw. zu § 86 und die Verh. des L. A. 1904 II. S. 681 ff., 1096 ff., 1204 ff. Anders bei der Militärverwaltung.

geht ein Vorverfahren voraus, in welchem der öffentliche Nutzen des Unternehmens festgestellt wird uud Bemerkungen hinsichtlich desselben entgegengenommen und geprüft werden (vgl. Art. 3 des Ges. v. 3. Mai 1841 und die Ordonnanzen vom 18. Februar 1834 und vom 23. August 1835). Zwar ist das Erfordernis eines Vorverfahrens in dem in dieser Beziehung in Betracht kommenden Art. 4 des Senatsbeschlusses vom 25. Dezember 1852 nicht (wie im Art. 3 d. Ges. v. 3. Mai 1841 und in dem späteren Ges. v. 27. Juli 1870) ausdrücklich ausgesprochen; nichtsdestoweniger ist das Erfordernis selbst, soweit es sich nicht etwa bloß um Arbeiten akzessorischer Natur handelt, allgemein anerkannt (zu vgl. Dalloz, Rép. v. travaux publics Nr. 332, Batbie, VII. Bd. Nr. 36, Perriquet, I. Bd. Nr. 39 f.). Arbeiten, welche die Anlegung oder Geraderichtung von Vizinalwegen bezwecken, werden durch Beschluß des Bezirkspräsidenten genehmigt. Auch dieser Beschlußfassung hat das in den gewöhnlichen Fällen der landesherrlichen Verordnung vorgängige Vorverfahren vorauszugehen (vgl. De Lalleau, Traité de l'expropriation, 8. Aufl. Bd. II Nr. 1069).

b) Ohne förmliches Enteignungsverfahren können durch Anordnung der zuständigen Behörde das Eigentum und andere Rechte beschränkt oder solche andere Rechte entzogen werden zugunsten eines dem öffentlichen Nutzen dienenden Unternehmens (einer „öffentlichen Arbeit" i. S. des öff. Landesrechts).[1])

c) Außer den gewollten, ausdrücklich angeordneten und dementsprechend plangemäß durchgeführten Beschränkungen hat die Veranstaltung oder der Betrieb eines gemeinnützigen Unternehmens häufig die Beeinträchtigung von Privateigentum oder sonstigen Privatrechten in anderer (zufälliger) Weise zur Folge.

Soweit besondere Vorschriften nicht Platz greifen, besteht einerseits als Ausfluß der privilegierten Stellung der als gemein-

[1]) Der Entw. eines Enteignungsgesetzes fügte die bloße Beschränkung des Eigentums und die Entziehung und Beschränkung von Rechten in den Rahmen des förmlichen Enteignungsverfahrens ein, indem er sie grundsätzlich den gleichen Vorschriften wie die Eigentumsentziehung unterstellte (§§ 10, 21), zum Teil aber, soweit es sich nämlich um nur vorübergehende Beschränkungen geringfügiger Art handelte, vereinfachte Formen zuließ (§ 88); zu vgl. hierzu insbes. die allgemeine Begründung des Entwurfs in Verh. d. L. A. 1904 I. Nr. 2 S. 30 f.

nützig anerkannten Arbeiten die Duldungspflicht des von dem Eingriffe Betroffenen (vgl. § 1004 Abs. 2 BGB.), andererseits als Korrelat hierzu die Schadensersatzpflicht des Staates ꝛc. ꝛc. ohne das Erfordernis eines Verschuldens. Der Grundsatz der Schadensersatzpflicht, deren Art und Begrenzung fand im französischen Rechte seine Ausbildung und Entwickelung in der Lehre von den travaux publics. Jetzt ist die Entschädigungsfrage für die Fälle unter b und c im § 40a AG. ausdrücklich geregelt. Vgl. das Nähere dort.

Zu **II. Polizeischäden.**

Während mit den unter I besprochenen Eigentumsentziehungen und Beeinträchtigungen im öffentlichen Interesse durch Inanspruchnahme von Privatgut ein adäquater Nutzen (nach Art einer Vermögensbereicherung) der Allgemeinheit erreicht wird, eine Ausgleichnng der beiderseitigen Rechtssphären durch Entschädigung, wenigstens im allgemeinen, daher ein Gebot der Gerechtigkeit ist, verhält es sich anders bei den Nachteilen, die durch gesetzliche oder polizeiliche Anordnungen im Interesse der öffentlichen Ordnung (der allgemeinen Sicherheit oder Gesundheit oder des Verkehrs) den einzelnen auferlegt werden.

1. Erfolgt eine solche Anordnung unmittelbar durch Gesetz oder durch die Behörde auf Grund einer besonderen gesetzlichen Vorschrift, so wird der Gesetzgeber bei Erlaß des Gesetzes prüfen, ob Art, Umfang und Folgen des Eingriffs eine Entschädigungspflicht des Staates rechtfertigen. Tatsächlich ist in einer Reihe von Gesetzen dieser Art neben der Begründung oder Zulässigerklärung des staatspolizeilichen Eingriffs ein entsprechender Entschädigungsanspruch begründet. Hierher gehören:

a) Die folgenden Reichsgesetze:

Ges. gegen die Rinderpest v. 7. April 1869 (ausgedehnt auf ElsLothr. 11. Dezember 1871),

Ges., betr. die Beschränkung des Grundeigentums in der Umgebung von Festungen, v. 21. Dezember 1871 (ausgeb. auf Els.-Lothr. 21. Februar 1872),

Viehseuchengesetz v. 23. Juni 1880 i. d. Fass. der Bek. v. 1. Mai 1894,

Patentgesetz v. 7. April 1891 § 5 Abs. 2,

Gewerbeordnung (ausgeb. auf ElsLothr. 27. Februar 1888) § 51,

Ges. betr. die Bekämpfung gemeingefährlicher Krankheiten, v. 30. Juni 1900,

Reblausgesetz v. 6. Juli 1904.

In allen diesen Fällen wird Entschädigung gewährt.

b) Die folgenden Landesgesetze:

Dekr. v. 7. März 1808, wonach innerhalb einer gewissen Nähe von Kirchhöfen Wohnstätten nicht errichtet, vorhandene ohne Ermächtigung nicht vergrößert oder wiederhergestellt, Brunnen nicht gegraben werden dürfen und vorhandene Brunnen auf Anordnung der Verwaltungsbehörde zugeschüttet werden können; Entschädigung wird nicht geleistet (vgl. S. 152 Anm. 1)

Art. 5ff. des Ges. v. 15. Juli 1845 über die Eisenbahn-Polizei, wonach innerhalb gewisser Nähe von Bahnanlagen Bauten, Anpflanzungen und gewisse andere Anlagen nicht errichtet werden dürfen und bestehende Anlagen im Interesse der öffentlichen Sicherheit oder der Erhaltung der Eisenbahn gegen Entschädigung beseitigt werden können,

Ges. v. 13. April 1850, betr. die Verbesserung der Gesundheitsverhältnisse ungesunder Wohnungen; im Art. 13 dieses Gesetzes ist der Erwerb ungesunder Besitzungen seitens der Gemeinde im Wege der Enteignung vorgesehen;

Ges. v. 22. Juni 1854, wodurch gewisse Anlagen in bestimmter Nähe von militärischen Pulvermagazinen untersagt sind, und die Beseitigung von hölzernen Einfriedigungen, Baumanpflanzungen, Niederlagen von brennbaren oder anderen Stoffen, welche innerhalb einer gewissen Nähe militärischer Pulvermagazine angelegt sind, gegen Entschädigung zugelassen wird. (In Ansehung von Gebäuden und größeren Anlagen wird hier im Wege der Enteignung vorgegangen).

Hierher gehört ferner die Befugnis der Polizeibehörde, die Niederreißung baufälliger Häuser an öffentlichen Straßen anzuordnen, ev. sie auf Kosten der Eigentümer niederzureißen, die auf den kgl. Verordnungen v. 18. Juli 1729 und 18. August 1730 (vgl. auch Vizinalwegeordnungen gemäß Minist.-Rundschr. v. 21. Juli 1854 Art. 295) und auf dem Gesetze v. 16. August 1790 Tit. XI Art. 3 beruht; [1])

[1]) Vgl. hierzu Leoni-Mandel II S. 199, ferner Otto Mayer, fr. VerwR. S. 274, der die Maßregel trotz dem Gesetz v. 16/24. August

Entschädigung wird im Falle der Unzulässigkeit der Anordnung gewährt (also nicht bloß subsidiäre Haftung nach § 40).

2. Diese landesrechtlichen Vorschriften finden, soweit sie im öffentlichen Interesse das Eigentum in Ansehung tatsächlicher Verfügungen beschränken, für ihre Weitergeltung eine Grundlage im Art. 111 EG. z. BGB., der derartige landesgesetzliche Vorschriften unberührt läßt. Ob angesichts der polizeilichen (und somit öffentlich-rechtlichen) Natur solcher Vorschriften ein ausdrücklicher Vorbehalt erforderlich war, bezeichnen die Mot. z. EG. z. BGB. S. 192 selbst als zweifelhaft; der Vorbehalt wurde getroffen, weil die Grenzziehung zwischen Privatrecht und öffentlichem Rechte für manche in Betracht kommenden Fälle unbestimmt und schwierig sei. — Soweit die Vorschriften Eingriffe in den vorhandenen Bestand des Eigentums zulassen, wären sie, wenn sie nicht schon ihres polizeilichen und somit öffentlich-rechtlichen Charakters wegen unberührt geblieben wären, jedenfalls durch den allgemeinen Vorbehalt des Art. 109 EG. („im öffentlichen Interesse") gedeckt.

3. Außer den genannten gesetzlichen Vorschriften gehören aber hierher obrigkeitliche Anordnungen der verschiedensten Art, die ihren Rechtsgrund lediglich in der Polizeigewalt des Staates haben, und die von den durch die Gesetze mit der Polizeigewalt betrauten Beamten aus den mannigfachsten Ursachen im Interesse der öffentlichen Ordnung, im allgemeinen Sicherheits-, Gesundheits- und Verkehrsinteresse erlassen werden können. Vgl.[1]) insbesondere hinsichtlich der allgemeinen Polizeiverordnungsgewalt der Bezirkspräsidenten Dekr. vom 22. Dezember

1790 Tit. XI Art. 3 nicht zu den polizeilichen rechnet. Allerdings ist die Scheidung der unter I und II oben genannten Eingriffe im franz. Recht nicht eigentlich nach der hier gemachten Unterscheidung festgehalten, und die Zuständigkeit regelt sich in obigem Falle nach der Zugehörigkeit der Straße zu der einen oder der anderen Staats- oder Anstaltsverwaltung, infolge dessen hier auch der Kreisdirektor, dem im allgemeinen ein Polizeiverordnungsrecht nicht zusteht, die Anordnung treffen kann (für Häuser an Staats-, Bezirks- und an Vizinalstraßen), vgl. Verord. d. Reichsk. v. 20. September 1873 § 1 Nr. 12. — Soweit es sich im übrigen um dauernde Beschränkungen handelt, wie oben der Fall des Dekrets vom 7. März 1808 (Rayon der Friedhöfe), betrachtete man sie als Grunddienstbarkeiten des öffentlichen Rechtes (s. oben S. 152 Anm. 1).

[1]) Vgl. hierwegen im allgemeinen Leoni-Mandel, S. 106 ff.

1789 Abschn. 2 Art. 2; hinsichtlich der allgemeinen und individuellen Polizeiverordnungsgewalt der Bürgermeister (bzw. des Polizeipräsidenten in Straßburg und der Polizeidirektoren in Metz und Mülhausen, S. 175) Gesetz vom 16. bis 24. August 1790 Tit. XI Art. 3, GemO. § 16, Gesetz vom 30. Dezember 1871 § 14 Abs. 2, 3; bezüglich der Polizeiverordnungsgewalt des Kaisers vgl. Leoni, VerfR. S. 165 und jetzt K. Verordnung vom 23. November 1907. Polizeibefehl und zwangsweise Ausführung fallen in den hierher gehörigen Fällen vielfach in einem Akte zusammen.[1]) Es handelt sich auch nicht ausschließlich um die Ausübung des förmlichen Polizeiverordnungsrechts, sondern auch die nachgeordneten polizeilichen Exekutivorgane haben nach der Natur der polizeilichen Aufgaben, erforderlichenfalls mit unmittelbarem Zwang, einzuschreiten (vgl. hierwegen auch Leoni-Mandel S. 110).

Sofern nicht Entschädigung für solche polizeiliche Schädigungen durch besonderes Gesetz ausdrücklich zugestanden ist, besteht ein Anspruch auf Schadensersatz nicht. Polizeiliche Anordnungen solcher Art unterdrücken entweder vermeintliche Befugnisse, die in Wahrheit über das mit dem Wohle aller vereinbarliche Maß von privater Willkür hinausgehen, oder sie wirken aus dem Schutze der allgemeinen Grundlagen des gemeinen Wohles heraus zur Abwendung größerer Gefahr gleich höherer Gewalt, und müssen, wie diese, von den Betroffenen ertragen werden. Eine Entschädigungspflicht des Staates ließe sich nur auf Grund einer Überschreitung oder eines Mißbrauchs der Befugnisse seitens des anordnenden Beamten gemäß § 40 begründen.[2]) Mit den Vorschriften des § 40a haben solche polizeilichen Eingriffe nichts zu tun. Vgl. übrigens zu § 40a.

C. Haftung der Gemeinden für Schaden, der durch Aufläufe und Zusammenrottungen entsteht.

Einen besonderen Fall der Schadenshaftung der Gemeinden bestimmt das Gesetz vom 10. Vendémiaire IV über die innere

[1]) Vgl. im allgemeinen Otto Mayer, franz. Verw.-Recht S. 191 ff., 179.

[2]) Vgl. zu der ganzen Frage Molitor in der S. 149 Anm. 1 angeführten Abhandlung; ferner die in der gleichen Zeitschrift Bd. 22 (S. 246) von Bossen erwähnten und mit Unrecht bekämpften Entscheidungen des preußischen Oberverwaltungsgerichts.

Polizei der Gemeinden (Tit. 1 Art. 1, Tit. 4, Tit. 5 Art. 1, 6), das durch Art. 108 EG. z. BGB. aufrecht erhalten ist. Danach ist die Gemeinde für den Schaden verantwortlich, der durch Aufläufe und Zusammenrottungen an Personen oder Sachen verursacht wird, unter Rückgriff der erweislich unbeteiligten Bewohner gegenüber den Beteiligten und unter beschränktem Entlastungsbeweis der Gemeinde (gegenüber Zusammenrottungen gemeindefremder Personen). Sind Bewohner verschiedener Gemeinden beteiligt, so trifft die Haftpflicht alle beteiligten Gemeinden, im Verhältnis zueinander gilt jetzt § 426 BGB.

Die Vorschriften des Vendémiaire-Gesetzes sind zum Teil veraltet; vgl. die Bemerkung in der Möllerschen Samml. II S. 79. Eine Neuregelung, die in dem Entw. des AG. z. BGB. in den §§ 35 bis 38 erfolgen sollte, lehnte der L.A. ab. Vgl. Begründung S. 36, K.B. S. 925 und die erste Auflage dieses Kommentars S. 63 f.

Das Gesetz gilt auch für solche Gemeinden, in denen die Ortspolizei von staatlichen Behörden ausgeübt wird.

§ 40.

Haftung des Staates und der öffentlichen Anstalten für ihre Beamten.

Für den Schaden, den ein Beamter des Staates, eines Bezirks, einer Gemeinde oder einer anderen öffentlichen Anstalt in Ausübung der ihm anvertrauten öffentlichen Gewalt einem Dritten zufügt, haftet der Staat, der Bezirk, die Gemeinde oder die öffentliche Anstalt, in deren Dienst der Beamte steht, in gleicher Weise wie der Beamte, soweit der Ersatz von diesem nicht zu erlangen ist. Der Staat, die Bezirke, die Gemeinden und die öffentlichen Anstalten haben dabei die Stellung eines Bürgen.

Auf die Notare und Gerichtsvollzieher finden die Vorschriften des Abs. 1 nur insoweit Anwendung, als die Verrichtung, in deren Ausübung der Schaden verursacht wird, dem Notar oder Gerichtsvollzieher durch das Gericht übertragen worden ist.

Ausländern kann die Entschädigung verweigert werden, wenn nicht nachgewiesen ist, daß in dem Heimatstaate des Beschädigten eine der Vorschrift des Abs. 1 entsprechende Haftung Deutschen gegenüber anerkannt ist.

Abs. 1 und 3 wurden als § 40 vom L. A. bei der Beratung des Entw. eines Ausf.-Ges. beschlossen (K. B. 1898 S. 926, 927, Sitz.-Ber. S. 911 f., 931 f.

Abs. 2 wurde bei der Beratung der Just.-Nov. v. 13. Febr. 1905 vom L. A. eingefügt (L. A. Verh. 1904 S. 719 B, 728 A, 1215 D. f., 1226, 1227 ff., 1393).

1. Rechtszustand vor 1900.[1]) — Das französische Recht hatte eine ausdrückliche Vorschrift über die Haftung des Staates (der Bezirke, Gemeinden usw.) für schädigende Handlungen der Beamten nicht. Der Code civil enthielt über die Haftung für Schadenshandlungen dritter Personen nur die folgende allgemeine Vorschrift:

Art. 1384. — On est responsable, non seulement du dommage que l'on cause par son propre fait, mais encore de celui qui est causé par le fait des personnes dont on doit répondre, ou des choses que l'on a sous sa garde.

Le père, et la mère après le décès du mari, sont responsables du dommage causé par leurs enfants mineurs habitant avec eux;

Les maîtres et les commettants, du dommage causé par leurs domestiques et préposés dans les fonctions auxquelles ils les ont employés.

Les instituteurs et les artisans, du dommage causé par leurs élèves et apprentis pendant le temps qu'ils sont sous leur surveillance.

La responsabilité ci-dessus a lieu, à moins que les père et mère, instituteurs et artisans, ne prouvent qu'ils n'ont pu empêcher le fait qui donne lieu à cette responsabilité.

Die Bestimmung im Abs. 3 des Art. 1384, der nach seinem Wortlaute zunächst nur privatrechtlicher Verhältnisse gedenkt,

---

[1]) Vgl. zu dem Folgenden die bei Beratung der Justiznovelle der LAKomm. vorgelegte Denkschrift (bei Molitor, Just.-Nov. S. 139). S. ebenda den Rechtszustand in den verschiedenen Bundesstaaten. Für Preußen steht eine gesetzliche Regelung bevor; der Entwurf ist im Abgeordnetenhause in 3. Lesung angenommen.

haben die französische Rechtslehre und Gerichtspraxis auch auf das Verhältnis des Staates (und der anderen öffentlichen Anstalten) zu den Beamten angewandt, und zwar nicht nur in bezug auf Handlungen im privatrechtlichen Verkehr, sondern auch in bezug auf Handlungen bei Ausübung der öffentlichen Gewalt. Hierdurch ergab sich jedoch nicht eine Haftung des Staates usw. für Schadenshandlungen aller mit einer öffentlichen Amtsgewalt ausgestatteten Personen, sondern es wurde auf der Grundlage des Artikels 1384 Abs. 3 je nach den verschiedenen Klassen der mit einer Amtsgewalt ausgestatteten Personen (fonctionnaires publics, officiers ministériels) geprüft, ob es sich im einzelnen Falle um ein solches Beamtenverhältnis handele, welches den Staat als „commettant" und den Beamten als „préposé" erscheinen lasse. Die Frage wurde bejaht und die Haftung des Staates demgemäß anerkannt, wenn die den Schaden verursachende Amtsperson in ihrer Amtsführung von der oberen staatlichen Behörde abhängig war; in solchen Fällen wurde der Staat als commettant, die Amtsperson als préposé („comme préposé et instrument de l'Etat", Laurent Band XX Nr. 593) angesehen. Lag eine Abhängigkeit von der oberen Behörde nicht vor, sondern hatte die Amtsperson die ihr übertragene öffentliche Gewalt unabhängig von höheren Weisungen, lediglich nach den Gesetzen auszuführen („de son chef, comme exerçant la mission sociale qui lui est déléguée", Laurent a. a. O.), so wurde die Anwendbarkeit des Artikels 1384 Cc. verneint und eine Haftung des Staates nicht angenommen.[1])

Auf Grund dieser allgemeinen Anschauungsweise war die Rechtsanwendung im einzelnen eine unsichere. So sagt z. B. Sourdat, Responsabilité II Nr. 1304: „C'est un problème difficile que d'en déterminer les bases. Ni la loi, ni la jurisprudence n'ont encore formulé un principe bien arrêté"

[1]) Die oben wiedergegebene Auffassung, die das Reichsgericht fortbildete, war diejenige des französischen Kassationshofs. Im Widerspruch mit ihr vertrat der Staatsrat und der Kompetenzkonfliktsgerichtshof teils die Unzulässigkeit des ordentlichen Rechtswegs, teils auch die Unanwendbarkeit des Art. 1384 Cc. auf den Staat überhaupt. Zu vgl. Laurent Bd. 20 Nr. 592 ff., Dalloz Rép. suppl. v. compétence administrative Nr. 174 ff., ferner die in RG.Entsch. Bd. 54 S. 19 ff. angezogene Literatur und Rechtsprechung.

und Laurent, XX Nr. 593: „La difficulté est de préciser les conditions requises pour que l'Etat soit commettant."

Das Reichsgericht hat auch seiner Rechtsprechung für das Gebiet des französischen Rechtes die französisch-rechtliche Anschauung im Prinzip zugrunde gelegt. In wiederholten Entscheidungen hat das RG.[1]) das Verhältnis eines Beamten zum Staate als das eines „préposé" zum „commettant" angesehen und folgeweise die Haftung des Staates für die Handlungen des Beamten anerkannt, wenn

der Beamte in einem solchen Abhängigkeitsverhältnisse zur staatlichen Oberbehörde steht, daß diese ihm in bezug auf seine einzelnen Handlungen Instruktionen erteilen, ihn zu kontrollieren und zu beaufsichtigen hat.

Das RG. hat dagegen die Haftung des Staates auf Grund des Artikels 1384 Code civil verneint,
wenn

die öffentlich-rechtliche Verpflichtung des Staates sich darin erschöpft, daß der Staat das Amt errichtet und den Beamten ernennt, dann aber der Beamte in eigenem Namen, „de son chef", das Amt nach den hierfür geltenden gesetzlichen Vorschriften selbständig verwaltet.

Das charakteristischste Beispiel für diese zweite Beamtengruppe ist der urteilende Richter.

Was insbesondere die Notare und die Gerichtsvollzieher anlangt, so hat die französische Rechtsprechung auf deren Handlungen den Artikel 1384 Code civil nicht angewendet. Dagegen hat das OLG. Cöln die Haftung des Staates für Gerichtsvollzieher auf Grund des Art. 1384 Cc. angenommen (Zeitschr. für d. preuß. Gerichtsvollz.-Verb. 1904 S. 193); bestätigt durch RG. 4. IV. 1905; desgleichen RG. 23. IV. 1907 in Rhein. Arch. Bd. 104 II S. 221. — Ebenso ist das RG. von der französischen Anschauung insofern abgewichen, als es die Haftung des Staates für die Handlungen von Lehrern, auf die man in Frankreich den Art. 1384 Cc. nicht anwendete, angenommen hat.

---

[1]) Zu vgl. insbesondere die Urteile vom 19. X. 1883 (Entsch. Bd. 10 S. 287), vom 17. XI. 1896 (Rhein. Arch. Bd. 91 II. Abt. S. 59), vom 18. III. 1898 (Rhein. Arch. Bd. 93 II. Abt. S. 111), das oben (S. 163 Anm. 1) erwähnte Urteil RG. Bd. 54 S. 19, ferner das Urteil des OLG. Cöln vom 14. III. 1903 (Rhein. Arch. Bd. 99 I. Abt. S. 221).

2. Standpunkt des BGB. und des EG. — Das BGB. regelt die Haftung des Staates und anderer öffentlich-rechtlicher juristischer Personen für den durch ihre Beamten angerichteten Schaden insoweit, als es sich um die Ausführung der einem staatlichen usw. Organ übertragenen Verrichtungen im privatrechtlichen Verkehr handelt. Vgl. in dieser Hinsicht, soweit es sich um die Haftung im Vertragsfalle handelt, das oben S. 130, und, soweit es sich um die außervertragliche Haftung handelt, das S. 138 f. Bemerkte.

Dagegen enthält sich das BGB. einer Regelung der Haftung des Staates, der Gemeinden und anderer Kommunalverbände für den von ihren Beamten in Ausübung der diesen anvertrauten öffentlichen Gewalt zugefügten Schaden. Art. 77 des EG. überläßt diese Regelung dem Landesrecht.

Derselbe bestimmt:

Unberührt bleiben die landesgesetzlichen Vorschriften über die Haftung des Staates, der Gemeinden und anderer Kommunalverbände (Provinzial-, Kreis-, Amtsverbände) für den von ihren Beamten in Ausübung der diesen anvertrauten öffentlichen Gewalt zugefügten Schaden sowie die landesgesetzlichen Vorschriften, welche das Recht des Beschädigten, von dem Beamten den Ersatz eines solchen Schadens zu verlangen, insoweit ausschließen, als der Staat oder der Kommunalverband haftet.

Maßgebend hierfür war die öffentlich-rechtliche Seite der Frage: „Läßt die Verpflichtung, für einen solchen Schaden einzustehen, sich auch als eine privatrechtliche bezeichnen, so steht doch die Frage, ob eine derartige Verpflichtung anzuerkennen sei, mit dem öffentlichen Rechte der Einzelstaaten in so engem Zusammenhange, daß die Regelung der Materie der Landesgesetzgebung anheimgegeben werden muß" (Mot. z. EG. S. 185). Dieser Standpunkt, jedoch unter stärkerer Betonung der öffentlich-rechtlichen Natur der Frage, und insbesondere die Befürchtung eines Konflikts mit den Rechten der Bundesstaaten wurden auch in der Kommission des Reichstags gegenüber den dort mit besonderer Bezugnahme auf das französische Recht gestellten Anträgen auf reichsgesetzlichen Ausspruch der Haftpflicht des Staates usw. mit Entschiedenheit vertreten; die Anträge wurden mit knapper Mehrheit abgelehnt (vgl. R. K. B. S. 116—122). In Wirklichkeit ist der gesetzlich begründete

Haftungsanspruch des Geschädigten gegen den Staat und das dadurch erzeugte Schuldverhältnis zwischen dem Geschädigten und dem Staate seiner Natur nach privatrechtlich (vgl. oben S. 133 f.). Für die Frage, ob ein solcher Anspruch begründet werden soll, kommen allerdings, was aber auf seine rechtliche Natur ohne Einfluß ist, Erwägungen des öffentlichen Interesses und Rücksichten auf das öffentliche Recht des Staates in Betracht. (Vgl. in diesem Zusammenhang auch I zu § 40a).

3. Sondervorschriften des Reichsrechts. — Eine reichsgesetzliche Vorschrift der hierher gehörigen Art über die Haftung des Staates besteht im § 12 GBO. (Haftung des Staates für Pflichtverletzungen des Grundbuchrichters). Im übrigen sind noch etwa die Gesetze vom 20. Mai 1898, betr. die Entschädigung der im Wiederaufnahmeverfahren freigesprochenen Personen, und vom 14. Juli 1904, betr. die Entschädigung für unschuldig erlittene Untersuchungshaft zu nennen, nach denen aber nicht die Schadenshandlung bestimmter Beamter, noch weniger deren Verschulden Voraussetzung für die Entschädigung ist.

In Betracht kommen noch die Vorschriften des Ges. über das Postwesen des deutschen Reichs (eingef. in Elf.-Lothr. 4. Nov. 1871) § 12 und der Postordnung v. 20. März 1900 (Zentr.- u. Bez.ABl. 1900 S. 95, 1908 S. 255) § 18 XX, § 18a VIII, XI, insofern es sich hier um die Ausübung öffentlicher Gewalt durch Postbeamten handelt (insbes. bei Zustellungen, Aufnahme von Wechsel- und Scheckprotesten). Die Haftung des Reichs (wegen dieser überhaupt vgl. Bem. 6) ist hier reichsrechtlich geregelt und auf bestimmte Grenzen ausdrücklich beschränkt, kann also nicht durch eine landesgesetzliche Vorschrift erweitert werden. In anderen Fällen, in denen die Haftungsvorschriften für das Reich nach den Bestimmungen des Postgesetzes, der Postordnung und der Telegraphenordnung zur Anwendung kommen, wird es sich um die Ausübung öffentlicher Gewalt kaum jemals handeln (vgl. daher oben S. 130).

Das zuletzt Gesagte gilt im allgemeinen auch von den Unfallversicherungsgesetzen, in denen gleichfalls die Haftung des Unternehmers, also auch gegebenenfalls des Reichs oder des Staates, auf einen bestimmten Umfang beschränkt ist. Nach diesen Gesetzen kann ein Anspruch des Versicherten gegen den Betriebsunternehmer, einen Angestellten (Beamten) nur geltend gemacht werden, wenn dessen vorsätzliche Schuld durch strafgerichtliches Urteil festgestellt ist, Gew.Unf.Vers.Ges. § 135, Unf. Vers.Ges. für Land- und Forstwirtschaft § 146, BauUnf.Vers. Ges. § 45 Abs. 2). Diese Voraussetzung kann beim Reich oder einem Staate in seiner Eigenschaft als Betriebsunternehmer nicht eintreten. Es verstieße aber wohl auch gegen die mit dem Wesen der Versicherungsgesetze zusammenhängende Tendenz dieser Vorschriften, wenn Reich oder Staat auf dem Wege der landesgesetzlich bestimmten subsidiären Haftung bei strafgerichtlich festgestelltem Vorsatz eines Beamten als Bürge in Anspruch genommen würde (sofern überhaupt hier von öffentlicher Gewalt die Rede sein kann).

Um die Ausübung öffentlicher Gewalt kann es sich handeln in den Fällen des Reichsges., betr. die Unfallfürsorge für Gefangene, v. 30. Juni 1900. Hier ist im § 23 ein über den gesetzlichen Fürsorgeanspruch hinausgehender Anspruch gegen die Anstalt ausgeschlossen. Ähnl. die §§ 10, 12 des Reichsunfallfürsorgegesetzes für Beamte v. 18. Juni 1901, und entsprechend § 14 des UnfallFürs.Ges. für die Landesbeamten von Els.-Lothr. v. 20. Mai 1902 (GBl. S. 47, 48ff.). Auch die §§ 38, 45, 62 des Offizierspensionsgesetzes v. 31. Mai 1896 und die §§ 41, 49, 63 des Mannschaftsversorgungsgesetzes vom gleichem Tage[1]) schließen weitergehende Ansprüche, als die auf diesen Gesetzen beruhenden, gegen die Militär-, Marine- und Schutztruppenverwaltung aus (vgl. hierzu auch den hierfür vorbildlichen Art. 20 des RG. v. 22. Mai 1893 und Begründung dazu in Sten.-Ber. des Reichst. 1892/93 Anl. Bd. 2 Nr. 112 S. 674).

4. Besondere Vorschriften des elsaß-lothringischen Landesrechts über die Haftung des Staates enthalten die §§ 112, 115 Abs. 2 AG. z. BGB. bezüglich der Führung des Eigentumsbuchs und des vorläufigen Grundbuchs sowie der Verrichtungen in Ansehung der Hypothekenregister (für das frühere Recht vgl. Grundbuchgesetz v. 22. Juni 1891 § 32); ferner das Gesetz betr. das Hinterlegungswesen und den Geschäftskreis der Staatsdepositenverwaltung §§ 4ff., 11, 15. Vgl. auch den oben S. 140 angeführten Art. 22 Abs. 2 des Ges. v. 15. Juli 1845 über die Eisenbahn-

[1]) Vgl. zu diesem die Entsch. d. RG. in ElsLothrZ. Bd. 29 S. 13.

polizei, der den Staat, wenn die Eisenbahn auf seine Kosten betrieben wird, im Unterschiede zum Haftpflichtgesetz v. 7. Juni 1871 auch für den Ersatz des Sachschadens haftbar macht, wobei aber von Ausübung öffentlicher Gewalt nicht wohl die Rede sein kann.

5. Eine allgemeine Regelung trifft der § 40. Derselbe geht in seinem Wortlaut insofern über den Vorbehalt des § 77 EG. hinaus, als er nicht nur die Haftung „des Staates, der Gemeinden und anderer Kommunalverbände" (der Bezirke), sondern auch jeder anderen öffentlichen Anstalt (établissement public) für Schadenshandlungen ihrer Beamten ausspricht. Diese Erweiterung durch Landesgesetz steht mehr mit dem Wortlaut als mit der Absicht des Reichsgesetzes im Widerspruch. Denn auch die anderen öffentlichen Anstalten im Sinne des in ElsLothr. geltenden öffentlichen Rechtes sind unmittelbar zur Erfüllung von Aufgaben der öffentlichen Verwaltung, wie sie Staat und Gemeinde leisten, berufen und bilden nach der bestehenden Organisation einen wesentlichen Teil dieser Verwaltung. Vgl. hierüber und über den Begriff der öffentlichen Anstalten oben S. 28. Zu weit geht Kisch, S. 340, wenn er zu den „öffentlichen Anstalten" auch öffentl. Versicherungsanstalten zählt. Die Ausdehnung der Vorschrift auf „andere öffentliche Anstalten" wäre dann zu beanstanden, wenn man das Hauptgewicht darauf legen wollte, daß ein privatrechtliches Schuldverhältnis erzeugt wird (vgl. Bem. 2 und S. 133 Anm. 2), und wenn man weiter annehmen wollte, Art. 77 EG. habe einen genügenden Vorbehalt, wie er zur Begründung privatrechtlicher Ansprüche nach Art. 55 EG. z. BGB. erforderlich ist, nicht geschaffen. Allein die Absicht einer Einengung des Vorbehalts auf die im Art. 77 EG. ausdrücklich benannten Körperschaften ist nicht anzunehmen. Man wollte die Frage der Haftung wegen fehlerhafter Ausübung öffentlicher Gewalt mit Rücksicht auf den Zusammenhang mit dem öffentlichen Rechte dem Landesrecht überlassen und hat dabei den Staat und die Kommunalverbände ihrer Wichtigkeit und allgemeinen Bedeutung wegen besonders hervorgehoben. Vgl. in diesem Sinne auch die mit Zustimmung des Reichsjustizamts abgegebene Erklärung des Preuß. Justizministers im Kom.-Bericht zu dem Preuß. Gesetze (Drucks. d. Abg.-Hauses 1907/8 V S. 3532 f.) mit Bezug auf die preußischen Schulsozietäten. Die Ausdehnung der Vorschrift

auf „andere öffentliche Anstalten“ hat übrigens keine große praktische Bedeutung, da eine Ausübung öffentlicher Gewalt im Auftrag anderer juristischen Personen, als der im Art. 77 EG. genannten, kaum vorkommt. Wenn z. B. Art. 1 des Ges. v. 28. Juni 1833 die Einziehung gewisser Renten der Pflegehäuser usw. dem Rentmeister überträgt, wenn ferner § 24 GemO. das Amt des Gemeinderechners dem Rentmeister zuweist, so übt der Rentmeister diese Funktionen als Staatsbeamter aus (vgl. die Anw. über das Gemeinderechnungswesen im ABl. 1906 S. 57 § 9). Dies hängt mit dem Verhältnis der öffentlichen Anstalten zum Staate zusammen; es gebührt ihnen auf dem ihnen überlassenen Gebiete von der öffentlichen Verwaltung nur so viel, als der Staat nicht zentralistisch für sich vorbehalten hat.

6. Die landesgesetzliche Vorschrift des § 40 gilt, so lange nicht die Haftung des Reichs für die Handlungen der Reichsbeamten reichsgesetzlich und abschließend geregelt ist,[1]) auch für das Reich. Der Reichstag beschloß bei der Beratung des BGB. folgende Resolution: „es werde die Erwartung ausgesprochen, daß baldmöglichst der Entwurf eines Gesetzes vorgelegt werde, durch welches die Haftung des Reichs für den durch Reichsbeamte in Ausübung der Amtsbefugnisse verursachten Schaden für den Fall geregelt wird, daß der Ersatz des Schadens von den Beamten nicht zu erlangen ist.“ (R.K.B. S. 119ff., Sitz.-B. Bd. V S. 3823—3846). Es ist hier aber nur die einheitliche Regelung der Haftung für Reichsbeamte gemeint. Denn das Reich haftet auch ohnehin für den durch einen Reichsbeamten zugefügten Schaden, wenn die Landesgesetze desjenigen Staates, in welchem öffentl. Gewalt von einem Reichsbeamten ausgeübt wird, die Haftpflicht des Fiskus begründen. Vgl. die Erklärung des Regierungsvertreters in diesem Sinne (Reichst.-Sitz. Ber. Bd. V S. 3831 D). Art. 77 EG. und § 40 sind nicht nur auf den eigenen Staat, sondern auf jedes Staatswesen zu beziehen, für welches im Herrschaftsgebiete

---

[1]) Ein dahingehender Entwurf liegt dem Reichstage vor (vgl. darüber Gierke in D.JZ. 1909 S. 17). Die Haftung soll teils enger begrenzt werden, als im elsloth r. § 40, da sie nur für Pflichtverletzungen im Sinne von § 839 BGB. begründet werden soll, teils weiter, indem sie unmittelbar bestehen soll. Mit dieser Regelung der Materie scheidet die Anwendung des Landesgesetzes auf Reichsbeamte aus.

des ersteren eine öffentliche Gewalt ausgeübt wird. (Anderer Meinung die Begründung zu dem badischen Entwurf eines AG. S. 18). Die hier vertretene Ansicht ist aber juristisch nur möglich, wenn man die Haftung des Staates als eine privatrechtliche Angelegenheit auffaßt, was sie auch ist (Bem. 2); denn auf Grund seines öffentlichen Rechtes könnte der Einzelstaat nicht eine Haftbarkeit des Reichs begründen (vgl. die ähnliche Frage in Bem. 10 zu § 6).

Die Haftung des Reichs gemäß der landesgesetzlichen Haftungsvorschrift ist jetzt (mit von einander abweichender Begründung) anerkannt vom RG. Bd. 54 S. 198 ff., und vom OLG. Colmar in ElsLothrZ. Bd. 29 S. 321; sie wurde auch im früheren Rechte auf Grund des Art. 1384 Cc. angenommen (vgl. die zit. RG. Entsch. S. 202/3). Was vom Reich gilt, gilt auch von dem bayerischen Militärfiskus hinsichtlich der in Els.-Lothr. stehenden bayerischen Truppen (vgl. jedoch für Bayern Art. 60 bayer. AG.).

7. Über den Begriff des „Beamten" vgl. die Bem. 5 zu § 39, auch ElsLothrZ. Bd. 33 S. 634. An und für sich ist die dort für die Frage der Vorentscheidung gegebene Begriffsbestimmung für die Frage der Anwendbarkeit des § 40 zu eng, insoferne dieser sich unter Umständen auch auf Stellvertreter von Beamten und außerdem auf die Beamten der öffentlichen Anstalten bezieht (vgl. hierwegen oben Bem. 5, ferner Bem. 9). Praktisch wird der Unterschied kaum Bedeutung haben. Denn Beamte, die für eine Anstalt öffentliche Gewalt ausüben, werden regelmäßig gleichzeitig öffentliche Beamte des Staates sein. Von Erheblichkeit dagegen ist, daß unter die Beamten im Sinne des § 40 auch die Beamten des Reichs fallen (Bem. 6). Dazu gehören auch, von denjenigen des Kgl. Bayerischen Kontingents, für die aber das entsprechende gilt, abgesehen, die Personen des Soldatenstandes. Die Personen des Soldatenstandes werden zwar in der Reichst. Vorl. neben den Reichsbeamten genannt, diesen also nur gleichgestellt, nicht als solche behandelt. Mit gutem Grunde; denn „Reichsbeamte" im Sinne des Reichsbeamtengesetzes sind die Personen des Soldatenstandes nicht (RBG. § 157). Dagegen liegen begrifflich die Voraussetzungen eines Beamtenverhältnisses vor. Vgl. auch bezügl. der Offiziere Laband, deutsch. Staatsrecht Bd. I S. 418. Dies muß aber, wie für Offiziere, so

auch für Unteroffiziere und Mannschaften gelten. Insoweit diese sich in Ableistung ihrer gesetzlichen Militärpflicht befinden, tritt an Stelle des das Beamtenverhältnis regelmäßig begründenden öffentlich-rechtlichen Vertrags das Gesetz. Auch die Rechtsprechung wendet Art. 77 EG. z. BGB. und die darauf beruhenden Landesgesetze auf Personen des Soldatenstandes an (RGEntsch. Bd. 54 S. 198, ElsLothrZ. Bd. 29 S. 321).

Andererseits umfaßt § 40 insofern nicht alle öffentlichen Beamten, als nach Abs. 3 die Haftung für Notare und Gerichtsvollzieher in gewissem Umfang ausgeschlossen ist (Bem. 23).

8. Nicht jedes öffentliche Amt macht den Inhaber zum Beamten. So sind z. B. Schöffen, Geschworene, obwohl sie ein Amt bekleiden, nicht Beamte (a. M. Henle-Schneider, bayer. AG. z. BGB. Bem. 1 zu Art. 60). Beamte sind ferner nicht die öffentlich bestellten Sachverständigen,[1] die Jagdschätzer, die Gerichtsärzte als solche. Dagegen sind die Kreisärzte Beamte (vgl. Verord. des Statth. v. 22. Juli 1908, ABl. S. 241), allerdings nur, nachdem eine weitergehende Ausgestaltung im Jahre 1905 vom Landesausschuß abgelehnt worden ist (Verh. I S. 140, II Drucks. S. 264), in dem beschränkten Umfange des § 38 RBG. (vgl. LAVerh. 1909 II S. 261). Der Kreisarzt ist wesentlich sachverständiger Berater des Kreisdirektors und ausführendes Organ des Bezirkspräsidenten; auf Grund besonderer gesetzlicher Vorschriften kann er auch ein unmittelbares Verfügungsrecht haben, so insbesondere auf Grund des Reichsgesetzes über die Bekämpfung gemeingefährlicher Krankheiten § 9. Ausübung öffentlicher Gewalt ist somit in beschränktem Umfange möglich. Entsprechendes gilt von den Kreistierärzten (vgl. insbes. Viehseuchengesetz, RGBl. 1894 S. 410 § 2) und den Kantonalärzten. Als Beamte sind auch die Fleischbeschauer anzusehen, denen nach dem RG., betr. die Schlachtvieh- und Fleischbeschau, vom 3. Juni 1900 §§ 5 ff. eine Ausübung öffentlicher Gewalt zukommt (vgl. noch die Ausf. Best. des Bundesrats vom 30. Mai 1902).

Nicht Beamte sind die Inhaber von Ämtern auf dem Gebiete des Privatrechts (Konkursverwalter, Vormünder, Nachlaßpfleger usw.).

[1] Vgl. wegen der Frage einer besonderen Haftung der Sachverständigen selbst Mot. des Entw. I z. BGB. II S. 827.

Vgl. hierzu auch Rehm in Hirths Annalen 1900 S. 369 ff., v. Schellhorn ebenda 1906 S. 445 ff.

9. Die Haftung des Staates usw. tritt nicht für Schadenshandlungen solcher Personen ein, die von einem mit öffentlicher Gewalt ausgestatteten Beamten zur Hilfeleistung zugezogen worden sind (vgl. z. B. § 113 Abs. 3 StrGB),[1] vorbehaltlich der zu prüfenden Frage, inwieweit den zuziehenden Beamten selbst bei der Zuziehung oder Auswahl ein ursächliches Verschulden trifft. Dagegen werden die an Stelle der zuständigen Beamten in staatlichem Auftrag handelnden Personen (wie z. B. im Falle des Viehseuchengesetzes 1894 § 2) den Beamten gleichstehen; ebenso z. B. die Notariatsverweser (Ges. v. 8. Juni 1892 §§ 2, 3, 6; Not-Ges. v. 26. Dez. 1873 i. d. Fass. v. 13. Febr. 1905 § 9), auch soweit sie nicht amtlich bestellt sind.

10. Haftpflicht der Anstalten[2]) für ihre Beamten. — Nach § 40 trifft die Ersatzpflicht die einzelne Anstalt für die Schadenshandlungen „ihrer" Beamten, die Anstalt, „in deren Dienst der Beamte steht". Dies kann zu Zweifeln führen in Fällen, in denen der Beamte einer Anstalt auch als Organ oder im Dienste einer anderen Anstalt tätig wird. Im französischen Rechte, wo jeweils zu untersuchen war, welche Anstalt als commettant im Sinne des Art. 1384 Cc. anzusehen sei, war entscheidend, von welcher Anstalt der Beamte bei der Ausübung der Funktion, in der er den Schaden verursachte, abhängig war. Dieser Gesichtspunkt ist für die Anwendung des § 40 nicht ohne weiteres maßgebend, da § 40 nicht schlechthin eine Kodifizierung des früheren Rechtes, sondern eine neue und selbständige Grundlage für die Haftungsfrage darstellt gegenüber dem alten Rechte, in dem die Anwendung des Art. 1384 Cc. auf Öffentliche-Gewalt-Verhältnisse nur gewissermaßen ein Notbehelf war (vgl. oben Bem. 1). In der Begr. zu dem dem Art. 77 EG. entsprechenden Art. 56 des Entw. findet sich die Bemerkung: „Ein Mißverständnis der Vorschrift in der Richtung, daß von dem Landesrechte nur derjenige öffentliche Verband solle für haftbar erklärt werden können, dessen Beamter

[1]) Ein bei Beratung des preuß. Gesetzes in 3. Lesung gestellter Antrag, die Haftung auf solche Personen auszudehnen, ist abgelehnt worden.

[2]) Das Wort „Anstalt" ist im folgenden der Kürze halber im weitesten, auch den Staat umfassenden Sinne genommen, der nicht eigentlich zu den „öffentl. Anstalten" gehört.

der Schädigende sei, nicht auch ein anderer Verband, welcher des Beamten zur Ausübung öffentlicher Machtbefugnisse sich bedient habe, ist nicht zu besorgen." Hiermit wird bekundet, daß der Wortlaut des Art. 77 EG. (von ihren Beamten) der Haftung einer anderen Anstalt, als derjenigen, der der Beamte seiner regelmäßigen Dienststellung nach unterworfen ist, nicht entgegenstehen würde. Allein Entstehungsgeschichte und Wortlaut des § 40 bieten keinen Anhalt dafür, daß diese landesrechtliche Vorschrift so zu verstehen ist. Nach ihr haftet die Anstalt, in deren Dienst der Beamte steht. Anderseits darf die Frage nicht schlechthin so gestellt werden: „Welcher Anstalt Beamte ist der Schadenstifter seinem wesentlichen Beamtenverhältnisse nach, gleichviel, ob er auch nebenbei zum Dienste einer anderen Anstalt berufen ist und in Ausübung dieses Dienstes schadensersatzpflichtig geworden ist? So ist allerdings z. B. in den am Schlusse der Bem. 5 erwähnten Fällen auf das wesentliche und eigentliche Beamtenverhältnis der entscheidende Wert zu legen, da hier der Staat die Einziehung der Gelder bezw. das Rechnungswesen durch seine Beamten im Interesse des Pflegehauses bezw. der Gemeinde übernimmt. Allein die erwähnte Fragestellung würde dann nicht zur Lösung führen, wenn ein Beamter tatsächlich im Dienstverhältnisse[1]) zu mehreren Anstalten stünde. Nicht unbedenklich und leicht irreführend ist die in dem Urteil des OLG. Colmar v. 24. Januar 1908 (ElsLothrZ. Bd. 34 S. 66) vertretene Meinung, die Haftung des Staates in den Fällen des § 40 beruhe auf der Vermutung, daß den die Körperschaft verfassungsmäßig vertretenden Personen bei der Auswahl oder Beaufsichtigung der Beamten eine Fahrlässigkeit zur Last falle. Diese Auffassung müßte

[1]) Darauf, d. h. in welcher Anstalt Dienst der schädigende Beamte bei der Ausübung seiner öffentlichen Gewalt steht, nicht, für welche er handelt, kommt es immer an. Die von Kisch (S. 347 Anm. 32) bemängelte Fassung des Gesetzes „in deren Dienst der Beamte" steht, erscheint danach doch als die zutreffende.

Auch das preuß. Gesetz lehnt Unterscheidungen nach der Art der Aufgabe, die der Beamte im Einzelfall ausgeführt hat, ab, „da es eine sichere Grenze zwischen kommunalen und staatlichen Aufgaben nicht gibt". Entscheidend ist, ob der Beamte für den Dienst des Kommunalverbandes, nicht, ob er von dem Kommunalverband angestellt ist. Vgl. Begr. in Drucks. d. Hauses der Abgeordneten 1907/08 IV S. 2669 und K. B. V S. 3530 ff., 3535.

z. B., da Ernennung und Beaufsichtigung des Bürgermeisters staatlichen Organen obliegt, dazu führen, den Staat immer für den Bürgermeister haften zu lassen, selbst wenn es sich um dessen Tätigkeit in reinen Gemeindeangelegenheiten handelt, eine Konsequenz, die aber das Urteil selbst anscheinend nicht ziehen will. Die Vermutung fahrlässiger Auswahl oder Aufsicht müßte übrigens auch (wie im Falle des § 831 BGB.) zur Möglichkeit des Entlastungsbeweises führen und würde es nicht rechtfertigen, daß der Staat nur subsidiär haftet. Sie wird denn auch tatsächlich weder in den Materialien zu Art. 77 EG. oder zu § 40 AG., noch z. B. in den Verhandlungen des Deutsch. Juristentags (vgl. 28. Tag Bd. 3 S. 133ff., 580ff.) als Rechtsgrund für die Haftung des Staates aufgefaßt.[1]) Diese beruht vielmehr auf dem Gedanken der Billigkeit im Hinblick auf die Wehrlosigkeit des Einzelnen gegenüber der Staatsgewalt; daher ihre Grenzen (Bem. 15 b, c). Wegen anderer Konstruktionsversuche vgl. Oertmann, bayer. LPrivR. S. 256 f. — Darauf, wer den Beamten angestellt hat, kommt es überhaupt nicht entscheidend an; vielmehr darauf, für den Dienst welcher Anstalt er angestellt ist.

Von besonderer Bedeutung ist die Frage für das Verhältnis des Bürgermeisters zur Gemeinde und zum Staate. Der Bürgermeister hat funktionell eine Doppelstellung, er hat Aufgaben der allgemeinen Staatsverwaltung (insbesondere die Polizei) und Aufgaben der Gemeinde zu erfüllen. Aus dieser Scheidung, die schon das Gesetz vom 14. Dezember 1789 (Art. 14) für die Aufgaben der Munizipalverwaltungen bestimmt hatte, ist jedoch nicht notwendig zu folgern, daß der Bürgermeister sowohl Gemeinde- wie Staatsbeamter sei. Das Verhältnis kann auch so aufgefaßt werden — und dies war der Standpunkt des genannten Gesetzes —, daß die Tätigkeit im allgemeinen staatlichen Interesse „ein auf gesetzlicher Delegation beruhendes Attribut der Gemeindeverwaltung" sei (so RGEntsch. Bd. 54 S. 24 hinsichtlich der Ortspolizei in Preußen). Auf Grund der späteren Gesetze vom 28. Pluviôse VIII und vom 18. Juli 1837 Art. 10 war denn auch die Stellung des Bürgermeisters, soweit

[1]) Auch der Haftungsvorschrift des § 31 BGB. liegt nicht jene Vermutung, sondern das Verkehrsbedürfnis zugrunde (vgl. Entw. I Begr. zu § 46).

er zu Aufgaben der Staatsverwaltung berufen war, streitig (vgl. O. Mayer, franz. VerwR. S. 60 ff., Leoni-Mandel II S. 67, 68). Die §§ 16, 17 GemO. behalten die Scheidung bei, § 16 bezeichnet aber nunmehr den Bürgermeister im Rahmen seiner staatlichen Aufgaben ausdrücklich als „Organ der Landes-, Bezirks- und Kreisverwaltung", als das er „nur den vorgesetzten Behörden verantwortlich ist" (vgl. auch Ausf.-Best. vom 25. März 1896 zu § 16. Vgl. noch Leoni-Mandel S. 107 Anm. 4).[1]) In Betracht kommt hier vor allem die Ortspolizei, die, abgesehen von Spezialgesetzen, sachlich im wesentlichen auf Tit. 11 Art. 3 des Ges. v. 16./24. August 1790 beruht, jedoch in den Städten Straßburg, Metz und Mülhausen größtenteils den Polizeidirektoren übertragen ist (Ges. v. 30. Dezember 1871 § 14 und dazu die Verfügungen des Oberpräsidenten vom 11. August 1872 für Metz, vom 28. Februar 1873 für Straßburg, und des Ministeriums vom 28. Mai 1889 für Mülhausen und vom 23. August 1892 für Straßburg). Trotzdem wird der Bürgermeister, soweit er Organ der staatlichen Verwaltung ist, nicht als unmittelbarer Staatsbeamter anzusehen sein. Ein solches Dienstverhältnis ist im Gesetze nirgends näher zum Ausdruck gekommen und geregelt. Man wird vielmehr davon auszugehen haben, daß die Polizei nicht Gemeindeangelegenheit, sondern Staatsangelegenheit ist, daß sie aber — zwar nicht der Gemeindeverwaltung in ihren Faktoren: Bürgermeister und Gemeinderat — wohl aber dem Gemeindevorstand, dem Bürgermeister, als solchem als Attribut seines Gemeindeamtes gesetzlich übertragen ist.

[1]) Ganz konsequent ist die im § 16 GemO. zum Ausdruck gekommene Auffassung insofern nicht durchgeführt, als nach § 72 Ziff. 2 die Gemeindeaufsichtsbehörde (d. i. nach § 71 die Behörde, welche die Aufsicht über die Gemeindeangelegenheiten übt) die vom Bürgermeister erlassenen Polizeiverordnungen außer Kraft setzen kann.

Nicht berührt wird die obige Frage durch den Umstand, daß das — zeitlich übrigens der Gemeindeordnung vorgängige — FeldPolStrG. in §§ 38, 48 die Ortspolizeiverordnung des Bürgermeisters über die Erntezeit und die Schließung der Weinberge an die Zustimmung des Gemeinderats bindet, und im § 19 in einem bestimmten Falle (Verbot der Nachlese in Weinbergen) die polizeiliche Anordnung dem Gemeinderat überträgt; vgl. hierwegen Stieve, FeldPolStrG. S. 35, gegenüber der irrigen Auffassung Brucks in GemO. S. 83; dieser daraufhin richtig in Verf. u. Verw. R. II S. 148. Ebenso betreffend Ausübung des Weidgangs und der Koppelhut (Stieve S. 45).

Dafür spricht namentlich auch, daß die Kosten der örtlichen Polizeiverwaltung grundsätzlich Pflichtausgaben der Gemeinde sind (vgl. GemO. § 65 Abs. 2 Ziff. 6). Damit verträgt sich durchaus, weil auf der qualitativen Verschiedenheit der Angelegenheiten beruhend, die Verschiedenheit der Aufsichtsbehörden, je nachdem es sich um Gemeindeangelegenheiten im engeren Sinne oder um staatlich dem Gemeindevorstand übertragene Aufgaben handelt. Das Dienstverhältnis des Bürgermeisters wird danach stets als ein einheitliches anzusehen sein: als eines Beamten im Dienste der Gemeinde. Er wird zwar (GemO. §§ 10, 11) von staatlichen Organen, in größeren Gemeinden übrigens unter Mitwirkung der Gemeinderäte, ernannt; allein angesichts der sachlichen Eingliederung in den Gemeindeorganismus ist dies ohne Belang. Andererseits wird die aus der Sache folgende Gemeindebeamten-Eigenschaft des Bürgermeisters dadurch nicht verhindert, daß die Gemeindeordnung im Titel VI im Gegensatze zum Entwurfe den Bürgermeister (ebenso wie die Beigeordneten) nicht unter den Gemeindebeamten im Sinne der Gemeindeordnung, sondern neben ihnen aufführt; dies hat vielmehr nun zur Folge, daß die einzelnen Bestimmungen über die „Gemeindebeamten" auf Bürgermeister und Beigeordnete nicht schlechthin anwendbar sind.

Aus dem Vorstehenden folgt, daß die Haftpflicht für den Bürgermeister oder seine gesetzesmäßigen Vertreter, ohne Unterschied nach dem Kreise ihrer Verrichtungen, die Gemeinde trifft.[1]) A. M. in der, wie zugegeben ist, nicht ganz zweifelfreien Frage ohne nähere Begründung Kisch S. 348, ferner Bruck GemO. S. 50.

Als Standesbeamter ist der Bürgermeister im Dienste der Gemeinde (Ges. v. 6. Februar 1875 § 4), und diese danach haftbar. Ebenso ist die Gemeinde haftbar für die von der Gemeindebehörde bestellten besonderen Standesbeamten. Dagegen steht der im Falle des § 7 Abs. 4 des Personenstandsgesetzes

[1]) Dies ist anscheinend auch der Standpunkt der Entsch. des OLG. Colmar 24. Januar 1908, die auf Grund des Ges. v. 16./24. August 1790 die Baupolizei in der Stadt Straßburg schlechthin als Gemeindeangelegenheit ansieht, die der beklagten Stadtgemeinde obliege, weil die Verfügung des Oberpräsidenten vom 28. Februar 1873 die Baupolizei nicht dem Polizeidirektor zugewiesen hat. Daraus folgt jedoch nur, daß sie dem Bürgermeister verblieben ist, nicht aber, daß dieser sie als Gemeindeangelegenheit ausübt.

vom Bezirkspräsidenten bestellte Standesbeamte im Dienste des Staates.

Durch die Eigenschaft als Hilfsbeamte der Staatsanwaltschaft (§ 14 der Verordn. v. 13. Juni 1879) werden Bürgermeister und Beigeordnete an sich noch nicht zu Beamten der Landesverwaltung. Man wird auch auf diese Stellung der genannten Beamten das oben hinsichtlich der Ortspolizei Bemerkte zu beziehen und sie daher auch insoweit als Beamte der Gemeinde aufzufassen haben.

Der Bezirkspräsident ist zwar auch als Vertreter des Bezirks in seinem persönlichen Verhältnisse Staatsbeamter (vgl. Leoni-Mandel II S. 88). Immerhin wird er, wo er als Vertreter und somit als Organ des Bezirks als Selbstverwaltungskörpers handelt, als in dessen Dienst gestellter Beamter aufzufassen sein. Vgl. die Entsch. des OLG. Colmar in ElsLothrZ. Bd. 21 S. 529, die den bei Verwaltung der sogenannten Kreisstraßen tätigen, vom Bezirk ernannten Wegemeister und den ihn ernennenden Bezirkspräsidenten als Organe des Bezirks angesehen hat.

Bezüglich der Elementarlehrer vgl. Bem. 5 zu § 39; desgl. bezüglich der Gendarmen. Die Gemeindeförster sind, wenn sie auch vom Bezirkspräsidenten ernannt werden, Beamte der Gemeinde, von der und in deren Dienste sie besoldet werden. Die von der Stadt Mülhausen in den Polizeidienst eingestellten Nachtwächter sind nach OLG. in ElsLothrZ. Bd. 33 S. 633 ff. Beamte des Staates (zweifelhaft). Dagegen sind die Orts- und Feldpolizeibeamten, die in dem der Gemeindeverwaltung überlassenen Polizeidienst stehen, Gemeindebeamte, für die die Gemeinde haftet. Man wird, selbst wenn man im Gegensatze zu dem oben ausgeführten dem Bürgermeister als Inhaber der Ortspolizei seine Stellung im unmittelbaren Staatsdienste zuweisen wollte, davon auszugehen haben, daß die Gemeinde diese Beamten zu stellen hat, wenn auch ihre Tätigkeit von dem insoweit als Organ der Landesverwaltung anzusehenden Bürgermeister beherrscht wird. Auch soweit diese Beamten Hilfsbeamte der Staatsanwaltschaft sind (wie die Feldschutzbeamten), bleiben sie Beamte der Gemeinde.

11. In Ausübung der dem Beamten anvertrauten öffentlichen Gewalt. — Wegen des Begriffs der öffentlichen Gewalt vgl. Bem. 6 zu § 39. In Ausübung öffentlicher Gewalt befindet

sich z. B. auch der Lehrer, der das ihm zustehende Züchtigungsrecht ausübt (so mit Recht auch Kisch S. 345 Anm. 24). Dies wird von Henle-Schneider (bayer. AG. z. BGB. Bem. 2 zu Art. 60 S. 105) und von v. Schellhorn (Hirths Annalen 1906 S. 457) unter Berufung auf eine Entscheidung des bayer. Verwaltungsgerichtshofs verneint. Allein ein Züchtigungsrecht steht dem Lehrer nur in der Ausübung seines Lehrerberufs zu; ohne diesen Zusammenhang ist ein Züchtigungsrecht überhaupt nicht gegeben und eine Züchtigung ist Mißhandlung.[1]) Wegen des den Lehrern (und Geistlichen, auch wo diese nicht Beamte sind,[2]) daher nicht unter § 40 fallen) zustehenden Züchtigungsrechts vgl. RGStr. v. 1. Febr. 1890 Bd. 20 S. 371; RGStr. v. 15. Jan. 1900 Bd. 33 S. 71 f., ElsLothrZ. Bd. XXV S. 204; OLG. Colmar v. 17. Mai 1898, ElsLothrZ. Bd. XXIII S. 546 ff.

Das Erfordernis der Ausübung öffentlicher Gewalt wird z. B. bei Gefängnisbeamten, die die erforderliche Sicherung der bei der Maschinenarbeit beschäftigten Gefangenen versäumen, nicht dadurch ausgeschlossen, daß die Beschäftigung im vertragsmäßig mit einem Unternehmer geregelten Arbeitsbetrieb erfolgt. Wenn in diesem Betrieb ein Dritter (Nicht-Gefangener) verletzt wird, so wäre nach RG. Bd. 56 S. 219 diese Schädigung nicht in Ausübung einer öffentlichen Gewalt erfolgt. Allein so allgemein wird dies nicht angenommen werden dürfen, es wird auf den Sachverhalt ankommen. Auch einem Dritten gegenüber kann der Gefängnisvorsteher als Inhaber der Amtsgewalt in Betracht kommen. Bezüglich geschädigter Gefangener selbst vgl. übrigens jetzt das Gef. Unf. Vers. Ges. v. 30. Juni 1900 und dazu oben Bem. 3.

12. In Ausübung der öffentlichen Gewalt muß die Handlung des Beamten vorgenommen sein. Es genügt nicht, daß sie aus Anlaß oder bei Gelegenheit der Ausübung öffentlicher Gewalt vorgenommen ist; für Handlungen dieser Art trägt der Beamte allein die Verantwortung nach den Vorschriften des BGB. Vgl. hierzu RG. 11. Oktober 1889 Bd. 24

[1]) Auch das preuß. Gesetz geht mit Recht davon aus, daß die Lehrer bei Ausübung des Züchtigungsrechts öffentliche Gewalt ausüben (vgl. Begr. z. Entw. Drucks. 1907/08 IV S. 2669).

[2]) Aber vorausgesetzt, daß sie den zwar außerhalb der Schulstunden, aber doch regulativmäßig zu erteilenden Religionsunterricht geben (Regulativ v. 4. Januar 1874 § 8 Ziff. 2). Vgl. Verf. d. Oberstaatsanwalts v. 30. April 1909.

S. 332, OLG. Colmar in ElsLothrZ. Bd. 12 S. 89, ferner die Kommentare zu den entsprechenden §§ 31, 831 BGB. Andererseits darf der Begriff „in Ausübung" nicht zu enge gefaßt und schlechthin mit „durch die Ausübung" verwechselt werden; denn selbstverständlich sind Handlungen, welche in der Ausübung des Amtes begangen sind, nicht bloß solche Handlungen, welche dem Amtscharakter wesentlich sind (so anscheinend v. Krai's in „Blätter für administrative Praxis", München, Bd. 50 S. 305 f.), vielmehr auch solche, die in einer mißbräuchlichen oder unvorsichtigen Ausführung oder in pflichtwidriger Vernachlässigung, also in einer Verkennung der amtlichen Aufgabe ihren Grund haben. Sonst wäre für die Anwendbarkeit des § 40, zumal bei Unterlassungen, überhaupt kein Raum. Zu vgl. OLG. Cöln, Rhein. Archiv Bd. 94 I S. 161; ferner RG. in J. W. 1902 S. 409 Nr. 71. Grade Mißbrauch, Überschreitung und Außerachtlassung der Amtspflicht sind die Merkmale der in den §§ 39, 40 regelmäßig gemeinten Handlungen.[1])

13. Die zum Schadensersatze verpflichtende Handlung des Beamten kann sowohl eine solche sein, welche nach den besonderen Vorschriften der §§ 839, 1674, 1848 BGB. wegen Verletzung der Amtspflicht, als eine solche, welche nach den allgemeinen Vorschriften der §§ 823 ff. BGB. die Haftbarkeit begründet, immer vorausgesetzt, daß die Handlung in Ausübung der dem Beamten anvertrauten öffentlichen Gewalt begangen ist, nicht bloß während oder aus Anlaß der Ausübung (vgl. Bem. 12).

Das Gesetz geht in dieser Hinsicht weiter, als z. B. dasjenige Bayerns (Art. 160 AG. z. BGB.), Badens (AG. Art. 5) und das preußische, ebenso wie der Entwurf eines Reichsgesetzes über die Haftung des Reichs für Reichsbeamten, die den Staat nur für Verletzungen der einem Beamten Dritten gegenüber im Sinne des § 839 BGB. obliegenden Amtspflicht an Stelle des Beamten verantwortlich machen. Wegen der Frage des Verhältnisses des § 839 BGB. zu den Vorschriften der §§ 823 ff., ob und inwieweit insbesondere die Verantwortlichkeit im Sinne

[1]) Ein Gefangenenaufseher z. B., der einem Gefangenen keine Nahrung verabreicht und ihn verhungern läßt, begeht diese Handlung sicher in Ausübung öffentlicher Gewalt, und doch ist seine Handlung keine solche Ausübung, vielmehr das grade Gegenteil.

des § 839 auch Verstöße gegen die genannten allgemeinen Vorschriften einbegreift, vgl. die Kommentare zu § 839, insbesondere Staudinger Bem. 3, Planck Bem. 1. Es gibt Handlungen, die nur im Sinne der allgemeinen Vorschriften (nicht als Verletzung einer besonderen einem Dritten gegenüber obliegenden Amtspflicht) zum Schadensersatz verpflichten und die doch in Ausübung öffentlicher Gewalt begangen werden können. Es ist zur Anwendung des § 40 nicht einmal nötig, daß die Handlung der Beamten eine schuldhafte oder überhaupt eine unerlaubte im Sinne der §§ 823 ff. des BGB. ist; es genügt, daß sie zum Schadensersatz verpflichtet (insofern ebenso § 31 BGB.). Würde z. B. ein Polizeibeamter bei der Verfolgung eines Verbrechers zur Abwendung einer Gefahr eine ihm im Wege stehende fremde Sache von unverhältnismäßigem Minderwerte beschädigen, so würde er nach § 904 BGB., und der Staat bezw. die Gemeinde für ihn subsidiär haften, obwohl ein Verschulden dem Beamten nicht zur Last fällt. Ebenso z. B. bei irriger Annahme der Voraussetzungen für die Selbsthilfe (§ 231 BGB.). Allerdings würde der Beamte gegenüber der Regreßpflicht des Staates usw. die Einrede der Erfüllung seiner Amtspflicht haben (§ 774 Satz 2); ebenso hätte der schuldlose Beamte, wenn er den Schaden vergütet hätte, Anspruch gegen den Staat usw. auf Ersatz gemäß der entsprechend anzuwendenden §§ 675, 670 BGB. — Bei der Verfolgung des Beamten oder des Staates wegen solcher ohne Rücksicht auf ein Verschulden zum Schadensersatze verpflichtender Handlungen kann die Vorentscheidung (§ 39) nicht verlangt werden; auf Fälle dieser Art bezieht sich § 11 Abs. 2 EG. z. GVG. nicht.

14. Ohne Einfluß auf die Haftung des Staates usw. ist es, ob dem Geschädigten die Wahl des Beamten freistand. Den Staat usw. trifft die Verantwortung für alle Beamte, die er, ausgestattet mit öffentlicher Machtbefugnis, dem Publikum zur Verfügung stellt.

15. Der Staat usw. haftet unter den gleichen Voraussetzungen wie der Beamte selbst, woraus insbesondere folgt:

a) daß die vorgesetzte Behörde berechtigt ist, die im § 11 des EG. z. GVG. zugelassene Vorentscheidung zu verlangen (vgl. § 39), sofern sie bei der Verfolgung des Beamten selbst die Vorentscheidung hätte verlangen können (vgl. Bem. 5 zu § 39, Bem. 13 zu § 40).

b) daß die Haftung in den Fällen der §§ 839, 1674, 1848 BGB. nicht eintritt, wenn der Verletzte vorsätzlich oder fahrlässig es unterlassen hat, den Schaden durch Gebrauch eines Rechtsmittels abzuwenden (§ 839 Abs. 3 BGB.);

c) daß in den gleichen Fällen die Haftung nicht eintritt, wenn bei nur fahrlässigem Verschulden des Beamten der Verletzte auf andere Weise Ersatz zu erlangen vermag (§ 839 Abs. 1 BGB.). Vgl. auch — sofern nur § 839, nicht allgemeine Vorschriften (Bem. 13) in Frage kommen — die grundsätzlichen Voraussetzungen des § 839 BGB. (Verletzung der einem Dritten gegenüber bestehenden Amtspflicht, Einschränkung der Haftung des Spruchrichters).

Haftet der Beamte selbst aus einem anderen Grunde, etwa aus einem Mandatsverhältnis in weiterem Maße, so müssen in den Fällen des § 839 BGB. dem Staat rc. rc. gegenüber trotzdem die engeren Voraussetzungen dieser Vorschrift vorliegen. Dieser Grundsatz hat durch die teilweise Ausscheidung der Notare und Gerichtsvollzieher aus der staatlichen Haftung gemäß Abs. 2 an praktischer Bedeutung verloren.

Vgl. wegen der Haftung des Staates usw. in Fällen ausgeschlossener Verfolgung des Beamten selbst noch Bem. 16—18.

16. Sind die Vorschriften der §§ 827, 829 BGB. anwendbar? — Nach § 827 ist derjenige, der im Zustande der Bewußtlosigkeit oder in einem die freie Willensbestimmung ausschließenden Zustande krankhafter Geistestätigkeit einem Anderen Schaden zufügt, für den Schaden nicht verantwortlich. Hat er sich durch Getränke oder ähnliche Mittel in einen vorübergehenden Zustand dieser Art versetzt, so steht er einem fahrlässig Schädigenden gleich; es sei denn, daß er ohne sein Verschulden in den Zustand geraten ist. — Diese Vorschrift findet sowohl auf die allgemeinen Schadenshandlungen der §§ 823 ff., soweit sie Verschulden überhaupt erfordern, als auf die speziellen Beamtenhandlungen des § 839 BGB. Anwendung. Dagegen findet die weitere Vorschrift des § 829 BGB., die, auch soweit der Schadenstifter nach § 827 nicht verantwortlich ist, nach den Umständen des Falles eine billige Schadloshaltung des Verletzten vorsieht, nur auf die allgemeinen Tatbestände der §§ 823 bis 826 Anwendung, nicht auf den besonderen des § 839 BGB.

„In gleicher Weise, wie — hiernach — der Beamte", haftet nach § 40 der Staat usw. Er haftet also nicht für Handlungen, die im Sinne des § 827 unverschuldet sind, wenn sie sich ausschließlich auf dem Tatbestandsgebiete des § 839 BGB. bewegen; er haftet für Handlungen dieser Art außerhalb des Gebietes von § 839, wenn und soweit der Beamte nach § 829 zum Schadensersatze verpflichtet ist. Diese Verpflichtung der Beamten ist nach dem Prinzip des § 40 auch dann im Prozesse festzustellen, wenn ausnahmsweise beim Ausschluß der Vorausklage der Staat usw. unmittelbar in Anspruch genommen wird. Die beschränkte Verantwortlichkeit des Staates in solchen Fällen kann zu Härten führen. Eine Vorschrift, wie Art. 61 des bayer. AG., die den Staat auch bei Nichtverantwortlichkeit des Beamten zum Schadensersatze verpflichtet, besteht in Elsaß-Lothringen nicht; sie würde auch mit dem Grundsatze der subsidiären Haftung nicht im Einklange stehen.

17. Die Haftung nach § 40 ist eine nur subsidiäre; sie tritt nur ein, wenn der Ersatz von dem Beamten nicht zu erlangen ist. Diese Vorschrift wurde nach längeren Verhandlungen von der L. K. eingefügt sowohl im Hinblick auf das fiskalische Interesse, als auch, um das Verantwortlichkeitsgefühl der Beamten nicht abzuschwächen. Der Staat usw. hat die Stellung eines Bürgen (Einrede der Vorausklage, § 771; Übergang der bezahlten Forderung gegen den Beamten auf den Bürgen, § 774 BGB.). Nach § 773 Nr. 4 BGB. genügt es übrigens, um die Einrede der Vorausklage auszuschließen, daß anzunehmen ist, die Zwangsvollstreckung gegen den Hauptschuldner werde zur Befriedigung des Gläubigers nicht führen. Wegen der gegebenenfalls dem Beamten gegenüber dem Regreßanspruch zustehenden Einrede vgl. Bem. 13 a. E.

18. Nach § 40 haftet die Anstalt für den Schaden, den ein Beamter — — — zufügt. An sich wäre hiernach die Haftung in den übrigens seltenen Fällen nicht ausgeschlossen, wenn die Person des Beamten nicht festzustellen ist, wenn nur erweislich ist, daß der Schaden von einem Beamten zugefügt ist.[1]) (Z. B. mehrere Polizeibeamte waren gleichzeitig tätig,

[1]) Vgl. in diesem Sinne auch die erklärte Auffassung der preuß. Regierung bei der Kommissionsberatung (a. a. O. S. 3522 ff.). Ob solchenfalls die Erhebung des Konflikts (Verlangen der Vorentscheidung) ausgeschlossen oder dennoch möglich sei, wurde in den Verhandlungen dahingestellt gelassen.

es ist ungewiß, welchem der Schaden zur Last fällt; es ist nicht zu erweisen, von wem die Unterlassung der Absperrung bei einer militärischen Schießübung verschuldet ist u. dgl.) Für Elsaß-Lothringen ergibt sich jedoch eine Schwierigkeit aus der bloß subsidiären Haftung der Anstalt, die also die vorherige Inanspruchnahme des Beamten voraussetzt. Man wird indessen einen Fall dieser Art denjenigen Fällen gleichzustellen haben, in denen nach § 773 Abs. 1 Nr. 2, 4 BGB. die Einrede der Vorausklage ausgeschlossen ist. Die Vorschriften über die Bürgschaft können ohnehin nur eine entsprechende Anwendung finden. Ihnen liegt die rechtsgeschäftliche Übernahme der Bürgschaft, selbstverständlich für einen bestimmten Hauptschuldner zugrunde (daher nach § 773 Abs. 1 Nr. 2 eine Erschwerung der Rechtsverfolgung nur erheblich, wenn sie nach Übernahme der Bürgschaft eingetreten ist). Dies kann nicht schlechthin auf die gesetzliche Bürgschaft des Staates übertragen werden. Der Sinn der Haftungseinschränkung des Staates ist der, daß der Beschädigte alles zu tun gezwungen sei, um von dem Beamten den Ersatz zu erlangen, er aber diesen Ersatz von ihm nicht erlangen konnte (vgl. die Erklärung des Regierungsvertreters L. A. Verh. II S. 911). Im Falle der Zahlungsunfähigkeit des Beamten sollte der Staat haften (vgl. ebenda S. 912). Im Sinne der zugunsten der Beschädigten, nur unter Wahrung des Verantwortlichkeitsgefühls der Beamten, getroffenen Vorschrift wird der Fall einer von vornherein bestehenden tatsächlichen Unmöglichkeit der Verfolgung des Beamten dem Falle der Zahlungsunfähigkeit gleichstehen müssen. Anders, wenn die gesetzlichen objektiven Voraussetzungen für die Verfolgung fehlen (Bem. 15, 16).

19. Die Ansprüche aus § 40 sind privatrechtliche. Zuständig für Klagen gegen den Staat wie gegen die Beamten sind ausschließlich die Landgerichte (GVG. § 70 Abs. 3, AG. zu demselben § 16). Allerdings ist im Einzelfalle zu prüfen, ob der erhobene Anspruch wirklich unter § 40 fällt, ob er ein fait personnel des Beamten zum Gegenstand hat und nicht etwa einen Verwaltungsakt (vgl. Anhang zu § 39). Wegen Aussetzung des Verfahrens beim Verlangen der Vorentscheidung vgl. Bem. 3 zu § 39 und Bem. 15 zu § 40.

20. Das gegen den Beamten (Hauptschuldner) erstrittene Urteil wirkt nicht gegen den Staat usw. (Bürgen); vgl. § 325

ZPO. und die Mot. zu § 192 Entw. I des BGB. (Bd. I S. 381), auch OLG. Hamburg in Rechtspr. d. OL. Bd. 18 S. 101 f. Über die (beschränkte) Wirkung, wenn der Staat usw. als Nebenintervenient in den Rechtsstreit eingetreten ist, vgl. § 68 ZPO.

21. Eine Vorschrift im Sinne des zweiten Halbsatzes des Art. 77 EG., welche das Recht des Beschädigten, von dem Beamten Ersatz zu verlangen, insoweit ausschließt, als der Staat oder der Kommunalverband haftet, besteht in Elsaß-Lothringen landesgesetzlich für Grundbuchsachen im Zwischenrecht, ferner auf Grund der Reichs-Grundb.-O. § 12. Nach dem AG. hierzu § 8 ist das Rückgriffsrecht des Staates auf die Fälle von Vorsatz und grober Fahrlässigkeit des Beamten beschränkt, ebenso im Zwischenrecht nach § 112 AG. z. BGB.

22. Verjährung. — Die Ansprüche gegen den Staat usw. verjähren wie gegen den Beamten selbst gemäß § 852 BGB. in drei Jahren von dem Zeitpunkt an, in welchem der Verletzte von dem Schaden und der Person des Ersatzpflichtigen Kenntnis erlangt hat; vgl. hierzu RG. in Recht 1908, Beil. S. 57 Nr. 315. Allerdings gilt dies nur von den regelmäßigen Fällen, in denen es sich um den Anspruch aus einer „unerlaubten Handlung“ im Sinne des 25. Tit. Buch II Abschn. VII des BGB. handelt, nicht in den (seltenen) Fällen, in denen sich der Anspruch auf einen anderen Tatbestand stützt, etwa auf § 904 oder § 231 BGB. (oben Bem. 13.); in solchen Fällen tritt die gewöhnliche dreißigjährige Verjährung ein (vgl. Neumann, BGB. Bem. 4c zu § 904).

Im einzelnen vgl. noch wegen der Modalitäten der Verjährung des § 852 BGB. diese Vorschrift.

Zu Abs. 2.

23. Notare. — In der französischen Jurisprudenz ist die Beamtenstellung derselben zweifelhaft. Vielfach werden sie trotz des Wortlautes des Art. 1 des Ventôse-Gesetzes den officiers ministériels beigezählt oder es wird ihnen eine Mittelstellung zugewiesen zwischen den fonctionnaires publics im gewöhnlichen Sinne dieses Wortes (den fonctionnaires publics proprement dits) und den officiers ministériels, welche „sont bien revêtus d'un caractère public, mais qui n'exercent aucune portion de la puissance publique“ (vgl. Dall. Rép. v. fonctionnaire public N° 54, v. notaire 228 f., dag. auch Rép. Suppl. v. notaire N° 60).

Die ursprüngliche Fassung des § 40 (die jetzigen Abs. 1 u. 3) ließ die Notare unerwähnt; die Anwendung der Vorschrift auf sie war daher Frage der Auslegung. Die vorstehende französische Auffassung ließ sich hierfür nicht unbedingt verwerten. Ebensowenig war die in der Reichstagskommission (R.K.B. Nr. 440 S. 119 f.) ausgesprochene Meinung, die Haftung des Staates für die Geschäftsführung der Notare müsse ausgeschlossen bleiben, für die Auslegung des § 40 hinsichtlich dieser Frage entscheidend. Es ist zu unterscheiden:

a) Soweit den Notaren gewisse Verrichtungen an Stelle der Richter übertragen sind — vgl. Bem. 24 —, üben sie als Beamte eine öffentliche Gewalt aus.

b) Das Gleiche ist der Fall, soweit die Notare die den Hauptgegenstand ihrer Amtstätigkeit bildende Beurkundungstätigkeit ausüben, vermöge der sie im staatlichen Auftrage den auf Verlangen der Beteiligten aufgenommenen Akten den Charakter und die Wirksamkeit öffentlicher Urkunden verleihen, oder soweit sie Unterschriften beglaubigen (Ges. v. 25. Ventôse XI, AG. z. FGG. §§ 44, 47, 48, 51). Ob das Rechtsgeschäft oder der Vorgang der notariellen Beurkundung bedarf, oder ob die Beteiligten die Aufnahme einer öffentlichen Urkunde freiwillig wählen, macht keinen Unterschied.

c) Dagegen befindet sich der Notar nicht in Ausübung einer öffentlichen Gewalt bei Handlungen, die er nach freiem Belieben, lediglich gemäß einer mit seiner Amtstätigkeit verbundenen Übung (höchstens also bei Gelegenheit oder aus Anlaß der Ausübung der ihm anvertrauten öffentlichen Gewalt, vgl. Bem. 12) vornimmt. So z. B., wenn er über die Güte einer von der Partei beabsichtigten Kapitalanlage, die Persönlichkeit des Schuldners usw. Auskunft und Rat erteilt (vgl. ElsLothrZ. VII S. 347), oder Gelder im Auftrage der Parteien in Verwahrung nimmt (vgl. ElsLothrZ. XVI S. 222).

24. Dem vorstehend Bemerkten entsprechend haftete nach der ursprünglichen Fassung des § 40 der Staat subsidiär für Schadenshandlungen der Notare, wenn sie unter die Tätigkeit im Sinne a und b der Bem. 23 fielen. Diese Haftung erfuhr eine wesentliche Einschränkung [1]) durch

[1]) Selbstverständlich wird hierdurch die Haftung des Notars selbst gegenüber den Geschädigten aus § 839 BGB. oder aus dem Dienst-

den auf Initiative des Landesausschusses in die Justiznovelle vom 13. Februar 1905 neueingeschalteten Abs. 2. Zu vgl. hierwegen die Verhandlungen, bei Molitor, Justiznovelle S. 136 ff., 150. Hierzu ist folgendes zu bemerken:

a) Fälle, in denen einem Notar Verrichtungen durch das Gericht übertragen werden, kommen vor[2]) im Nachlaßsicherungsverfahren (AG. z. FGG. § 24, Minist.-Verf. v. 6. XII. 1900), im erbrechtlichen Auseinandersetzungsverfahren (AG. z. FGG. § 31), im Immobiliarzwangsvollstreckungsverfahren, im Immobiliarverteilungs- und im Löschungsverfahren (AG. z. ZwVG. §§ 1, 32, 37). Auch die den Notaren in diesen Angelegenheiten obliegenden Verrichtungen in Ansehung der Zustellungen von Amts wegen (AG. z. FGG. § 33 Abs. 2, AG. z. ZwVG § 5, Minist.-Verf. v. 8. II. 1900) müssen als durch das Gericht übertragene angesehen werden, da sie lediglich die gesetzlich ausgesprochene Folge der Übertragung des Hauptgeschäfts durch das Gericht bilden.

Das gerichtlich-notarielle Auseinandersetzungsverfahren wird zwar meist deshalb, weil ein Beteiligter einer freien Auseinandersetzung nicht zustimmt, beantragt werden, um gegen ihn die Versäumnisfolgen des § 91 Abs. 3, § 93 Abs. 2 FGG. herbeizuführen (zu vgl. Molitor AG. z. FGG. Bem. 2 zu § 30); eine notwendige Voraussetzung für das Verfahren ist die Nichtzustimmung eines Beteiligten jedoch nicht. Stimmen alle Beteiligten überein, so unterscheidet sich das Verfahren, soweit es sich um die Beurkundung ihrer Erklärungen und Vereinbarungen handelt, von dem Verfahren vor einem freigewählten Notar nicht. Allein trotzdem werden in solchem Falle die Verrichtungen des Notars solange als richterlich ihm übertragene anzusehen sein, als nicht von dem gerichtlich angeordneten Verfahren förmlich Abstand genommen und der Überweisungsbeschluß des Gerichts aufgehoben ist. — Im Immobiliarzwangsvollstreckungsverfahren und in den Fällen

---

vertrag nicht berührt. Wegen der Haftung des Notars vgl. u. a. ElsLothrZ. Bd. 29 S. 231, Bd. 31 S. 118, 137, Rechtspr. d. OLG. Bd. 18 S. 98.

[2]) Wegen Ersatzes der Kosten, insbesondere der dem Notar in solchen Sachen erwachsenden Auslagen vgl. die Minist.-Verf. v. 12. April 1907 (Just. Samml. Bd. 30 S. 323).

des landesrechtlichen Verteilungsverfahrens (§ 32 AG. z. ZwVG.) übt der Notar, der im Falle der Einigung der Beteiligten über die Verteilungssumme die Einigung beurkundet (ZwVG. § 143), nicht eine gerichtlich ihm übertragene Verrichtung aus. Wird die Einigung von demselben Notar beurkundet, der zur amtlichen Anfertigung des Teilungsplans (ZwVG. §§ 106, 113) bestellt ist, so gilt an sich das Gleiche. Indessen ist es Tatfrage, ob hier lediglich die Beurkundung einer freien Einigung der Parteien vorliegt, oder ob nicht vielmehr der Notar die (im regelmäßigen Verlaufe des Verfahrens) ihm obliegende Aufstellung des Teilungsplans verbunden mit der Verhandlung hierüber (ZwVG. § 115) in der Form einiggehender Parteierklärungen zu Papier gebracht hat.

25. Abs. 2 bestimmt die (subsidiäre) Haftpflicht des Staates für schädigende Handlungen des Notars nur für die Fälle, in denen die Verrichtung dem Notar auf Grund einer gesetzlichen Vorschrift durch das Gericht übertragen worden ist. Die Bestimmung wird aber nach ihrem Sinne und Zwecke auch auf den Fall anzuwenden sein, in dem durch das Gesetz unmittelbar eine an sich richterliche Verrichtung dem Notar an Stelle des Richters übertragen ist: Eröffnung einer Verfügung von Todes wegen in den Fällen des § 28a AG. z. FGG.

26. Gerichtsvollzieher. — Ähnlich wie mit den Notaren, verhält es sich mit den Gerichtsvollziehern. Ihrer Beamteneigenschaft steht insbesondere die Plenar-Entscheiduug des RG. (Entsch. XVI S. 396 ff.) nicht entgegen; dieselbe erkennt ihnen in der Eigenschaft als Vollstreckungsbeamte eine Doppelstellung als Beamte und als Beauftragte des Gläubigers zu, woraus die Haftung des Gerichtsvollziehers gegenüber dem Auftraggeber auf Grund des Mandatsverhältnisses folgt, wodurch aber, wenn die Voraussetzungen des § 40 (insbesondere also diejenigen des § 839 BGB.) vorliegen, nach der ursprünglichen Fassung des § 40 die Haftung des Staates nicht ausgeschlossen wurde (vgl. auch über die Doppelstellung des Gerichtsvollziehers das Urt. des OLG. Colmar ElsLothrZ. XIV 361 ff.).

Als Ausübung einer öffentlichen Gewalt sind die Handlungen anzusehen, die der Gerichtsvollzieher zur Erledigung der ihm gesetzlich übertragenen Amtsgeschäfte vornimmt, insbesondere also die Zwangsvollstreckung, Zustellungen, sowie auf Grund landesgesetzlicher Bestimmung: die Aufnahme von Wechselprotesten, die Anlegung von Siegeln im Konkursverfahren, die Abhaltung öffentlicher Versteigerungen (nicht deshalb auch die ihm etwa von den Beteiligten übertragene Einziehung des Erlöses). Dagegen werden die gütliche Einziehung von Geldern und ähnliche Handlungen, die nicht notwendig durch einen Gerichtsvollzieher zu erfolgen haben, nicht als Akte der Ausübung der ihm anvertrauten öffentlichen Gewalt angesehen werden können.

Streitig war die Frage geworden, ob der Gerichtsvollzieher, der im Auftrage eines Gläubigers gegen einen Schuldner die Zwangsvollstreckung betreibt, als in Ausübung der ihm anvertrauten öffentlichen Gewalt handelnd anzusehen ist **bloß** dem Schuldner gegenüber, gegen den er zwangsweise vorgeht, oder **auch** dem Gläubiger gegenüber, dem er das vom Schuldner erlangte Geld (zu dessen Annahme der vollstreckende Gerichtsvollzieher gesetzlich ermächtigt ist) abzuliefern hat. Die Entscheidung dieser Frage hat das Reichsgericht durch Urteil vom 29. Oktober 1903 in Übereinstimmung mit dem bereits in der 1. Auflage dieses Buches vertretenen Standpunkt und mit dem OLG. Colmar in dem letzteren Sinne getroffen (ElsLothrZ. Bd. 29 S. 433). Danach ist die Tätigkeit des Gerichtsvollziehers in dem erwähnten Falle als eine einheitliche auzusehen; der Umstand, daß er von seiten des Gläubigers durch dessen Auftrag in Tätigkeit gesetzt wird, unterstellt wohl das Verhalten des Gerichtvollziehers gegenüber dem Gläubiger den privatrechtlichen Vorschriften des Dienstvertrags, hindert aber nicht, daß die Tätigkeit des Gerichtsvollziehers außerdem auch dem Gläubiger gegenüber als Ausfluß der dem Gerichtsvollzieher zustehenden Amtsgewalt aufzufassen ist. Daraus folgt, daß eine Unterschlagung der bei der Zwangsvollstreckung vereinnahmten Gelder, welche der Gerichtsvollzieher zum Nachteil des Gläubigers verübt, unter § 40 in seiner früheren Fassung fiel und den Staat subsidiär haftbar machte.

Ähnlich wie bei den Notaren hat die Justiznovelle von 1905 die Haftbarkeit des Staates auch hinsichtlich der Gerichtsvollzieher eingeschränkt auf die ihnen durch das Gericht übertragenen Verrichtungen.[1])

[1]) Wie bei den Notaren (S. 185 Anm. 1), so ist bei den Gerichtsvollziehern die Einschränkung der Haftung des Staates auf deren persön-

Die dem Gerichtsvollzieher durch das Gericht übertragenen Verrichtungen unterscheiden sich von den dem Notar übertragenen dadurch, daß sie von ihm nicht (wie vom Notar) an Stelle des Gerichts vorgenommen werden; es sind vielmehr Verrichtungen, die an sich in den Geschäftskreis des Gerichtsvollziehers fallen, zu deren Vornahme ihm aber nicht (wie regelmäßig) von der Partei, sondern von dem Gerichte der Auftrag erteilt wird. Hierher gehören Vollstreckungshandlungen, die der Gerichtsvollzieher im Verfahren der freiwilligen Gerichtsbarkeit im unmittelbaren Auftrage des Gerichts vornimmt (AG. z. FGG. § 9 Abs. 3 in Verb. mit § 10 Abs. 2; Ge-

---

liche Haftung ohne Einfluß; im einzelnen vgl. u. a. ElsLothrZ. Bd. 16 S. 299, Bd. 31 S. 142, Bd. 32 S. 30, 292.

Bruck, Verf.- u. Verw.-Recht I S. 224 folgert aus der einschränkenden Vorschrift des § 40 Abs. 2 den Satz: „Hiernach kann der Staat von einem Gerichtsvollzieher nur dann Ersatz verlangen, wenn die Verrichtung, in deren Ausübung der Schaden verursacht worden ist, durch das Gericht übertragen wurde"; ähnlich für Notare a. a. O. S. 219 f. Dies scheint auf einem Mißverständnisse zu beruhen. Soweit etwa nur gesagt werden will, daß der Staat keinen weitergehenden Regreßanspruch gegen den GV. habe, so ist allerdings selbstverständlich, daß ein Regreßanspruch nur möglich ist, wo der Staat selbst in Anspruch genommen werden kann. Im übrigen aber wird das Verhältnis zwischen Gerichtsvollzieher (Notar) und Staat durch § 40 überhaupt nicht beeinflußt. Der Staat hat, abgesehen von den gegenseitigen Ansprüchen aus dem eigentlichen Beamtenverhältnisse, die Ansprüche, die das BGB. in Ansehung der Tätigkeit der genannten Beamten gewährt, also insbesondere aus § 839 BGB., soweit der Staat als „Dritter" in Betracht kommt (darüber v. Krais, Beamtenhaftpflicht S. 302), auch aus § 823 BGB., soweit dessen Tatbestand vorliegt. Diese Bestimmungen bedürfen, wenn ihr Tatbestand vorliegt, nicht einer bloß entsprechenden Anwendung, wie Bruck S. 220, 182 deshalb annimmt, weil zwischen Staat und Beamten ein öffentlich-rechtliches Dienstverhältnis besteht. Es handelt sich bei Ansprüchen dieser Art nicht um Ansprüche aus dem Dienstverhältnis, sondern um Ansprüche aus Rechtsverletzungen, denen das Gesetz privatrechtliche Folgen beimißt. Auch geht es zu weit, bei der Anwendung des § 823 BGB. eine Schadensersatzpflicht des Beamten wegen widerrechtlicher Schädigung schlechthin zu finden (so Bruck I S. 182); es muß sich immer um die Verletzung bestimmter Rechtsgüter (was beim Staat nicht praktisch wird) oder absoluter Rechte oder um die Verletzung eines Schutzgesetzes handeln. Der Satz (Bruck I S. 224): „In allen übrigen Beziehungen (d. h. außer dem Regreßanspruch im Rahmen des § 40 Abs. 2) sind zwischen Staat und Gerichtsvollzieher keine Rechtsbeziehungen vorhanden, die privatrechtliche Wirkungen äußern können" ist mindestens mißverständlich. Man denke außer den obigen Vorschriften nur an die Dienstvertrags-Beziehungen des Privatrechts, die zwischen Staat und Gerichtsvollzieher täglich entstehen können und entstehen.

schäftsanweisung für Gerichtsvollzieher § 93 Nr. 2), ferner die Vollstreckung von Haft- und Vorführungsbefehlen oder Durchsuchungen, wenn der Auftrag vom Gerichte erteilt wird (z. B. Gesch.-Anw. § 83 Nr. 9, § 85 Nr. 2, § 88, § 89). Vollstreckt dagegen der Gerichtsvollzieher eine gerichtliche Entscheidung im Auftrage der Partei, wie im Zivilprozeß oder möglicherweise im Falle des § 10 Abs. 2 AG. z. FGG., so fällt diese Verrichtung nicht unter § 40 Abs. 2. — Der Auftrag zur Zustellung von Amts wegen ist als gerichtlicher anzusehen, wenn er auch tatsächlich nur vom Gerichtsschreiber ausgeht; der Gerichtsschreiber handelt hier als Organ des Gerichts, dessen Vorstand auch grundsätzlich die für die Beauftragung der Gerichtsvollzieher zu treffenden Anordnungen zustehen (Minist.-Verf. v. 26. Dezember 1899 § 8 Abs. 3). Das „Gericht" ist hier überhaupt im weiteren Sinne zu nehmen; daher sind auch Aufträge der Staatsanwaltschaft als gerichtliche anzusehen (zu vgl. Gesch.-Anw. §§ 88, 89, 90). Dagegen werden Zustellungen, die der Gerichtsvollzieher im Auftrag eines Notars vornimmt (Minist.-Verf. v. 8. Februar 1900 § 3) oder Verrichtungen, die er im Auftrage einer anderen Behörde ausführt, nicht zu den nach § 40 Abs. 2 den Staat verpflichtenden Verrichtungen gehören. [1])

27. Ob eine Partei sich kraft gesetzlicher Notwendigkeit eines Notars oder eines Gerichtsvollziehers bedienen mußte, hat auf die Frage der Haftung des Staates für einen von diesen verursachten Schaden keinen Einfluß. Es kommt also insbe-

[1]) Die Vorschrift ist in dieser Beziehung — was die Gerichtsvollzieher anlangt — nicht ganz folgerichtig. Sie wurde in dieser Fassung in der L.A.K. beschlossen und bildete einen Kompromiß zwischen der einen Meinung, welche die Notare und Gerichtsvollzieher, soweit sie kraft ihres Amtes handeln, den übrigen Beamten schlechthin gleichstellen wollte, wie es § 40 bisher tat, und der anderen Meinung, welche die Notare und Gerichtsvollzieher aus der staatlichen Haftung völlig ausschalten wollte, weil das bis zum Jahre 1900 geltende Recht auf diesem Standpunkte stand und weil sonst eine unabsehbare Inanspruchnahme des Fiskus zu gewärtigen sei. — Praktisch wird die auf den Fall des gerichtlichen Auftrags in dem obenerörterten Sinne beschränkte Haftung für Gerichtsvollzieher keine große Bedeutung haben, weil die Fälle, in denen eine Haftung des Staates tatsächlich vorwiegend in Frage käme, überhaupt nicht die Verrichtungen im behördlichen Auftrage, sondern solche im Auftrage der Parteien bilden, insbesondere bei der Zwangsvollstreckung.

sondere auf die Frage des sogenannten Notariatszwangs nicht an. Dadurch kann sich ergeben, daß z. B. der Staat für das Verschulden eines Notars bei einem Erbvertrag, einem Kaufvertrag über ein Grundstück, wobei Notariatszwang besteht, nicht haftet, während die Haftung z. B. eintritt bei Beurkundungen im erbrechtlichen Auseinandersetzungsverfahren, obwohl unter Umständen (bei Mobiliarteilung) die bezügliche Vereinbarung einer notariellen Beurkundung nicht bedarf. Auch ob die Partei die (rechtlich ihr zustehende) Wahl hinsichtlich der Person des Notars oder Gerichtsvollziehers nach den Umständen des Falles auch tatsächlich ausüben konnte, macht keinen Unterschied: die einzige Voraussetzung, unter der der Staat in Anspruch genommen werden kann, ist der Auftrag zur Vornahme der amtlichen Verrichtung durch das Gericht.

Abs. 3.

28. Durch die Vorschrift des Abs. 3 wird dem Staate usw. eine Einrede gegenüber der Entschädigungsforderung des Angehörigen eines solchen ausländischen Staates gewährt, in welchem eine Haftung für Verschulden eines Beamten nicht anerkannt und Entschädigung für einen Deutschen nur auf diplomatischem Wege oder gar nicht zu erlangen ist. — Darauf, ob der Ausländer im Ausland oder im Inlande seinen Wohnsitz hat, kommt es nicht an. Die Verfolgung des schädigenden Beamten selbst ist von der Gegenseitigkeit nicht abhängig.

§ 40 a.

Schadensersatz für öffentliche Arbeiten.

Wird durch die Veranstaltung einer öffentlichen Arbeit oder durch den Betrieb eines dem öffentlichen Nutzen dienenden Unternehmens das Eigentum oder ein sonstiges Recht eines anderen beeinträchtigt, so ist derjenige, welcher die öffentliche Arbeit veranstaltet oder das Unternehmen betreibt, zum Ersatze des dadurch verursachten Vermögensschadens verpflichtet. Auf den Entschädigungsanspruch finden die Vorschriften des § 906 des Bürgerlichen Gesetzbuchs entsprechende Anwendung.

Als Beeinträchtigung eines Rechtes im Sinne des Abs. 1

ist es auch anzusehen, wenn im Wohngebiet einer Stadt oder einer sonstigen Ortschaft dem Eigentümer eines an einer öffentlichen Straße gelegenen überbauten Grundstücks durch die Beseitigung oder die Veränderung der Straße die Möglichkeit, die Straße in der bisherigen Weise zum Verkehr oder zur Befriedigung des Luft- und Lichtbedürfnisses zu benutzen, entzogen oder wesentlich erschwert wird. Auf vorübergehende Beeinträchtigungen, welche durch gewöhnliche Verbesserungen oder Unterhaltungsarbeiten oder durch Veranstaltungen, die der Natur und dem Zwecke der Straße entsprechen, verursacht werden, findet diese Vorschrift keine Anwendung.

Für die Entscheidung über den Anspruch sind die ordentlichen Gerichte zuständig.

Die Verjährung des Anspruchs bestimmt sich nach der Vorschrift des § 852 Abs. 1 des Bürgerlichen Gesetzbuchs.

Eingestellt in das Gesetz durch die Justiznovelle v. 13. II. 1905. S. die Verh. d. L. A. 1904 I. Nr. 2, II. S. 681, 1107, 1212, 1389, 1393 ff.; bei Molitor, Justiznovelle S. 114, 147 ff., 153 ff.

I. Einleitende Bemerkungen.

1. Wie in der Vorbemerkung zu den §§ 40—41 unter C I (S. 151 ff.) oben ausgeführt ist, kennt das elf.-lothr. (französische) Landesrecht ein förmliches Enteignungsverfahren mit anschließendem Entschädigungsfestsetzungsverfahren nur für den Fall der **Entziehung des Grundeigentums** (der „dépossession", der „transmission de la propriété privée au domaine public"); vgl. auch Art. 545 C. c. und u. a. Dalloz rép. suppl. expropr. Nr. 19, De Lalleau, Traité de l'expr. (8. Aufl.) S. 83 ff., O. Mayer, fr. Verw. R. S. 246. Mit der Entziehung des Eigentums durch die Enteignung gehen auch die an dem Grundstücke bestehenden Rechte unter und haften an der Entschädigungssumme (vgl. Ges. v. 3. Mai 1841 Art. 17, 21, 39, 53).

Das elsaß-lothringische Gesetz, betreffend die Ausführung des Reichsgesetzes über die Angelegenheiten der freiwilligen Gerichtsbarkeit, vom 6. November 1899 nebst den zugehörigen Ausführungsverfügungen. Auf amtliche Veranlassung erläutert von Hugo Molitor. 8⁰. X, 242 S. 1901.
Geheftet *M* 4.50, in Leinwand gebunden *M* 5.—

Das Gesetz für Elsaß-Lothringen, betreffend die Änderung verschiedener Justizgesetze, vom 13. Februar 1905 (Justiznovelle) nebst Ausführungs-Verordnung und Materialien. Auf amtliche Veranlassung mit Erläuterungen herausgegeben von Hugo Molitor. 8⁰. VIII, 166 S. 1905. In Halbleinwand gebunden *M* 3.—

Das Gesetz für Elsaß-Lothringen vom 19. Juni 1906 über das Unschädlichkeitszeugnis nebst den Materialien. Mit Erläuterungen herausgegeben von Hugo Molitor. 8⁰. V, 63 S. 1907.
In Halbleinwand gebunden *M* 1.50

Das Feldpolizeistrafgesetz für Elsaß-Lothringen vom 9. Juli 1888. Erläutert von Dr. A. Stieve. 8⁰. XIV, 100 S. 1907. Kartoniert *M* 1.60

„Der kleine Kommentar gibt eine sehr brauchbare Erörterung über die zum Teil recht schwierigen Fragen unseres Feldpolizeistrafrechtes. Ein großer Vorzug des Werkchens ist der, daß der Verfasser bei der Untersuchung und Darstellung der besonderen Regelung, die das Gesetz getroffen, immer von den allgemeinen Grundsätzen des Strafrechts ausgeht und auf dieser Grundlage die Sonderbestimmung klar und anschaulich macht . . .“

Prof. van Calker in „Deutsche Juristen-Zeitung“ 1908, Heft 7

FSC
www.fsc.org
MIX
Papier | Fördert
gute Waldnutzung
FSC® C083411

Kolibri 360 GmbH
Ferdinand-Jühlke-Straße 7
99095 Erfurt, Deutschland
produktsicherheit@kolibri360.de